道德经易诠

赵克强 著

华夏出版社
HUAXIA PUBLISHING HOUSE

前言：《道德经》与《周易》

《道德经》是我国古代的一部经典著作，其内容之深邃、影响之深远，也许只有《周易》能与之比肩。人们不禁要问，《道德经》横空出世，就没有师承吗？老子在《道德经》中说："人之所教，我亦教之。"说明《道德经》有师承。从《道德经》的内容可以看出，《道德经》与《周易》有着密切的关系，其主要思想来源于《周易》。老子从《周易》中吸取了丰富的知识，使《道德经》在《周易》的基础上开辟出一片崭新的天地。《道德经》脱胎于《周易》，既是对《周易》的批判性继承，也是对《周易》的完善，可以说《周易》是《道德经》的老师。《道德经》和《周易》是中国古代的两朵奇葩，她们交相辉映、互为补充，构成了中华古代文化的基础，对中华文化的发展产生了深远的影响。中国古代的许多学派，例如儒家、法家、道家、阴阳家等都是在《道德经》和《周易》的基础上建立并发展起来的，其影响至今不衰。

柏拉图曾说过："世界的创建，就是说服战胜了征服。"按柏拉图的观点，人类的历史就是说服与征服的历史，二者或同时进行，或交替进行。征服会带来文明的损毁，说服则可保留现有的文明免遭破坏。老子同样认识到说服的重要性，他认为《周易》倡导有为是在鼓励诸侯征服，征服就会带来流血和毁坏，而说服则可以避免破坏。老子认为自己有责任用《道德经》来说服天下王侯放弃征服，成为圣人，实行无为之治，避免天下因征服而损毁。《周易》也认识到说服的重要性，豫卦大人取代国君，就是由于豫卦六三君子说服国君让位，从而避免了取代流血。然而对于征服来说，说服仅是一种辅助手段。

从价值观上看，《道德经》和《周易》都是以爱民治国为核心而构建出的价值体系。《道德经》是以自然之道为基础，构建起无为的价值体系；《周易》是以乾坤之道为基础，构建起有为的价值体系。《道德经》最重要的思想——无为，源于《周易》。《周易》乾卦初九："潜龙勿用。"初九是说，太子静有龙的志向，要登上王位，只是时机未到，难以实现，所以采用潜的方法，没有轻举妄动。"潜龙勿用"包含着无为的思想。对此，《周易》的作者并没有深入发掘，而是将重点放在有为的方面。老子则对《周易》"潜龙勿用"的无为思想进行了深入发掘，从而建立起以无为为核心的价值体系。

《道德经》和《周易》在思想和内容上有着很多相似之处。《周易》是以乾坤为核心，六十四卦围绕着乾坤的要求而展开；《道德经》是以道德为核心，整个篇章围绕着道和德而展开。《周易》乾坤的实质也是道和德，也就是说《道德经》与《周易》都是围绕着道和德而展开自己的内容。《周易》是用卦的形式来总结历史的经验教训；《道德经》则紧紧围绕着《周易》的内容，以无为思想为出发点而揭示出事物的另一面。

从成书的时间看，《周易》成书于东周初年，《道德经》成书于春秋末期，相隔并不太远。《周易》的作者对挽救周王朝的衰败尚有信心，希望通过《周易》使周王朝复兴；老子则对周王朝彻底失望，要通过《道德经》来影响诸侯，使诸侯成为圣人，希望圣人能以"无事"取得天下。从老子的经历看，老子曾做过周朝管理图书的史官，完全可能通过对《周易》的研究而形成自己的思想，并由此成为中国古代哲学第一人，奠定中国古代哲学的思想基础。

老子和《周易》的创世思想有所不同。《周易》认为乾创坤载乃有万物；老子则认为是道生万物，"有"生万物，"三"生万物，归根结底是自然生万物。《周易》认为乾有为才能创造万物，所以主张人们要有所作为，有为才能改自己的命运。道生万物，道法自然，自然无为，所以老子主张无为。人们无为就要遵从根本，不要去改变自己的命运，这是规则决定；圣人则无为而无不为。《周易》通过有为来达到目的，老子是通过无为来达到目的。两者方法不同，目标一致，都是要大道在天下畅行。

《周易》所主张的道德与《道德经》所主张的道德有所不同。《周易》认为道是上天也就是乾对万物的规定，万物必须遵守，违背会受到上天的惩罚，所有的道都无德，德是万物对天和天道的顺从与奉行。老子认为道生于"象帝之先"，是自然存在，德随道而生，伴道而行，是"道生万物"后对万物的承诺。道有德才能帮助万物，所以万物会"尊道崇德"，按道德的要求去做。老子所主张的道相当于《周易》的乾，德相当于《周易》中的坤。《道德经》和《周易》所主张的道德虽有不同，但本质上是相同的，都在事物的发展变化中起着重要作用，在爱民治国中起着重要作用。

　　老子和《周易》都承认有天和天道存在，但老子的天和天道与《周易》的天和天道也有不同。《周易》之天是由乾所创造，功能等同于乾，天通过天道来管理天下万物。《道德经》之天开始于"无"，"无，名天地之始"。大道赋予天以"大"，"大"即为道，于是天有了天道。《周易》之天具有乾的功能，地有坤的功能。是乾将管理天下万物的责任交给天，于是天有了天道。《周易》之天有惩戒的功能，违背天道，天会给予惩罚。《道德经》大道没有惩戒的功能，而是将惩戒的功能交给了天，天以天网来惩治恶人。由此可以看出，虽然对创世的见解有所不同，但《道德经》之天和《周易》之天都具有惩戒的功能。

　　《道德经》与《周易》都重视规则的作用。在《道德经》中规则用"常"来表示，在《周易》需卦中规则以"恒"来表示。老子之道是通过规则来帮助万物，通过天网来惩戒恶人；在《周易》中天道产生规则，规则对万物有约束和惩戒的作用。

　　《道德经》与《周易》有着共同的构建元素，都是以道德为基础，以爱民治国为目的，从道德功名利禄、仁义礼智信入手，构建起各自的价值体系。这两个体系虽然相悖，但体现出一个事物的两个方面。老子通过对《周易》有为的批判，形成《道德经》无为的价值体系，与《周易》有为的价值体系互相排斥又互为补充，有为与无为二者合一，形成了为的完整价值体系。

　　《道德经》与《周易》成书的目的不同。东周初年，有识之士看到经过申侯之乱，东周已经衰落，为振兴周朝而作《周易》，希望《周易》能使君王、君子大有作为，以厚德载物的精神来爱民治国，让周王朝再现辉煌。春秋末期，老子看到周王朝已彻底衰败，周天子完全失去了对诸侯的控制，天下已形成诸侯争霸的局面，认为《周易》倡导有为，只会促使诸侯争霸，加剧社会动荡，希望通过倡导无为来平息诸侯之间的争斗，恢复天下安定，于是将自己的思想凝聚在《道德经》中，希望通过《道德经》将天下诸侯培养成圣人，圣人无为会使天下安定，民众无为可以回归到朴实，君子无为则可以辅佐圣人治国。

《周易》的一些观点得到老子的赞同。《周易》认为阴要顺从阳，德要顺从道；老子认为"孔德之容，惟道是从"。《周易》要求君子持恒；老子认为"是以圣人抱一为天下式"，"抱一"有持恒的意思。《周易》认为世上有天地人三道；老子认为域中有四大，"道大，天大，地大，人亦大"，大是道的别称。《周易》提倡简朴，老子认为"圣人去甚，去奢，去泰"。《周易》认为"或跃在渊"，老子认为"鱼不可脱于渊"。《周易》在主张争的同时也主张和；老子赞成《周易》和的思想，认为和是做事的重要规则。

老子对《周易》的一些内容做了补充，如《周易》井卦上六："井收勿幕，有孚，元吉。"象曰："元吉在上，大成也。"上六是说，井经过治理，已经可以饮用，打完水不要把井盖上，人们有诚信，会吉祥。象传说，要做到井治吉祥，就要革除井治弊病，这样才能取得井治的大成功。老子认为"大成若缺，其用不弊"，是说大的成功好像都存在着缺陷，用这样的观点来看待成功，就不会有大的弊病。《周易》井卦用"大成若缺"来看待井治成功，就不会有弊病。

《道德经》的一些章节是对《周易》卦的内容的总结，如第三十五章"乐与饵，过客止"，是针对咸卦九四："憧憧往来，朋从尔思。"九四是说，脚、小腿、大腿和心的关系如同路上的行人，对面走过却不能相互感知。知心朋友知道心的想法，要帮助心实现让脊背负起重任的愿望。《周易》"憧憧往来"，认为让民众感动很困难；老子认为用"乐与饵"，民众会受到感动。

老子对《周易》的一些主张持否定态度，如否定《周易》的有为（乾卦），推崇圣人无为；否定《周易》节制（节卦），主张节俭；否定《周易》有事（震卦），主张"无事"；否定《周易》大壮（大壮卦），主张"物壮则老"；否定《周易》强兵（师卦），主张兵强则败；否定《周易》以智治国（临卦），认为以智治国是国之贼。

《道德经》否定《周易》，用辩证思维来看，《周易》也是对《道德经》的否定。任何伟大思想都不能涵盖一切，总是一种倾向掩盖另一种倾向。事物都有两面性，在事物发展变化中，起主导作用的一面会决定事物的发展方向，另一面则处于从属状态。人们在观察事物时，不可能面面俱到，只能侧重某一个方面。所以《道德经》与《周易》相互否定的结果是互为补充，"有为"与"无为"、争与不争，都是互为补充。

老子赞成《周易》的观点，是因为老子与《周易》的思想从根本上来说是相通的，都是要爱民治国；在宇宙观上虽有差别，但本质上是一致的。从创世来讲，《周易》和老子都不承认神创，《周易》认为是乾创万物，老子认为是道生万物；都认识到人是自然界中的重要力量，都认为道与德在社会发展中起着重用作用；在承认私的同时，都认识到无私的价值；都认识到培养人才的重要性，也都认识到教化的重要性；都提倡简朴，主张节制、节俭。

老子批判和否定《周易》的观点和做法，有着鲜明的时代特点。春秋末期，诸侯争霸，周王朝已经彻底衰落。老子认为《周易》要君子有建侯之志（屯卦），君王以智治国（临卦），鼓励取代无能的国君（否卦、豫卦），会造成天下大乱。《周易》认为朵颐（颐卦）和鼎食（鼎卦）合理，会激发人们的贪欲；《周易》鼓励"飞龙在天"，是在鼓励诸侯兼并。所以老子反对《周易》倡导的道、德、仁、义、礼、智、信，反对君王、君子有作为，而推崇无为之道、圣人之治。

《道德经》与《周易》对争的认识有所不同。《周易》认为有所为就要有所争，要求君子在有所争时不要怕"过涉灭顶"（大过卦），也就是不要怕受到大自然的惩罚，因为这是征服自然、改造自然必须付出的代价。老子则认为人不能挑战自然，应"为而不争"，盲目向自然挑战,才会付出"过涉灭顶"的惨痛代价。在争的问题上,老子与《周易》持有截然相反的观点。从历史和现实看,争之不当会有凶险,该争而不争会失去机会。因此,在争的问题上吸收《道德经》和《周易》的合理成分,就可以对争有完整的认识。

　　《道德经》与《周易》对根本的认识有所不同,老子认为根本是道所赋予万物的"一","一"就是万物自身的命和命运,命运是道决定的,顺从命运的安排就是顺从规则,规则不能违背。面对命运应无为,不要试图去改变自己的命运。《周易》认为事物的根本是道与德,人们可以改变自己的命运,坚守道与德,就能改变自己的命运。从这一点上说,老子是个宿命论者。

　　国学大师梁漱溟曾说:"古人往矣!无从起死者而与之语。我们所及见者,唯流传到今的简册上一些字句而已。这些字句,在当时原一一有其所指,但到我们手里,不过是些符号。此时苟不能返求其所指,而模模糊糊去说去讲,则只是掉弄名词,演绎符号而已;理趣大端,终不可见。"按梁漱溟的说法,不能将《道德经》的指向寻找出来,就不能得到它的"理趣大端"。通过《道德经》和《周易》的对比研究可以发现,《道德经》针对的是现实,指向的是《周易》。研究《道德经》而不研究《周易》,就难以得到《道德经》的真谛;研究《周易》而不研究《道德经》,就难以全面通晓《周易》。《周易》既是《道德经》的老师也是《道德经》的实用教材,《道德经》则是《周易》的哲学导师。《周易》给有为者提供了历史经验,《道德经》给无为者提供了信仰。后来《道德经》思想成为道教的教义,与此有很大关系。

目 录

前言：《道德经》与《周易》

第 一 章　众妙之门 …………………………………………（1）
第 二 章　功成弗居 …………………………………………（5）
第 三 章　不见可欲 …………………………………………（8）
第 四 章　和光同尘 …………………………………………（11）
第 五 章　不如守中 …………………………………………（14）
第 六 章　谷神不死 …………………………………………（15）
第 七 章　天长地久 …………………………………………（17）
第 八 章　上善若水 …………………………………………（19）
第 九 章　功成身退 …………………………………………（23）
第 十 章　专气致柔 …………………………………………（24）
第 十 一 章　无之为用 …………………………………………（28）
第 十 二 章　去彼取此 …………………………………………（29）
第 十 三 章　宠辱若惊 …………………………………………（31）
第 十 四 章　无象之象 …………………………………………（33）
第 十 五 章　微妙玄通 …………………………………………（35）
第 十 六 章　虚极静笃 …………………………………………（38）
第 十 七 章　功成事遂 …………………………………………（40）
第 十 八 章　大道废焉 …………………………………………（42）
第 十 九 章　少私寡欲 …………………………………………（44）
第 二 十 章　独异于人 …………………………………………（46）
第二十一章　孔德之容 …………………………………………（49）
第二十二章　全而归之 …………………………………………（51）
第二十三章　希言自然 …………………………………………（56）

第二十四章	企者不立	(58)
第二十五章	道法自然	(60)
第二十六章	重为轻根	(63)
第二十七章	常善救人	(65)
第二十八章	知雄守雌	(68)
第二十九章	去奢去泰	(71)
第 三十 章	故善者果	(74)
第三十一章	恬淡为上	(76)
第三十二章	知止不殆	(78)
第三十三章	自知之明	(81)
第三十四章	终不自大	(83)
第三十五章	往而不害	(86)
第三十六章	国之利器	(89)
第三十七章	道常无为	(91)
第三十八章	上德不德	(93)
第三十九章	以贱为本	(96)
第 四十 章	有生于无	(99)
第四十一章	大器晚成	(100)
第四十二章	损而益之	(103)
第四十三章	无为之益	(105)
第四十四章	知足不辱	(106)
第四十五章	大成若缺	(108)
第四十六章	知足之足	(111)
第四十七章	不为而成	(112)
第四十八章	为学日益	(114)
第四十九章	圣无常心	(116)
第 五十 章	出生入死	(118)
第五十一章	尊道贵德	(120)
第五十二章	天下有始	(122)
第五十三章	行于大道	(125)

第五十四章	善抱不脱	(127)
第五十五章	物壮则老	(130)
第五十六章	为天下贵	(133)
第五十七章	以正治国	(134)
第五十八章	祸兮福兮	(137)
第五十九章	长生久视	(140)
第 六 十 章	若烹小鲜	(142)
第六十一章	各得其所	(145)
第六十二章	万物之奥	(148)
第六十三章	终不为大	(150)
第六十四章	慎终如始	(153)
第六十五章	善为道者	(157)
第六十六章	为百谷王	(160)
第六十七章	我有三宝	(162)
第六十八章	不争之德	(165)
第六十九章	哀者胜矣	(167)
第 七 十 章	被褐怀玉	(169)
第七十一章	不知知病	(171)
第七十二章	自知自爱	(173)
第七十三章	天网恢恢	(175)
第七十四章	民不畏死	(177)
第七十五章	贤于贵生	(178)
第七十六章	柔弱处上	(180)
第七十七章	为而不恃	(181)
第七十八章	受国之垢	(183)
第七十九章	常与善人	(185)
第 八 十 章	小国寡民	(186)
第八十一章	为而不争	(188)

第一章　众妙之门

〔题解〕　老子认为自然界中存在着许多奥妙，要解开这些奥妙，就要对道与名、"无"和"有"有正确的认识。正确认识道，才能正确认识道在事物中的作用；正确认识"名"，才能正确认识事物；正确认识"无"和"有"，才能掌握打开"众妙之门"的钥匙。否则就不能进入"众妙之门"，也难以知晓事物变化的奥妙。

〔原文〕　道，可道，非常道；名，可名，非常名。无，名天地之始；有，名万物之母。故常无，欲以观其妙；常有，欲以观其徼。此两者同出而异名，同谓之玄，玄之又玄，众妙之门。①

〔译文〕　决定事物根本的是道。大道是道的总称，又分"可道"与"常道"。"可道"即适宜之道，也为特殊之道；"常道"为恒常之道，也就是一般之道，恒常之道不是适宜之道。人们对所认识的事物都要进行命名，能正确认识事物，命名才能适宜。"可名"为适宜的命名，也是反映特殊规则的命名；"常名"是反映一般规则的命名，反映一般规则的命名不是反映特殊规则的命名。"无"，可以称作天地的开始；"有"，可以称作万物的生母。所以掌握了"无"的变化规则，就可以观察到事物变化的奇妙；掌握了"有"的变化规则，就可以观察到事物变化的临界点。"无"和"有"在事物的变化中同时出现，只是名称不一样，但同样神奇玄妙。"无"中生"有"就很玄妙，"有"中又存在着"无"，"有"中之"无"又酝酿着未来之"有"，就更加玄妙。掌握了"无"和"有"的变化规则，就打开了通往一切奥妙的大门。

〔解析〕　老子认识到，人们要探索事物的奥秘，先要对道与名有所认识。事物的产生和发展变化是由道决定的，也要依靠道的帮助，道是在以

---

① 本书《道德经》原文以王弼注本为底本，若其他版本有文意较优之处，则以"（）[ ]"形式标出。

规则帮助万物。名代表人们对事物的认识程度，只有知晓道在事物中所起的作用，才能对事物的发展变化有所认识。同样，只有真正认识事物，有所为才会符合道，才能按规则去做。人们之所以认为事物存在着很多奥妙，是因为没有掌握事物的变化之道。这个变化之道，存在于"无"和"有"变化规则中。不能真正认识"无"和"有"的变化规则，就不能真正了解事物，就不能正确命名，也就不能破解事物的奥秘。

"道，可道，非常道"，是老子对《周易》之道的总结和再认识。《周易》之道为乾坤之道，集中表现在乾坤两卦中，也表现在《周易》阴阳爻的变化中。《周易》阳爻代表天道，阴爻代表地道。老子认为道的总称为大道，大道又分成"常道"与"可道"。《周易》阴阳爻所代表的天地之道只是一般的道，即"常道"，并不是"可道"；"可道"为适宜之道，也就是特殊之道，只有适宜之道才能使具体事物发生变化。"常道"不能代替"可道"。通过分析《周易》六十四卦的内容，可以看出《周易》是以乾坤两卦为主导，确定了卦的运行规则，其他卦要遵从乾坤两卦所制定的规则。《周易》感觉到有"常道"与"可道"存在，也在不自觉地运用"常道"与"可道"来编辑六十四卦的内容，但没有明确提出"常道"与"可道"的概念。用老子的观点来看，乾坤两卦为"常道"，其他卦为"可道"。"常道"确定了卦的运行规则，"可道"体现了具体事物变化的规则。"可道"不违背"常道"，也就是不违背道的一般规则，但又有自己的特殊规则。在"常道"和"可道"的引领下，《周易》六十四卦反映出中国古代社会发展的真实场景。老子把道分为"常道"与"可道"，将《周易》感觉到但没有真正认识到的东西挖掘出来，让中国古人对道的认识有了质的飞跃，是对中国古代哲学的重大贡献。

《周易》乾卦初九："潜龙勿用。"是说龙深潜于潭渊，没有轻举妄动。龙遇到了难以克服的困难，这个困难是由事物发展变化规律所决定的。乾对初爻的规定是难，因为难，龙才需要"潜"，"潜"可以应对难。乾对难的要求为保，龙通过"潜"可以在困难中等待时机，保护自己不受伤害。"潜龙勿用"反映的是"常道"，是应对难的一般方法。卦不同，所面对的难也不同。"常道"可以指导"可道"，也就是可以指导适宜之道去克服具体困难。如屯卦初九："磐桓。利居贞。利建侯。"象曰："虽磐桓，志行正也。以贵下贱，大得民也。"初九是说，徘徊于谤木之下，安居不动，预测会有利。有利于创建王侯之业。象传说，虽然徘徊于谤木之下，但君子的愿望是创建王侯之业，是要走正道。君子以高贵的身份深入民众，虚心听取民众的意见，大得民心，受到民众的拥护。初九君子要创建王侯之业很难，难在争取民心。要争取民心，就要奉行亲民之道，"以贵下贱"，才能大得人心。乾对初爻的要求是保，即保护、保证。君子创建王侯之业很难，要保证自己的亲民行为符合正道，民众的利益能得到保护，这样会有利于克服困难。按"常道"的一般规则，屯卦初九在开始阶段遇到困难时，要采用"潜"的方法。"潜"就是搁置不切合实际的想法、做法，实事求是地面对困难，用"可道"找出克服困难的具体方法。这个"可道"就是"以贵下贱"，获得民众拥护。

"名，可名，非常名。"名为命名，老子认为命名反映人们对客观事物的认识，只有正确认识客观事物才能正确命名，这个正确命名就是适宜的命名，而不是一般的命名。一般的命名仅是类似，类似就不能准确；只有真正认识事物，命名才能准确。老子认为，《周易》能正确认识事物，对六十四卦的命名就会适宜；不能正确认识事物，命名也就不能完全适宜，例如丰卦。丰卦的前卦为归妹卦，讲述的是帝乙归妹的故事。"帝乙归妹"是殷王朝开始衰落的标志，促成了文王之丰，所以丰卦应反映文王之丰。但丰卦反映的内容是文王以丰来掩护武王，丰在丰卦中是形容遮盖很大，大到能将天遮盖住，所以叫丰卦。按老子的观点，丰卦的命名就不是适宜的命名。

"无，名天地之始；有，名万物之母。故常无，欲以观其妙；常有，欲以观其徼。""无"和"有"在《道德经》中是极其重要的哲学概念，与天地、万物的根本密切相关。老子认为天地开始于"无"，"有"是万物的母亲。"无"和"有"的变化有无穷奥妙，在产生了天地和万物之后，"无"和"有"仍在事物的生长变化中发挥着作用。

事物的变化奥妙无穷，老子认为这个奥妙存在于"常无"与"常有"的变化之中。"常"为规则，也就是说"无"和"有"的变化按"无"和"有"的变化规则进行。观察"无"是观察新事物诞生前是否具备诞生所必需的条件，条件不具备、不符合规则，新事物不会诞生；观察"有"是观察事物量变到质变的临界点，质量互变需要条件，达不到条件要求、不符合规则，就不会发生质变，新事物也就不能产生。量变到质变的瞬间会有新事物产生，观察的对象就是事物在临界点时的变化。"无"和"有"变化的奥妙，就存在于规则之中。老子认为"无"和"有"变化的规则是：第一，"此两者同出而异名"。在某个特殊时刻，"无"和"有"同时出现。这个时刻就是量变到质变的临界时刻，是新生事物就要诞生还没有诞生的时刻，就是"无"就要生出"有"还没有生出"有"的时刻。此刻说"无"却"有"，说"有"却"无"，"无"和"有"共同存在。之后"无"和"有"按各自的规则，分别存在。第二，"无中生有"、"有无相生"。从根本上来说是"无中生有"，之后"有无相生"。人们通常是通过已知的事物来探索和发现新事物。新事物没有被发现之前是处于"无"的状态，这个"无"为"有"所生。人们可以通过"有"去探索"无"，探求"无"的过程就是探索未来之"有"的过程，新"有"通过"无"而在旧"有"的基础上诞生，于是就完成了"敝而新成"的转变。

"此两者同出而异名"，"无"和"有"同时出现，只是名称不一样。从"敝而新成"的角度来看，新事物是在旧事物的基础上诞生的。在新事物没有诞生前，旧事物为"有"为"敝"，新事物为"无"，新事物诞生的基础是旧"有"通过"无"而酝酿着新"有"。在新事物即将诞生还没有诞生之时，既为"无"也为"有"，"无"和"有"同时出现。新事物夭折会归于"无"，诞生则归于"有"，之后"无"和"有"以各自的规则继续发展变化。

"同谓之玄，玄之又玄，众妙之门。""常无"中存在着万物诞生的玄妙，"常有"中存在着万物质量互变的玄妙。万物从"无"的变化规则中诞生，又从"有"的变化规则中发生质变，这两种变化已经很玄妙。"无"中生"有"后，"有"中又存在着新"无"，新"无"中又存在着未来之新"有"。条件具备，"有"中之新"无"会生出新"有"，就更加玄妙。"无"和"有"的变化使世界充满了玄妙，掌握了"无"和"有"变化的规则，就打开了通往所有玄妙的大门。

《周易》变化的奥妙表现在阴阳爻的变化之中。《周易》各卦，阴阳在爻中都有自己的位置，阴居阳爻之位是道难行，阳需要阴的帮助；阳居阴爻之位是阴迷失方向，需要道的指引，也就是阳的指引。阴阳强行占位，是违背道，会有凶险产生。通过六爻的变化，事物完成了发展变化的过程。在老子看来，阴阳爻的变化并没有完全表现出事物变化的奥妙，因此观察阴阳爻的变化，不如观察"无"和"有"的变化。弄清"无"和"有"的变化规则，是观察一切事物变化奥妙的大门。《周易》阴阳爻的变化实际上也充满了奥妙，这个奥妙主要是表现在卦的运行规则上。《周易》的作者是根据卦的运行规则来编辑卦的内容的。人们没有弄清《周易》的运行规则，也就难以弄清《周易》的内容。弄清《周易》卦的运行规则，才能破解周易的奥秘。《周易》卦的变化规则也可以用"玄之又玄，众妙之门"来形容。

第二章　功成弗居

〔题解〕　人们探索道的奥妙，是为了能正确认识事物，也为了做事成功。想成功就要向圣人学习，做事要学"圣人处无为之事"，成功了要学圣人"功成而弗居"，这样才不会失去。

〔原文〕　天下皆知美之为美，斯恶已；皆知善之为善，斯不善已。故有无相生，难易相成，长短相形，高下相倾，音声相和，前后相随。是以圣人处无为之事，行不言之教，万物作焉而不辞。生而不有，为而不恃，功成而弗居。夫唯弗居，是以不去。

〔译文〕　天下人都知道美为什么是美的，并为之向往，是因为有恶存在，希望让恶停止；都知道善为什么是善的，并为之向往，是因为有不善存在，希望让不善停止。所以有与无会相互生成，难与易会相互成就，长与短会相互对照，高与下会相互倾向，音律与声调会相互和谐，前与后会相互随从。所以圣人用无为之道来处理所遇之事，用自己的行为来教化民众，让万物自然生长而不去挑毛病。让万物生息而不占为己有，有所为而不依赖别人，大功告成而不居功。正因为不居功，所以功劳不会失去。

[解析] 老子认为，事物都具有两面性和相关性，事物之间相互排斥又相互依赖，相互生成又相互转化。事物不可能没有自己的对立面而单独存在。美与恶、善与不善、有与无、难与易、长与短、高与下、音与声、前与后就是如此，有赞美就有厌恶，有善就会有不善。人们有所追求就要有所舍弃，有所得就要有所失，有所居就要有所不居。只有同道在一起，才不会失去。一般人所追求的是名利，圣人追求的是道。圣人遵道而行，天下会安定。所以老子将天下安定的希望寄托在圣人身上。《周易》认为事物都存在着阴阳，起主导作用的为阳，起辅助作用的为阴。阴阳之间也有相生、相成、相形、相倾、相和、相随的特点。阴阳调和，天下会和谐、安定。

"天下皆知美之为美，斯恶已；皆知善之为善，斯不善已。"老子从常识中推导出事物都有自己的对立面，都是相比较而存在的，对立的事物相辅相成、相反相成、相悖相补。人天然具有一定的识别能力和选择能力，都知道什么是美，什么是恶，什么是善，什么是不善。如果需要做出选择，人们自然会选择美和善，让恶和不善停止。

《周易》以事物是否符合天道来臧否事物，但认为有些人会根据表面的美与恶、善与不善进行臧否，如睽卦"见恶人，无咎"，是说所厌恶的人帮助了自己，自己去感谢他，会没有过错。老子认为睽卦的"恶人"是由成见导致的。一般来说，人生来就具备辨别美与恶的能力，人们对美与恶、善与不善并不抱有成见，会自然而然地做出评价和选择，不需要特定的标准。

"故有无相生，难易相成，长短相形，高下相倾，音声相和，前后相随。"有与无相对立，却能相互生成；难与易相对立，却能相互成就；长与短相对立，却能表现出彼此；高与下相对立，却能表现出相互的倾向；音律与声音相对立，却能演奏出和谐的音乐；前与后相对立，却能使后跟随前。《周易》阴阳相对立，却又和谐。老子应是从《周易》阴阳的对立中看出事物存在着既对立又密切相关的特点。阴阳和其他对立的事物相互间都存在相成、相形、相倾、相和、相随的关系。

《道德经》推崇圣人，与老子的无为思想有关。老子认为，只有圣人才能贯彻无为的思想。圣人行为之一"处无为之事"，是说圣人用无为来处理所遇到的事，这个无为是不违背道，对道没有作为，这样才能做到"无为而无不为"。《周易》乾卦要求君王"飞龙在天"大有作为。老子认为周王朝早已衰败，"飞龙在天"鼓动诸侯争霸，会为害天下。只有用"圣人处无为之事"来打消诸侯"飞龙在天"的欲望，才能实现天下的安定。圣人不做违背道的事，道会借助圣人畅行天下。人们做事都不背离道，天下会实现无为而治。

圣人的行为之二是"行不言之教"。言教与不言之教在教的方法上是对立的，也是相辅相成的。"不言之教"除身教外，也包括其他教育方法，如树立榜样和典型，创造有益于身心的环境，给予人帮助等。《周易》也主张教化，其教化主要表现在贲卦中。贲是装饰的意思，装饰有教化的作用。贲卦上九"白贲，无咎"，是说崇尚白色，用自己喜欢的白色来进行装饰，没有过错。上九是用自己崇尚白色来教化民众，让民众也崇尚白色。上爻处于争位，上九是在用崇尚白色与崇尚其他颜色相争。老子认为，君王用争的方法难以达到教化的目的，只有像圣人那样"行不言之教"，才能真正教化民众，改变社会风俗。

圣人的行为之三是"万物作焉而不辞"，是说万物蓬勃生长，而圣人不去干涉，也不去挑毛病。去干涉就会限制万物的生长。老子看到《周易》在用六爻限制万物的生长变化，认为干预万物的生长是错误的，万物如何生长是大自然的事，也就是道决定的事，不是六爻管得了的，所以圣人不会乱说话去干涉万物。《周易》将事物的发展变化分六个阶段，万物遵循六爻的规定，才能顺利成长。具体规定是初爻为难，即万物初始都要经过一个难的过程。难要保，即保护、保证。二爻为蒙，是说万物经过初始之难后，进入蒙的阶段。蒙要合，即蒙中的行为要合于道。三爻为等，是说在经历过蒙的阶段后，万物进入等的阶段，有如树木长大成材需要等待。等待要安泰。四爻为顺，在经过等的阶段后，犹如树木成长为栋梁，君子成为邦国的栋梁，要顺从尊者。顺要慎。五爻为尊，五爻为天位，代表上天，所以受到尊崇。尊要正，正为端正。六爻为争，经过努力有了硕果，人们会去争属于自己的一份果实。争要和。《周易》认为，万物的发展符合六爻的规定，才能成功。《周易》五爻为天位，天为尊，尊者代表上天。老子认为尊者还不是圣人，圣人不会对万物进行限制和说教，而是让万物自然生长。《周易》尊者用六爻来限制万物，不符合自然之道。

圣人行为之四是"生而不有，为而不恃，功成而弗居。夫唯弗居，是以不去"。按老子的观点，"生而不有"则会有，"为而不恃"而有恃，"功成而弗居"而不会失去功劳。老子认为，《周易》鼓励大有（大有卦），鼓励有为（乾卦），鼓励君子建侯（屯卦），不符合无为之道。鼓励大有会失去大有，鼓励有为会失去为，鼓励建侯会失去侯。《周易》姤卦厉王通过增税，欲将天下财富归于己有；老子认为厉王没有做到"生而不有"，所以被民众赶出国都。

老子认为，想要不失去功劳，就应"功成而弗居"。《周易》认为，人们可以去争属于自己的一份利益，有功可以争功，争到功可以居功。老子认为"夫唯不居，是以不去"，是说圣人不去争功，就不会失去功劳。《周易》鼓励争，会失去功劳。

老子崇尚圣人。谁为圣人？通过《道德经》对圣人的描述可知，圣人是像老子那样有高深道德、深厚学问的人，还有就是接受了老子无为之道的王侯。普通人无法实行无为而治，只有王侯成为圣人才能爱民治国，实行无为而治，所以老子要将王侯培养成圣人。但春秋末期的王侯，没有人信奉老子的学说，让老子很无奈。《周易》是要将君子培养成栋梁之材，为王侯安邦治国效力。老子认为，与其培养君子为王侯效力，不如将王侯培养成圣人。君子有为只会帮助王侯兼并，只有圣人能消弭战争。

第三章　不见可欲

〔题解〕　老子不看好春秋末期的社会现状和治理方法，提出了圣人之治，认为王侯要治理成功就要接受圣人的治理观念，"为无为，则无不治"。

〔原文〕　不尚贤，使民不争；不贵难得之货，使民不为盗；不见可欲，使民心不乱。是以圣人之治，虚其心，实其腹，弱其志，强其骨。常使民无知无欲，使夫知者不敢为也。为无为，则无不治。

〔译文〕　不崇尚贤能，使民众不去争名；不以难得的货物为宝贵，使民众不去盗窃；不让人所欲得的物品出现，使民心不产生惑乱。所以圣人治理天下，要排除人们的欲望使心虚空，填饱人们的肚子，削弱人们的志向，强壮人们的身体。所订立的规则是要使民众不去知晓规则之外的事，没有规则以外的欲望。使那些知道规则以外之事的人不敢去做违背规则的事。有所为是为了达到无为，也就没有治理不好的事。

〔解析〕 上一章是说人们都向往美，向往善。为占据美与善，就会去争。名利中有美与善，人们为得到美与善会去争名夺利。面对名利，只有圣人可以做到"生而不有，为而不恃，功成而弗居"，一般人则难以做到。老子认为，欲望使人心混乱，人们才会去争名夺利，见到好处要占有，甚至为得到而去做强盗。老子要用"不尚贤"、"不贵难得之货"、"不见可欲"来消除人们的欲望。

"不尚贤，使民不争"，不崇尚贤能，使民众不去争名。《周易》比卦尚贤，认为贤人可以帮助君王安邦治国。老子反对《周易》尚贤，认为有圣人在就不需要贤人。没有人会自称圣人，但人们都希望被称为贤人。尚贤会让没有贤能的人去争贤名，有些人逞口舌之利，得贤人虚名却没有治国才能，只能贻害天下。圣人以无为来治理天下，不用贤人来辅佐，就可以使民众不去争贤名。《周易》认为，君王要治理天下，必须有大臣辅佐，能辅佐君王治国的大臣不是一般的人，而是贤人。朝廷缺少治国的贤臣，就要去寻找。《周易》比卦六四："外比之，贞吉。"象曰："外比于贤，以从上也。"六四是说，君王要大臣去亲近外部的人才，预测吉祥。象传说，君王要亲近的不是一般的人才，而是贤人。已经从小畜卦亲近到"富以其邻"的君子，君子自己富了要帮助民众和朋友致富，其行为可称为贤。老子认为，比卦六四到朝廷外去寻找贤人，如果人们都认为自己是贤人，就会出现不当之争。《周易》讼卦九二："不克讼，归而逋，其邑人三百户。无眚。"是说君王为变革用人制度而广开言路，食邑三百户的小爵士在与君王的争讼中输给了君王，回去后立即躲藏起来。小爵士志大才疏，想通过驳倒君王而一鸣惊人，但人们的眼睛没有毛病，都看得很清楚。老子认为，不让民众去争贤名，小爵士就不会去跟君王争辩。争会导致心乱，使小爵士野心膨胀，忘乎所以，最后落荒而逃。《周易》认为，争是一种社会常态，人们可以与天争、与地争、与人争，争要有道（讼卦、比卦）、有谦（谦卦）、有准备（豫卦）。在与天地人相争中要与天地人相和，这样争才符合道，才能赢得争的胜利。履卦"履道坦坦"是君王鼓励争，将进谏之道铺设平坦，民众蜂拥而至。老子认为"履道坦坦"是为尚贤，争贤会使人心混乱，助长贪欲，所以老子反对尚贤。

"不贵难得之货，使民不为盗。"老子不反对流通，但反对以难得的货物为珍贵之物。《周易》大畜卦上九："何天之衢，亨。"是说背负着上天使命的道路四通八达，行走在上面非常通畅。《周易》主张天下大畜，物流通畅。从物流的规律看，有需求就会有流通，所以贵重物品也会流通。老子认为"难得之货"会激发人们的贪欲，这种贪欲会诱发人们去盗窃。流通是必要的，但不要以"难得之货"为宝贵。

"不见可欲，使民心不乱。"人都有欲望，看见可心的物品就要占有，得不到会心乱。《周易》颐卦初九："舍尔灵龟，观我朵颐，凶。"是说舍弃你自己应当遵循的颐养之道，观看我怎样痛快地享用美食，有凶险。老子认为，人们面对诱惑难免动心，即便心有"灵龟"，看到别人"朵颐"，自己享受不到，也会心乱。所以最根本的是"不见可欲，使民心不乱"。

老子认为"可欲"不仅表现在"朵颐"上，也表现在其他欲望上。《周易》无妄卦六二："不耕，获；不菑，畬。则利有攸往。"是说有人正在开荒，很辛苦，看见无妄卦初九已经致富，于是梦想自己不耕作就会有收获，不用开荒荒地就会成为熟地。老子认为六二梦想早日致富，是心已经乱了。要使六二心不乱，就不要让六二看见别人已经致富。

"是以圣人之治，虚其心，实其腹，弱其志，强其骨。"老子认为，圣人治理的方法首先是"虚其心"。人们的欲望和想法都是由心所生，将不正当的想法、欲望从心里清除，心里没有欲望，就不会妄想妄为，就会朴实。"实其腹"是吃饱肚子。老子认为民众的要求很简单，就是吃饱肚子。圣人只要能让民众吃饱肚子，民众就不会再有其他欲望。"弱其志"是要削弱人们的愿望。人们都希望能改变自己的命运，改变命运就会去争，争就会乱。人们能安于本命，听从命运的安排，就不会去争。"强其骨"，老子知道国人身体羸弱就意味着灭亡。《周易》渐卦中的妻子和丈夫如果不能"强其骨"，丈夫就不能与敌人拼杀，妻子也不能坚持耕织，邦国只能被敌人侵占。

"常使民无知无欲，使夫知者不敢为也。""常"是规则，圣人制定的规则是让民众不去知晓与规则无关的事，没有欲望去做不符合规则的事。"知者"是知道内外情况、知道如何达到目的的人。《周易》豫卦、否卦大人知道国君有否，才起了取代之心。老子认为，豫卦民众对国君有否"无知"，对名利无欲，大人即便知道国君有否，也不敢轻易鼓动同类和民众去取代国君。

"为无为，则无不治"，为采用无为的方法，就没有什么不能治理的。《周易》中有不少治理不当的例子：乾卦"亢龙有悔"是治理过当而有悔；小畜卦君子治家不当，君子帮助民众和朋友致富遭到妻子反对；否卦、豫卦是国君对朝臣治理不当，才会被大人取代；泰卦帝乙治理不当，才会"帝乙归妹"，使文王强大；履卦幽王治理不当，才会使"武人为于大君"。老子认为，《周易》所反映的治理不当的问题虽各有不同，但都是没有处理好"为"的问题。能做到"为无为，则无不治"。

第四章　和光同尘

〔题解〕　要消除名利的欲望，实行无为而治，就要依靠道。道是万物的根本，是先于万物和天帝而存在的。

〔原文〕　道冲，而用之或不盈。渊兮似万物之宗。挫其锐，解其纷，和其光，同其尘。湛兮似或存。吾不知谁之子，象帝之先。

〔译文〕　道似空虚无物，使用起来却不会盈满。深如潭渊，好像是万物的本源。可以折损他激进的锋芒，可以解除他的纷争，可以中和他耀眼的光芒，即便他微小如尘，道也会与之同在。需要逐渐澄清啊，道好像就存在于这逐渐澄清的过程中。我不知道它诞生在哪里，在万物和天帝产生之前它就存在了。

〔解析〕　这一章是对道的描述。老子认为道是自然存在，而且是存在于"象帝之先"。《周易》认为道是乾所规定的事物运行的规则。乾卦象辞说"大明终始，六位时成，时乘六龙以驭天"，是说根据太阳的变化，乾将事物的发展变化分为六个阶段，每个阶段为一爻，由天时统领六爻。天时凭借六爻治理天下，犹如驾驭六龙侍奉天，管理天下万物。也就是说，《周易》规定事物的运行分六个阶段，六爻分别代表道的六个运行阶段。如果将道看成客观规律，《周易》是从运动的角度来看待道，是说道在不断运动，事物也在不断运动。《道德经》则是从认识的角度去看待道，是说道既空虚而又充实，是万物的根本。《道德经》和《周易》对道的描述虽是各执一端，但都认识到道在事物中的重要性。将《道德经》之道与《周易》之道综合起来，就是古人对道的完整认识。

"道冲，而用之或不盈。"道的特点是空虚，而使用起来却不会盈满，会用之不竭。《周易》认为道是乾对万物的规定，万物必须遵守。

"渊兮，似万物之宗。"道是万物的根本，有如潭渊既是水的根本也是万物的根本。《周易》认为万物的根本是乾坤。

"挫其锐，解其纷，和其光，同其尘。"这是在讲道的实际作用。《周易》之道起引领作用，君子有所作为，要有道引领；《道德经》之道可以解决实际问题，老子针对《周易》革卦等卦，告诉人们《道德经》之道可以在现实中发挥作用。

"挫其锐"，道可以挫折他激进的锋芒。《周易》革卦上六："君子豹变，小人革面。征凶，居贞吉。"是说君子在变革中变得像豹子一样激进，小人在变革中不断改变自己的面目，继续变革会有凶险，安居不动，消化吸收已有的变革成果，预测会吉祥。人们看到君子变得激进，在变革中像豹子一样肆意扑咬，会有凶险。老子认为，用道来折损君子激进变革的锐气，就可以避免"君子豹变"的凶险。

"解其纷"，道可以解除纷争。《周易》巽卦九二："巽在床下，用史巫纷若，吉，无咎。"是说君王重用武人，在大臣中引发纷争，君王在用史官查史和巫师祭神的方法来解决纷争。老子认为，君王用史官查史和巫师祭神来解除纷争，是治理朝臣的一种方法，但最根本的是要用道来解除纷争。

"和其光"，道可以中和他耀眼的光芒。《周易》未济卦六五："贞吉，无悔。君子之光，有孚，吉。"是说君子征伐鬼方国，在给养不足的情况下，决定迅猛进攻，预测吉祥。君王对重用君子没有悔恨，君子取得征伐胜利，光照天下，很耀眼，君子的行为体现了诚信，吉祥。老子认为，君子之光如果仅体现了个人奋斗的荣耀，就会脱离道。可以"和其光"，用道来中和君子的光耀，使君子的光耀符合道，这样才可以成为天下人的榜样。

"同其尘"，即便微小如尘，道会与之同在。《周易》大畜卦九三："良马逐，利艰贞。曰闲舆卫。利有攸往。"是说用良马驾车追赶，遇到艰难的环境，预测会有利。主人告诫说，前往之前要做好三件事，一是马匹的饲养，二是车辆的维护，三是车队的保卫。按照主人的要求去做，前往会有利。老子认为，道可以关注"闲舆卫"之类的小事，只要信奉道，按道的要求去做，即便再微小的事，道也会与之同在。

"湛兮似或存。"湛为澄清，是说道有"常道"、"可道"，不同的事物遇到不同的问题，需要不同的道来解决。具体用什么道，要逐渐澄清才能明确。《周易》涣卦六三："涣其躬，无悔。"象曰："涣其躬，志在外也。"六三是说，君子要节制革命，受到革命洪流的冲击，没有悔恨。象传说，君子要节制革命，但受到革命洪流的冲击，在动乱中难以真正节制革命，君子的志向是在革命成功后，在节卦中实现以节来治理天下的愿望。老子认为，革命之道和节制之道究竟该如何协调，有一个逐渐澄清的过程，道就存在于逐渐澄清的过程中。

"吾不知谁之子，象帝之先"，我不知道它诞生在哪里，在万物和天帝出现之前，道就存在了。《周易》是以乾坤为万物的本元而建立起自己的理论体系，《道德经》是以道为万物的本元而建立起自己的理论体系。道的作用等同于乾，道在万物和天帝出现之前就已经存在了，老子这个以道为核心的理论体系，足能与《周易》以乾为核心的理论体系相媲美、相抗衡。

第五章　不如守中

〔题解〕 上一章"道冲，而用之或不盈"，如果片面看待盈，盲目追求盈满，就会走极端。老子认为，人们应当学会辩证地看问题，不要走极端，要守持中间，不偏不倚。

〔原文〕 天地不仁，以万物为刍狗；圣人不仁，以百姓为刍狗。天地之间，其犹橐龠乎？虚而不屈，动而愈出。多言数穷，不如守中。

〔译文〕 天地不仁爱，以万物为祭祀用的草狗；圣人不仁爱，以百姓为祭祀用的草狗。天地之间不就像个风箱吗？虚空而不会枯竭，愈鼓动仅是风出得愈多。说得过多难以经受住追究，不如持守中间，不偏不倚。

〔解析〕《周易》认为天地有仁爱，会爱养万物；君王有仁爱，会爱护民众（姤卦、益卦）。老子认为这样看问题有片面性，天地和圣人也有不仁爱的时候，会让万物和百姓如祭祀用的刍狗，为天地和圣人做出适当的奉献和牺牲，这是万物和百姓的义务。通过天地和圣人的不仁爱，老子告诉人们在认识上要实事求是，不要走极端，应当守持中间，不仅是对仁爱，对其他事物的认识也应如此。《周易》大过卦上六："过涉灭顶，凶，无咎。"是说涉水大过，被河水淹没了头，有凶险，没有过错。大过卦是说君子可以为探索真理"过涉灭顶"。老子认为这个观点过于偏激，应当守中，不要让人轻易做出牺牲。

"天地之间，其犹橐龠乎？虚而不屈，动而欲出。"《周易》以风、雷、水、火、天、地、山、泽的复合运动来表示天地的变化。老子认为，天地之间就像一个风箱，风箱中只有风，鼓动得越多，也仅是风多。而风是虚空的，所以无为为静，有为为风。《周易》的有为只是过多的风，八卦的运行轰轰烈烈，在老子看来只是风在刮。一切都将归于虚无，虚无即自然，自然为静。

"多言数穷，不如守中。""多言数穷"，是老子对《周易》的诘难。

老子认为《周易》如百科全书，内容太多，说得太多，难以经受住追究。"不如守中"，事物都有两端，也就是都具有两面性，持守一端，不如持守中间，实事求是地看待问题。有为的另一端是无为，"守中"是守持为与无为的中间。要有所为有所不为。

第六章　谷神不死

〔题解〕　对事物的看法应当守持中间，实事求是，不偏不倚。要真正做到守持中间，就要知道事物的根本，知道事物是从哪里来的。不知道事物的根本，就不能守持中间。

〔原文〕　谷神不死，是谓玄牝。玄牝之门，是谓天地根。绵绵若存，用之不勤。

〔译文〕　谷神是永远不会死亡的，她是无比玄妙的生育之母。充满玄妙，就像雌性的生育之门，可以称为天地万物诞生的根源。绵绵不断，就好像真的存在生育之门，用于繁育万物是有节奏、有季节的，不会那么辛劳。

〔解析〕　《周易》认为，万物来源于天地，也就是来源于乾坤；老子认为，万物来源于生育之母，也就是"谷神"。

"谷神不死，是谓玄牝。玄牝之门，是谓天地根。""谷神"为生育之神，永恒存在，就像玄奥的雌性。雌性的生育之门是天地的根本。"道生万物"显得虚空，老子将万物的根本和来源神化、母性化，说明老子不但承认天帝的存在，也承认神的存在，只是不清楚道与天帝和神之间是什么关系。由此可以看出，老子并不排斥天帝和神，甚至要借助天帝和神来说明自己的主张，认为谷神是天地的根本。可以说，老子再向前走一步，道生万物就会变成神创世界了。但老子并不想将创造天地万物的责任交给天帝和神，而是交给了道，因为老子认识到，天帝和神也有一个从哪里诞生的问题，只有道生万物才能圆满解决这个问题。也就是说，天帝和神都是道生出来的，道可以帮助谷神生养。老子认为，《周易》所说的乾坤创造天地万物，经受不住追究，人们难以知道乾坤是如何创造天地万物的。实际上《道德经》也存在同样的问题，老子即便将道生万物形象化、母性化、神化，也难以经受住追究。但中国人的创世观念没有走向神创论，是深受老子和《周易》创世说的影响的。

老子重视"谷"，将"谷"提到"神"的位置，应是受到《周易》的启发。《周易》困卦初六"臀困于株木，入于幽谷，三年不觌"，是说雨神久久坐在倒下的树干上，就像被困住一样，之后起身进入幽静的山谷，三年没有看见它的身影。老子认为道生万物，当然包括天帝和神，《周易》困卦雨神居住的山谷应有谷神。

"玄牝之门，是谓天地根。"老子认为，玄奥的雌性生育之门是天地的根本，是"玄牝"生养了天地。老子将"玄牝"的地位提高到天地之上，是为了解决天地和万物的来源问题。

"绵绵若存，用之不勤。"万物在绵绵不断诞生，就好像真的存在着生育之门。那么"玄牝"不是太辛苦了吗？"用之不勤"，是说万物的繁衍生育是有季节、有节制的，不会那么辛苦。

《周易》主张乾创造天地万物，老子主张"玄牝"生天地万物。老子之所以不赞成创万物而主张生万物，与他的无为思想有关。老子认为，宇宙中有四大，道、天、地、人。如果主张创万物，人也可以创造，要创造就要有为，有为就可以改变自然和社会，会违背老子的无为主张。生万物则是"道生万物"、"三生万物"，归根结底是自然生万物。万物会有自己的根本，有根本就不能违背本命，遵从本命就不会违背命运的安排，不会去争。安于本命，王侯不会去争霸，君子不会去寻找建功立业的机会，民众不会去改变自己的命运，老子的无为思想也就能得到贯彻。

第七章　天长地久

〔题解〕　人们安于本命，也要有所追求。追求要追求长久，无私才能长久。王侯要长久就要无私，就要向圣人学习，无私才能成其私。老子在本章提出了无私可以长久的概念，这是一个非常重要的概念。从有私到无私，从为己到为人，说明了人性的进步。无私可以改变社会和人，为己会自私，为人可以提高人的境界和生存的价值。私是人的本性和权利，无私是道德和天地的要求。有私而能做到无私，私才会长久。"无私而成其私"，这个私是无私的基础，在私与无私的循环中，最终会走向无私。这体现了一种利他价值，也体现了个人奋斗的真正目的。

〔原文〕　天长地久。天地之所以能长且久者，以其不自生，故能长生。是以圣人后其身而身先，外其身而身存。非以其无私邪？故能成其私。

〔译文〕　天长远，地悠久。天地之所以能长远且悠久，是因为天地并不生育自己的后代，天地无私，所以能够长久存在。因此圣人置身于众人之后却能处在众人的前面，不考虑自身却成全了自己。难道不正是因为他没有私心吗？所以才成就了他的事业。

〔解析〕　"玄牝"生养了天地万物，有生就有死。天地为什么会长久存在？老子认为，天地无私才能长久。无私是一种品德、一种境界，甚至是一种神性，被老子所推崇。老子认为，无私是天地的要求，也是道德的一种属性，应当成为人的追求目标，所以圣人无私。

"天长地久。天地之所以能长且久者，以其不自生，故能长生。"天地的长久存在是任何人都不能忽视的，天地的伟大是任何人都能看得到的。属于自己的为私，天地不生育自己的后代是天地无私，无私才能长久。《周易》也提倡无私。《周易》的无私源自乾坤，乾创造万物，坤承载万物，却没有占有，而是通过天地给万物带来福祉。这是一种无私，这种无私给万物带来兴盛，也给乾坤和天地带来长久。小畜卦君子信奉乾坤之道，才会无私地帮助民众和朋友致富。老子和《周易》都赞成无私。儒家的仁义礼智信、温良恭俭让，是以无私为基础而建立起来的。

"是以圣人后其身而身先，外其身而身存。非以其无私邪？故能成其私。"与天地的无私不同，私性是人的本性，也是人的权利，是人类进步的一种动力。但私性中冷酷、无情的一面，会阻碍社会的进步。老子和《周易》都认为虽然私性是人的权利，但无私是人的一种责任，是道德的体现，是一种仁爱的行为。老子认为，天地无私才有万物的繁荣昌盛，圣人无私才能担负起爱民治国的重任，才能成就圣人的事业；《周易》认为，君子无私才可以成为贤人，贤人才可以成为邦国的栋梁。老子的无私来自道，君子的无私来自对乾坤的信仰。《周易》复卦象传说"复，其见天地之心乎"，认为天地之心是要生万物养万物，没有让万物绝对自私。万物应将私转变为无私，符合天地之心，然后才有万物的繁荣昌盛。小畜卦的君子具有"天地之心"，才会倾尽家产帮助民众和朋友致富。《道德经》和《周易》鼓励无私，是儒家崇尚无私的源头。无私就要承担责任。小畜卦九五："有孚挛如，富以其邻。"象曰："有孚挛如，不独富也。"九五是说，君子有诚信，将自己的命运与民众和朋友的命运联系在一起，自己富后要帮助民众和朋友致富。象传说，君子有诚信，将自己的命运与民众和朋友的命运联系在一起。知道自己富家离不开民众和朋友的帮助，君子感悟到乾坤之道，所以不会独富，富家之后要帮助民众和朋友致富。但《周易》也认识到绝对无私不现实。小畜卦君子要倾尽家产帮助民众和朋友致富，遭到妻子的强烈反对，妻子为保住家产要谋害自己的丈夫。所以无私的想法和做法应如履卦初九："素履往，无咎。"是说以朴素的想法前往，会没有过错。君子帮助民众和朋友致富的想法朴素，会没有过错。老子认为，《周易》小畜卦君子的无私并不能长久，君子的无私造成家庭矛盾，会失去家庭和财产；这种绝对的无私虽然很理想，但不现实。圣人是以无私而成其私，所有会长久。老子是在用辩证的观点来看待无私。私与无私都要合于道，没有绝对的私和绝对的无私。绝对的私是一种罪恶，绝对的无私会丧失无私的意义。没有私就没有现存秩序，社会会失去前进的动力；没有无私也就没有了仁义道德，没有了高尚的追求，现存的一切将毫无意义。"守之中"就是在私中做到无私，在无私中成就自己的事业。如此可以解决私与无私的矛盾，也就解决了《周易》小畜卦君子与妻子的矛盾。

《周易》认为私心是一种普遍存在的现象，君王也有私心，与一般人相比，君王要控制住自己的私心才能成大事。《周易》屯卦九五："屯其膏。小贞吉，大贞凶。"是说君王如果将功名利禄等好处囤积起来，私相授受，小事预测会吉祥，大事预测会有凶险。老子认为，王侯有私心，就难以成为圣人；王侯为圣人，会没有私心。

《周易》兑卦象辞说，君王"说以先民，民忘其劳；说以犯难，民忘其死"；《道德经》说，"圣人后其身而身先，外其身而身存"。兑卦象辞是说，凡事君王能以乐观的态度面对，带头去做，民众就会忘记劳苦；遇到困难，君王能以乐观的精神与困难做斗争，民众就会舍生忘死。《道德经》是说，圣人将自身的利益放在民众利益之后，反而能处在民众的前面；将自己的生命置之度外，反而能保全自己。《道德经》和《周易》都重视王侯自身行为对民众的影响，都认为圣人和君王无私，正确面对利益和生死，才能达到爱民治国的目的。

第八章　上善若水

〔题解〕无私会成其私，但也要有"善"，善为善良、善于做事。上等的善会像水一样既善良又善于做事，而且不争。做事如水，没有错误，也就不会受到责备。老子认为水的特性最接近道，兼具无私和无为两种特性。无私能利人，无为会不争。争是《周易》的重要思想。《周易》认为争符合道，事物都处于相互竞争之中。人与天地人之间都存在着争，人与天地不相争，就不能征服自然、改造自然；人与人不相争，社会就不能进步。但《周易》主张在与天地人有所争时，要与天地人相和，认为只有君子能去争德的修养，而不去争个人名利。老子吸收了《周易》不争的思想和主张，以不争来反对争。老子认为，所有的争都是为了改变命运，改变命运就是违背根本，不会长久。人与天地相争，会破坏人与自然的和谐；人与人相争，会破坏人与人之间的和睦。在《周易》中老子看到了太多的不义之争：颐卦的颐养之争，解卦的小人与王公之争，离卦的颠颐势力与君王和大人之争，夬卦的君子与小人之争，姤卦的小人与民众之争，萃卦的民众与厉王之争，小过卦的权贵与王公之争……只有蹇卦上六君子不去争名利。蹇卦上六："往蹇来硕，吉。利见大人。"象曰："往蹇来硕，志在内也。利见大人，以从贵也。"上六是说，君子不愿前去争名夺利，有交情牢靠的朋友赶来给予帮助，吉祥。见到大人会有利。象传说，君子不愿前去争名夺利，有交情牢靠的朋友赶来给予帮助，君子看到朝廷已经出现不当之争，参与争会有险，不如隐遁来提高自己的品德修养。朋友知道君子是难得的人才，应当出来做事，将君子推荐给大人。见到大人会有利，君子可以跟随自己所崇敬的人去做事。老子赞成上六君子的不争，并将"不争"与"无为"作为重要思想贯穿《道德经》全书。

〔原文〕上善若水。水善利万物而不争，处众人之所恶，故几于道。居善地，心善渊，与善仁，言善信，正善治，事善能，动善时。夫唯不争，故无尤。

〔译文〕上等的善如水。水善于变化，有利于万物，而不与万物相争。可以处在众人都厌恶的低下的位置，所以几乎等同于道。有所居时善于选择所居住的地方，就不会与四邻相争；心善于思索事物的根源，就不会与命运相争；给予人帮助善于体现真正的仁爱，就不会有名利之争；有所表达善于取得别人的信任，就不会有言辞之争；管理政事善于治理，就不会与民众相争；遇事善于解决问题，就不会有难易之争；有所动时善于抓住时机，就不会有缓急之争。正因为善于采用不争的策略并取得成功，所以不会受到责备。

〔解析〕《周易》提倡谨慎做事（四爻为顺，顺要谨慎）。老子认为，《周易》谨慎做事，不如善于做事；谨慎而不善于做事难以成功，善于做事必然会谨慎。《周易》解卦中的君子虽然谨慎却不善于做事，派不适当的人前往王宫，结果自己遭遇不测，使王公处于危险之中。解卦六三："负且乘，致寇至，贞吝。"象曰："负且乘，亦可丑也，自我致戎，又谁咎也。"六三是说，君子所派的人背着包裹起来的猎物，乘坐华丽的车子在路上疾驶，被强盗拦截，后果不好预测。象传说，背着包裹，乘坐华丽的车子，也是很难看的。君子所派的人行为不当，猎物没有送到王宫，因为所安排的人行为不当，君子被军队包围，这又是谁的过错呢？老子认为是君子的过错。君子不善于识人，不善于思考，也不善于做事，所派的人已被权贵收买，却没有察觉，才导致凶险。

"上善若水"，在自然界中，老子崇尚水，认为上等的善就像水，这个善既是善良，也是善于的意思。

"水善利万物而不争"，是说水善良才会去利万物，水善于做事才会对万物有利。水为雨露会滋润万物，为河水可航行，为井水可供人饮用，这都是水"善"的表现。水虽然对万物有"善"有利，却不与万物相争。

"处众人之所恶，故几于道。"水很柔，又往低处流，柔等同弱，低下等同于卑贱，人都厌恶柔弱卑贱，但水不计较。至柔胜至刚，高则以下为本。所以水最接近道，几乎等同于道。

"居善地，心善渊，与善仁，言善信，正善治，事善能，动善时。"老子提出，要善于做事，就要向水学习。

"居善地"，有所居时要善于选择所居住的地方。《周易》损卦王公迁都要善于选择新址，新址能免受自然灾害的侵袭，又有天险便于守卫，才可称为善地。

"心善渊"，心要善于思考事物的根源，知道事物的根本。《周易》乾卦九三："君子终日乾乾，夕惕若厉，无咎。"是说君子整天都在勤奋地对道进行探索，连夜晚也不放松警惕，唯恐由于不慎导致灾祸发生，没有过错。老子认为，君子善于从根本上思考问题，不会有灾祸。

"与善仁"，给予要善于体现仁爱。《周易》复卦六二："休复，吉。"象曰："休复之吉，以下仁也。"六二是说，怀着美好的愿望返回，吉祥。象传说，怀着美好的愿望返回之所以吉祥，是因为要给初九正在修身的君子带来关爱。老子认为，君子修身可以给予必要的仁爱，这样会有利于君子修身。但过多的关爱会妨碍君子修身，所以要善于给予他人仁爱。

"言善信"，言语要善于表达诚信。《周易》中孚卦九二雄鹤善于表达诚信，得到了雌鹤的应和。中孚卦九二："鹤鸣在阴，其子和之。我有好爵，吾与尔靡之。"是说雄鹤在雌鹤的居处鸣叫，雌鹤在应和雄鹤的呼唤。我这里有好酒，请来共饮，我会与你同醉。老子认为，九二雄鹤"言善信"才得到雌鹤的应和，我"言善信"才得到"吾与尔靡之"的回应。

"正善治"，行政要善于治理。老子认为，《周易》夬卦没有做到"正善治"，小人才会"扬于王庭"；姤卦没有做到"正善治"，外戚小人才会盘剥民众，致使民众"包无鱼，起凶"；萃卦厉王没有做到"正善治"，才引发国人暴动。而春秋末期各诸侯国都存在"正善治"的问题。

"事善能"，遇事能善于解决问题。老子认为，井卦九三"井谷射鲋"没有做到"事善能"，才使"旧井无禽"的民众吃不到井水。蹇卦九三"往蹇来反"，九三前去帮助君王，虽然有困难，但通过自身努力化解了洪水来袭的险情，是九三"事善能"才化解了危险。

"动善时"，有所动时要善于把握时机。老子认为，《周易》解卦王公"动善时"，及时解救出君子，才平息了小人的反叛；豫卦大人在外有敌人入侵、内有小人背叛的情况下"动善时"，才成功取代有否的国君。

"夫唯不争，故无尤。"《周易》认为，争符合道，方法得当，就不会受到责备。老子认为，善于采用不争的策略，善于做事，就不会引起纷争，尽管可能触犯一些人的利益，却不会受到责怪。《周易》剥卦六五："贯鱼以宫人宠，无不利。"象曰："以宫人宠，终无尤也。"六五是说，犹如鱼离不开水，执行剥床的近臣和被剥的大臣陆续都回到君王身边。就像对待宫内的人，近臣得到君王的宠爱，被剥的大臣得到君王的关爱，对剥床没什么不利。象传说，像对待宫内的人，近臣得到君王的宠爱，被剥的大臣得到君王的关爱，近臣没有剥的实权，最终使剥床一事没有遭到指责。老子认为，剥是一种争，君王剥床，没有亲自去剥，就不会与大臣直接去争；近臣去剥而没有剥的实权，就不会与大臣因剥而争；大臣被剥而得到君王的关爱，就不会为被剥去争。这些都是由于君王善于剥，实现了剥而不争，才没有受到指责。所以"夫唯不争，故无尤"。

第九章　功成身退

〔题解〕　善于做人做事会取得成功，要想不受到他人责怪，功成名遂就要及时退出。

〔原文〕　持而盈之，不如其已。揣而锐之，不可长保。金玉满堂，莫之能守。富贵而骄，自遗其咎。功成身退，天之道。

〔译文〕　守持不放使之盈满，不如及时停止。打磨使之无比锋利，不可能长期保持。金玉堆满屋子，没有谁能守得住。富贵而骄横，会给自己和子孙遗留灾祸。功成名就应及时抽身而退，这是上天的规定。

〔解析〕　老子主张不争，最重要的是不要争名利，认为应当"功成身退"。一般人追求功名富贵，都难以做到及时身退，所以老子劝告这些人在功成名就之后要及时身退。

"持而盈之，不如其已。"持盈会满，满则溢。老子认为，对待盈，差不多就可以了，不要达到盈满的程度。《周易》乾卦上九："亢龙有悔。"象曰："亢龙有悔，盈不可久也。"上九是说，宣王继位后，曾励精图治，一度中兴。后来，如龙有亢，脱离天道，受到上天的惩罚，大有悔恨。象传说，宣王如龙有亢，脱离天道，受到上天的惩罚，大有悔恨。做事超过道的限度，达到盈满，事情会向相反的方向转变。满则溢，上天不会让盈满持久，会损其盈，使盈满变得空虚。老子赞同乾卦上九对持盈的看法。上九之龙如果能知止，不追求盈满，就不会有亢发生，也就没有悔恨。

"揣而锐之，不可长保。"揣是捶打，通过捶打使之锋利，是准备随时致人以死地，这样的处事方法不能长期保持。《周易》革卦"君子豹变"，君子在变革中变得像豹子一样凶猛，会伤害他人。老子认为，君子的做法是"揣而锐之"，不可能长期保持。

"金玉满堂，莫之能守。"老子说"不见可欲，使民心不乱"，金玉堆满屋，会让看到的人心乱，激起夺取的欲望，所以没有谁能守得住。《周易》颐卦初九看见别人过得比自己滋润，便起了抢夺之心。若是看到"金玉满堂"，更会激起盗窃之意。面对盗贼，没有谁能守住。

"富贵而骄，自遗其咎。"富贵而骄横，会狂妄自大，不知进退，肆意而为，留下灾祸，这个灾祸是自己造成的。《周易》履卦六三"武人为于大君"，就是"富贵而骄"才使得武人申侯因为申后和太子宜臼被废一事，勾结犬戎将幽王杀死于骊山脚下。为避犬戎，平王迁都雒邑，造成西周衰落。

"功成身退，天之道。"功成名就之后就应身退，老子认为这是上天的规定。《道德经》第七十七章："天之道，其犹张弓与？高者抑之，下者举之；有余者损之，不足者补之。"功成名就不能及时身退，天道就要"抑之"、"损之"，所以要"功成身退"。《周易》不主张功成身退，但有退的内容。蒙卦中的父亲是年老而退，剥卦大臣是被剥而退，否卦与豫卦国君是被取代而退，萃卦厉王因国人暴动而退，遁卦为隐遁而退，蹇卦君子为不争名利而退。《周易》要君子不但要知道进，也要学习和掌握退的知识。老子吸收了《周易》退的思想，认为在各种退中，最重要的是"功成身退"，这是上天的规定。

第十章　专气致柔

〔题解〕　要"功成名遂"，就要知晓天道，知道做人做事的道理，知道什么是玄德，如此才能完成"爱民治国"的重任。

〔原文〕　载营魄抱一，能无离乎？专气致柔，能婴儿乎？涤除玄览，能无疵乎？爱民治国，能无（知）[为]乎？天门开阖，能为雌乎？明白四达，能无（为）[知]乎？生之畜之，生而不有，为而不恃，长而不宰，是谓玄德。

〔译文〕　身体承载着灵魂，灵魂主宰着身体，共同坚守道，能不分开吗？团聚气场行为柔和，能像婴儿那样纯真吗？清除对道的不正确看法，能没有一点毛病吗？关爱民众治理邦国，能无为吗？上天给予机遇或赐予困难，能冷静面对，敢于担当吗？明白做人做事的道理，知晓天下，能知道自己还很无知吗？生民养民，让民生昌盛而不占有，有所作为而不依赖别人，是民众的官长而不主宰一切。这就是非常玄妙的德。

〔解析〕 这一连串的发问可以看作对《周易》的君王、君子的发问，也是针对《周易》小畜卦、履卦、临卦、姤卦、大畜卦的质疑，很深刻，也很发人深省。老子的发问可以用来检查《周易》君王、君子的行为是否符合《周易》之道德和《道德经》之道德。

《周易》要君子加强修养，是为了提高德（谦卦）；老子则要求君子具备玄德，玄德为深奥之德。道深奥，德才会深奥。《周易》中有德与厚德的观念，没有玄德的观念。老子认为不懂得玄德，就难以做到形神一致、纯真无瑕、仁爱有知、无为自知。不懂玄德，就难以知晓道的深奥。

"载营魄抱一，能无离乎？"是说德要专一。这是对《周易》泰卦提出的质疑。泰卦九二："包荒，用冯河，不遐遗。朋亡，得尚于中行。"象曰："包荒，得尚于中行，以光大也。"九二是说，葫芦的才能在荒废，只被用来渡河，渡过河不远就被遗弃。朋友得到葫芦的帮助，脱离了危险。葫芦得到检验自己的行为是否高尚、是否符合道的机会。象传说，葫芦的才能在荒废，只被用来渡河，但葫芦干什么都要干好，虽然被遗弃，还是得到了检验自己的行为是否高尚、是否符合道的机会，可以将自己的事迹发扬光大。《周易》通过泰卦九二葫芦的事迹来说明助人为乐、不求回报的品德符合天地之道。老子认为，身体承载着灵魂和信念，这个灵魂和信念要与道紧密相连，不能分离，才为有德。葫芦帮助了朋友，却遭到朋友遗弃，葫芦只有"载营魄抱一"，坚守道的信念，才能不堕其志。不能坚守道的信念，就难以坚持高尚的行为。

"专气致柔，能婴儿乎？"是说纯朴为德。老子崇尚精气、和气。气为柔，气要团聚在一起才能体现柔的能量。精气、和气都是纯真之气，纯真之气看不见、摸不着。婴儿柔弱、纯真，最能体现精气、和气。《周易》也认识到纯真的重要性。蒙卦六五："童蒙，吉。"象曰："童蒙之吉，顺以巽也。"六五是说，有所蒙昧，如儿童般纯真，吉祥。象传说，如儿童般纯真之所以吉祥，是因为纯真为德，有德会顺从正道，蒙昧会激发出强烈的求知欲，会虚心听取解蒙者的教诲，能逐渐成为圣贤之人。老子的"专气"，是在追求至柔之道；《周易》的"童蒙"是一股元气，是在追求

25

天地之道。老子和《周易》都认识到追求道要以纯真的心态去追求，这样才能达到目的。

"涤除玄览，能无疵乎？"是说善于思考，善于纠正微观方面的错误为德。探索深奥玄妙的事物，就要通过微观去观察探索。观察探索的过程，就是不断清除微观错误的过程。在清除微观错误时，能做到没有瑕疵吗？这是老子对《周易》观卦提出的质疑。观卦告诉君子看问题要避免片面性，要学会客观、全面地看问题。老子认为观卦之观只是在观察事物的表面。没有重视微观，就难以清除君子在微观方面的错误。老子认为不但要全面、客观地去观察事物，也要善于清除微观中的错误。在清除微观错误时，应做到没有瑕疵。古人说"差之毫厘，谬以千里"，有瑕疵就可能谬之千里。

"爱民治国，能无（知）[为]乎？"是说无为为德。关爱民众、治理邦国能无为吗？王侯爱民治国，按道的要求去做，将所有违背道的行为都清除后，自然就达到了无为的治理境界。从《周易》萃卦说，厉王爱民就不会滥征税；从噬嗑卦说，王侯爱民不会滥用刑罚。《周易》临卦、损卦、益卦在治理中体现了爱民，临卦君王要求各级官吏都要亲自接近民众，了解民众的疾苦，解决民众迫切需要解决的问题；损卦王公用搬迁国都来解决国都受灾问题；益卦君王帮助王公迁都。老子认为临卦出现了民变的风浪，才迫使官吏去临；君王"爱民治国"能做到"无为"，大泽就不会起风浪。损卦王公集权迁都做到无为，集权才能顺利。益卦君王帮助王公迁都做到无为，就不会有人反对益下。老子认为，面对自然而无为，损卦在建都时就不会违背自然规律，也就不会有损卦的迁都，没有君王的损上益下。可以用无为的治理理念来解决《周易》治理方面出现的问题。

"天门开阖，能为雌乎？"是说冷静为德。冷静才能为雌。上天给予机遇或赐予困难，能敢于承担和冷静面对吗？"天门开阖"体现的是上天的意志，人们只能用为雄还是为雌来面对。为雄就要有所作为，改变"天门开阖"的状况，违背天道，会失败；为雌是以冷静无为来面对"天门开阖"。这是老子对《周易》革卦"大人虎变"和"君子豹变"的质疑。"虎变"和"豹变"都为雄。《周易》革卦九五："大人虎变，未占有孚。"是说军队经过变革已经勇猛无比，大人变得像老虎一样威风凛凛。不用占卜，君王相信大人有诚信，军队的变革符合君王的旨意。革卦上九："君子豹变，小人革面。征凶，居贞吉。"是说君子变得像豹子一样激进，要将变革全面展开。小人不断地改变自己的面目，为的是在变革中投机。继续变革会有凶险，安居不动，消化吸收大人的变革成果，预测会吉祥。老子认为"大人虎变"是"天门开"，君王支持大人变革成就了大人；"君子豹变"是"天门阖"，君子要激进变革，却遇到君王停止变革。面对机遇与挫折，大人能冷静对待，就不会居功自傲；君子不能冷静面对，继续"豹变"，就会有凶险。所以老子对《周易》革卦的大人"虎变"和君子"豹变"提出质疑："天门开阖，能为雌乎？"

"明白四达，能无（为）［知］乎？"是说自知为德。要"明白"就要学习，要"四达"就要走出去，不能守在书斋里。已经做到了"明白四达"，是否知道还有很多未知的领域需要继续学习？老子认识到，知识面越广，未知的领域越多，学习是没有止境的，所以不能自满。《周易》升卦上六："冥升，利于不息之贞。"象曰："冥升在上，消不富也。"上六是说，晋升之后，人们看不见的知识和能力，也要提高到与职务相应的高度。意志坚定，能坚持不断地学习和实践，预测会对知识和能力的提高有利。象传说，知识和能力的提高，不但需要努力学习，也需要艰苦环境的锻炼和提高。有如处于困卦之中，在困境中知识和能力得到锻炼和提高，会消除困境所造成的不富，也会消除职务晋升后知识和能力的不富。如果知识和能力在困境中不但没有上升，反而消退，由富有变得贫乏，就是没有经受住困境的考验。老子赞成上六"冥升"的观点，认为经过不断学习和实践可以做到"明白四达"，也就消除了上六的不富。即便已经到了"明白四达"的程度，还有更多的知识需要学习，更多的事物需要认识。所以对知识的学习和对事物的认识是没有止境的。

"生之畜之，生而不有，为而不恃，长而不宰。"老子认为，《周易》大有卦、小畜卦、大畜卦做到了"生之畜之"，夬卦君王"以杞包瓜"做到了"生而不有"，革卦"大人虎变"做到了"为而不恃"，大畜卦君王对"童牛之牿"、"豮豕之牙"做到了"长而不宰"。

"是谓玄德"，老子认为以上所讲的都是最深奥的德。玄德有专一之德、柔顺之德、爱民之德、冷静之德、自知之德、无私之德、谦虚之德、仁爱之德。每一个德都很玄妙深奥。

第十一章　无之为用

〔题解〕　德之所以深奥，是因为道深奥、知识深奥。要探究深奥的德，就要有深奥的知识，就要知道"无"和"有"的关系。本章所讲的"有之以为利，无之以为用"，是客观存在着的"无"和"有"，也是实用状态下的"无"和"有"。

〔原文〕　三十辐共一毂，当其无，有车之用；埏埴以为器，当其无，有器之用；凿户牖以为室，当其无，有室之用。故有之以为利，无之以为用。

〔译文〕　三十根辐条同在一个车毂上，所支撑起来的空虚部分非常得当，有了车轮中适当的"无"，才有车的作用；用水调和黏土烧制成陶器，陶器的虚空部分留得非常得当，有了这个"无"，才有了器皿的使用价值；开凿门窗修建房屋，虚空的部分很得当，有了这个"无"，才有房屋之用。所以人们创造"有"，是因为这个"有"可以带来利益；人们为了"有"而创造了"无"，是因为这个"无"可以带来用途。

〔解析〕　这一章讲的是实用状态下的"无"和"有"。"有"之利要靠"无"之用来体现，"无"之用要靠"有"之利来完成，"无"和"有"在实用上是相辅相成的关系。在《道德经》中"无"和"有"有多种关系：一是哲学意义上的"无"和"有"，二是认识上的"无"和"有"，三是实用状态下的"无"和"有"。第一，哲学意义上的"无"和"有"是要解决万物的本原问题。老子认为"无，名天地之始；有，名万物之母"，天地开始于"无"，天地的本原为"无"。万物之母为"有"，"有"为万物的本原。第二，认识上的"无"和"有"，是"有无相生"。"无"不能生"有"，这个"无"就没有意义；"有"不能生"无"，这个"有"就没有存在价值。从认识的角度看，没有被认识的事物可以称作"无"，已经被认识的事物可以称作"有"。人们对事物的认识有个逐渐提高的过程，这个过程是通过已经认识的"有"，去探索发现未来之"有"，未来之"有"存在于现"有"之"无"中。通过努力就可以做到"无中生有"，之后"有"又生"无"，又酝酿着新"有"的诞生。"有无相生"深化了人们对事物的认识。第三，"有之以为利，无之以为用"，是实用状态下的"无"和"有"。"有"会产生利益，"无"会产生用途。

《周易》对"有"与"无"的认识没有达到《道德经》这样的高度，但也认识到"无"和"有"之间有密切的关系。无妄卦、大有卦，讲的也是"无"和"有"。大有卦"大有"不当，有灾害接连发生，大有会变成"无"。无妄卦之无妄要求君子做事没有妄的想法，但无妄并不排斥梦想、理想。有理想、梦想就能实现大有。《周易》通过具体事例告诉君子，符合道的事物，会从无到有、从小到大逐渐发展壮大起来；不符合道的事物会从有到无，逐渐衰落下去。老子的"无"和"有"所具有的哲学、认识和实用上的意义，对学习《周易》有很好的启发作用。

第十二章　去彼取此

〔题解〕　有之利要靠无之用来体现，但有的"有"会妨碍人的行为，只有将其舍弃，使"有"变成"无"才符合道，"是以圣人为腹不为目，故去彼取此"。

〔原文〕　五色令人目盲，五音令人耳聋，五味令人口爽，驰骋畋猎令人心发狂，难得之货令人行妨。是以圣人为腹不为目，故去彼取此。

〔译文〕　色彩繁杂会使人犹如目盲而辨不清颜色，五种音律一起鸣响会使人犹如耳聋而听不清音调，五种调味品放在一起烹饪会使人倒了胃口，纵马狂奔去追逐猎物会令人丧失理智，难以得到的货物会损坏一个人的品行。所以圣人只注重实用的，不去追求表面的浮华。因此圣人会舍弃表面的浮华而追求朴实的内在。

〔解析〕 这一章是说行为不当会对人产生不良影响，行为端正就要去奢求俭，不去追求浮华。《周易》贲卦之贲是装饰的意思，贲卦虽然崇尚装饰俭朴，但认为装饰"小，利有攸往"。"小"为适当的意思，是说适当的装饰对君子前往有好处。老子认为，《周易》除了提倡简朴外，并没有具体指出其他不符合简朴之道的行为，特别是对五色、五音、五味、畋猎、难得之货没有提出反对意见。

"五色令人目盲。"为了追求艳丽，会挑选各种颜色。颜色多了会让人眼花缭乱，就像眼睛瞎了一样，不知道挑什么颜色好。《周易》贲卦崇尚白色是为了避免崇尚其他颜色，崇尚白色就会崇尚简朴，崇尚其他颜色则会崇尚奢靡。老子赞成贲卦的观点。老子和《周易》都反对奢靡，崇尚简朴。

"五音令人耳聋"，为了享受音乐带来的快乐，让五种音调一起响起，耳朵就会像聋了一样，听不清在演奏什么。《周易》豫卦象曰："雷出地奋，豫。先王以作乐崇德，殷荐之上帝，以配祖考。"是说雷声震动是天地为取悦天帝所奏响的乐章，先王制作音乐既是为取悦天帝，也是为取悦自己的祖先。老子认为，人们演奏音乐也是为了取悦自己。为提高音乐表现能力，会用和弦来加强音乐的效果。老子认为，过分享受音乐是一种奢靡，五种音调一起响起会让人耳聋。

"五味令人口爽"，为了追求滋味，将五种调味品放在一起烹调，会使人倒了胃口。《周易》颐卦有"朵颐"，鼎卦有鼎食，都需要五味调和。老子认为《周易》不反对"朵颐"和鼎食，是在鼓励享受。过分地追求食物的滋味，有如将五种调味品放在一起烹饪，会让人倒了胃口。

"驰骋畋猎令人心发狂"，畋猎是古代贵族特有的消遣活动，老子认为骑马追逐猎物会不顾一切，人会像发疯一样驰骋。《周易》屯卦、恒卦、解卦都有反映畋猎的内容，老子认为《周易》描述畋猎是在鼓励奢靡，不是圣人的行为。

"难得之货令人行妨。"老子提出"不贵难得之货"，因为人们都珍爱难得的货物，为得到心爱之物，有人会不择手段。《周易》大畜卦提倡货物流通，没有将货物加以区别。老子认为这就是没有认识到"难得之货"对社会风气会造成不良影响，对人的行为会造成危害。

"是以圣人为腹不为目,故去彼取此。"为腹可以强健身体,为目去追求声色犬马会让人堕落。"圣人为腹不为目",王侯向圣人学习,就要在为腹还是为目的问题上有所取舍。"为腹不为目"是正确的选择。

第十三章　宠辱若惊

〔题解〕　五色、五音、五味、畋猎、难得之货会对王侯和民众的行为产生危害,需要舍弃奢靡,崇尚俭朴,端正王侯和民众的行为。大臣帮助王侯治国也需要端正自己的行为,做到"宠辱若惊,贵大患若身",才可以"寄于天下"、"托于天下"。

〔原文〕　宠辱若惊,贵大患若身。何谓宠辱若惊?宠为下,得之若惊,失之若惊,是谓宠辱若惊。何谓贵大患若身?吾所以有大患者,为吾有身,及吾无身,吾有何患?故贵以身为天下,若可寄天下;爱以身为天下,若可托天下。

〔译文〕　信任、亲近会得到宠爱,失去宠爱会受到侮辱,所以得到宠爱或受到侮辱都会感到很惊恐。可贵的是重视大的祸患就像重视自己的身体。什么叫得到宠爱或受到侮辱都感到很惊恐?因为被宠爱的人是处于低下的位置,得到宠爱会很惊恐,失去宠爱受到侮辱也会感到很惊恐,这就叫作得宠和失宠都感到惊恐。什么叫作可贵的是重视大祸患就像重视自己的身体?对我来说大祸患就是身体有了大疾病,因为我有这个身体,我才会存在;等到我没有了这个身体,我哪里还有什么祸患呢?所以像宝贵自己的身体那样宝贵天下,这样才能将天下寄托给他;像爱护自己的身体那样爱护天下,才能将天下托付给他。

〔解析〕　这一章老子在教导大臣要端正自己的行为,知道如何为臣,才能担负起治理天下的重任。

"宠辱若惊,贵大患若身。"老子认为,为臣的行为端正,要做到两点:一是对得宠和失宠都要感到惊恐。如果受宠而骄,失宠而怒,就会有凶险。二是治国如治病，重视邦国的大祸患要像重视自己的身体。身体有病需要调养医治，对于邦国的大祸患，如果能像重视自己的身体那样善于医治，祸患就会解除。

"何谓宠辱若惊？宠为下，得之若惊，失之若惊，是谓宠辱若惊。"得到王侯的宠爱会感到惊恐，因为大臣居于王侯之下，伴君如伴虎，老虎随时可能伤人，所以得到王侯的宠爱会很惊恐。失去王侯的宠爱也会感到惊恐。惊恐则会小心谨慎地对待，这样才能避免灾祸发生。老子看到，《周易》剥卦君王在剥除自己不喜欢的大臣，同时在宠爱所喜欢的大臣。剥卦六五："贯鱼以宫人宠，无不利。"是说君王宠爱近臣和被剥的大臣就像宠爱宫内的人，没什么不利。老子认为，对待得宠和失宠，大臣都应当感到很惊恐，因为"宠为下"，生杀予夺之权掌握在王侯手里，只有感到惊恐，做事才会小心谨慎，才不会在得宠或失宠后因举止失措引来祸端。《周易》履卦九四："履虎尾，愬愬，终吉。"是说臣下要纠正君王的错误，有如去踩老虎尾巴，稍有不慎，就会被老虎咬伤。如果怀着惊恐不安的心情去进谏，最终会吉祥。"履虎尾愬愬"有"宠辱若惊"的意思，如果不能做到"宠辱若惊"，就会发生履卦六三"武人为于大君"的事件。武人为申侯，大君为幽王。申侯为了让幽王改变废除申后和太子宜臼的决定，勾结犬戎将幽王杀死在骊山脚下。老子认为，幽王没有让申侯做到"宠辱若惊"，才导致被杀。

"何谓贵大患若身？吾所以有大患者，为吾有身，及吾无身，吾有何患？故贵以身为天下，若可寄天下；爱以身为天下，若可托天下。"老子在讲臣下如何才能做到让王侯放心地将天下交给自己治理。大臣像宝贵身体那样宝贵天下，像爱护身体那样爱护天下，才能将天下托付给大臣。老子的另一个意思是，治国如治病，只有像医治疾病那样来治理邦国，才能将邦国治理好。

《周易》萃卦厉王离开国都前，将天下托付给大人。萃卦九五："萃有位，无咎。匪孚，元永贞，悔亡。"是说厉王离开国都，朝廷出现权力真空。民众推举大人执政，大人接受民众的推举，以共和来替代君主专制，没有过错。这不是大人对厉王不讲诚信，以共和替代君主专制，而是为了江山社稷长久稳固，必须由大人出面稳定局势。大人让厉王离开国都的悔恨消亡。老子认为，大人能像宝贵身体那样宝贵天下，像爱护身体那样来爱护天下，厉王才能将天下托付给大人。大人如果有野心，就会造成天下大乱。

第十四章　无象之象

〔题解〕　得到像爱护身体那样爱护天下的大臣来治国很重要，学习和运用道的规则来治国更重要。要学习和运用道，就要先研究道。道有今之道和古之道，知今之道而不知古之道，尽管能像爱护身体那样爱护天下，也难以真正治理好天下。所以重视古之道，"执古之道，以御今之有"，将古之道研究透彻，才能治理好天下。

〔原文〕　视之不见，名曰夷；听之不闻，名曰希；搏之不得，名曰微。此三者不可致诘，故混而为一。其上不皦，其下不昧。绳绳不可名，复归于无物。是谓无状之状，无物之象，是谓惚恍。迎之不见其首，随之不见其后。执古之道，以御今之有，能知古始，是谓道纪。

〔译文〕　想看却看不见，犹如已沉入地中，可以称之为"夷"；想听却听不到，稀疏到难以听见，可以称之为"希"；想以团聚的方法得到却得不到，微小到难以团聚，可以称之为"微"。这三种现象不可以彻底追问，因此混合为"一"，这个"一"在上却不显示光明，在下却不昏暗。用各种标准衡量都难以给出答案，只能将这个"一"归于不存在具体的物。可以说是没有具体形状的形状，与现实物象都没有关联的物象；可以说是恍恍惚惚，什么都像又什么都不像，好像存在又不存在。迎上前去却看不见它的头，想跟随它却看不到它的尾。掌握古代兴替之道，来管理现今的社会，解决现今社会存在的问题，以此来知晓古代社会开始时的情形，这就是学习和运用道的规则。

〔解析〕　这一章对道的特点和研究古之道的方法进行了探讨。老子认为，道有"视之不见"、"听之不闻"、"搏之不得"的特点，难以形容，只能用"一"来表示。"一"是夷、希、微的根本，可以从事物的发展变化中去研究和认识道，但不要钻牛角尖。总的来说，道贯穿古今，具有一脉相承的特点，可以通过研究和探讨古之道来研究和探讨现今之道，用古之道解决现今存在的问题，这才是研究道的正确方法。

"视之不见，名曰夷；听之不闻，名曰希；搏之不得，名曰微。此三者不可致诘，故混为一。"这里说的是道的特点：想看却看不见，想听却听不清，想团聚却得不到，对这三种现象不能刨根问底。"故混为一"，"一"是"夷"、"希"、"微"这三种现象的共同根本。可以通过研究"一"来研究道，也就是通过研究事物的共性来研究道。

"其上不皦，其下不昧。绳绳不可名，复归于无物"，是说道在上并不显得太光明，在下也不显得昏暗，用各种标准来衡量都不能给出答案，最终归于世上没有这种东西。老子是说，不要用现有的标准来衡量道，也不要用研究物的方法来研究道；道这个东西，只可意会，不可言传。《周易》没有探讨和研究道的具体形态，认为道是乾为天下万物制定的规则；老子则从方位、标准、形态等方面对道进行了探讨。

"是谓无状之状，无物之象，是谓惚恍。"探讨的结果是，道没有形状，但又是没有形状的形状，没有物的物象。这就是恍恍惚惚，既有形状，又没有形状；既像什么，又不像什么。人们都希望能用具体的物象反映出道，老子认为不管是"常道"，还是"可道"，都具有不可视、不可比的特点，没有具体物象可以准确反映。《周易》认为八卦之象可以准确反映道；老子则认为没有具体的物象可以反映出道，八卦之象也不能准确反映道。

"迎之不见其首"，老子要站在现在来迎接道，却没有看见道之首，是说道之首不在现在，而在未来。

"随之不见其后"，老子要跟随在道的后面，却看不见道的尾部，是说道的尾部在过去。老子是在告诉人们，道存在于过去、现在、未来，古今之道具有一脉相承的特点。老子没有讲到未来之道，从逻辑上讲，未来之道与古今之道也是一脉相承的。

"执古之道，以御今之有，能知古始，是谓道纪。"古代的历史体现了古之道，用古之道来管理现今的事物，以此来知晓古代社会开始时的情形，这是在研究和运用道的规则。老子之所以重视古之道，是因为他认为没有古之道就没有今之道，古之道是今之道的本源。只有掌握古之道，才能更好地把握今之道。把握好古今之道，也就把握住了未来之道，同时也就掌握了道的运行规则。

本章有三个命名，"名曰夷"、"名曰希"、"名曰微"，认为"此三者不可致诘，故混为一"。《道德经》第一章"名，可名，非常名"，是说命名需要符合规则和实际，只有符合规则的命名才是适宜的命名，而不是一般意义上的命名。三个命名说明要准确命名很困难，老子感到了命名的困难，才会"故混为一"。

第十五章　微妙玄通

〔题解〕　要研究和掌握古之道，就要向古代掌握道的士人学习，并端正学习的态度，掌握学习的方法，这样才能使古之道焕发出生机。

〔原文〕　古之善为士者，微妙玄通，深不可识。夫唯不可识，故强为之容：豫兮，若冬涉川；犹兮，若畏四邻；俨兮，其若客；涣兮，若冰之将释；敦兮，其若朴；旷兮，其若谷；混兮，其若浊。孰能浊以止，静之徐清。孰能安以久，动之徐生。保此道者不欲盈，夫唯不盈，故能敝而新成。

〔译文〕　古代那些善于运用道的人都是有知识的人。他们了解道的微妙，通晓道的玄奥，其深奥的知识让后人难以探究。正因为难以探究，所以对如何向古人学习古之道，只能勉强加以形容：要预做准备啊，学习古之道就像在冬季里渡河；小心谨慎啊，学习古之道防止发生错误，就像害怕四邻的进攻；恭敬庄重啊，对待古之道就像对待尊贵的主人；化解啊，解开古之道的难题，就像融化坚冰；敦厚朴实啊，就像朴树可任由古之道雕琢；心胸开阔啊，就像山谷能容纳一切；混沌啊，就像浑浊的江水，古之道让人看不清。谁能让浑浊停止，静心思索就能慢慢理清古之道的脉络。谁能安于对古之道的探索并长期保持对古之道的追求，在对古之道不断探索与追求中,慢慢领会到古之道的实质,使古之道获得新生。保持这种追求方法的人不认为自己已经完全把握了古之道,只有认为没有完全把握古之道,才能不断推陈出新,使古之道适应现今的情况,于是古之道就获得了新的成就。

〔解析〕 老子认为古之道和古代那些掌握了古之道的人是"深不可识"的,所以对古之道要认真学习,刻苦钻研,如此才能弄清古之道。《周易》没有将古之道与今之道加以区别,认为所有的道都属于乾坤之道,而且道是可知可识的,六十四卦每一卦的内容都是道的具体反映。乾卦反映了天之道,坤卦反映了地之道,屯卦反映了难之道……老子借用《周易》一些卦的说法,来证明自己对学习古之道的看法。在老子看来,《周易》重视的是今之贤者(比卦),不重视古之士人;重视今之道(乾卦),缺乏对古之道的认识和把握。要真正掌握今之道,就要向古人学习,安于对古之道的探索,不断推陈出新,使古之道适应现实。但老子并没有明确何为古之道,哪位古代圣贤把握了古之道。《周易》也没有涉及古人对道如何运作的论述。《周易》象传中有七次提到先王,体现一种用六爻运动来总结先王治理规则的意图,说明先王把握了古之道,但《周易》没有对先王之道进行说明。老子在探索古之道时也没有提到先王之道,而是讲"古之善为士者,微妙玄通,深不可识",应是面对春秋末期周天子的衰微,羞于提到先王。

"古之善为士者,微妙玄通,深不可识。"老子认为,古代有善于学习道的人,他们对道的细微之处有奇妙的见解,能精通古之道的玄奥,其精深的学问让后人难以探究。

"夫唯不可识,故强为之容:豫兮,若冬涉川",正是因为古人精深的学问让后人难以探究,所以对于如何学习古之道只能勉强加以形容:要预做准备啊,就像在冬季里涉水过河。《周易》豫卦之豫是预做准备的意思,是说大人要取代国君,预先做好准备,取代才能成功。老子认为,可以从豫卦中学习如何预做准备,就像在冬季里过河,不做好准备就难以渡过。

"犹兮,若畏四邻。"犹是计谋、谋划的意思,这句是说向古人学习古之道要善于谋划,就好像畏惧四邻的进攻。《周易》震卦上六:"震索索,视矍矍,征凶。震不于其躬,于其邻。无咎。"象曰:"震索索,中未得也。虽凶无咎，畏邻戒也。"上六是说，有如雷电不断打下来，帝乙在征伐。文王的朋友惊恐地注视着事态的变化，害怕征伐会带来凶险。帝乙没有征伐文王的朋友，而是去征伐文王朋友的邻居，文王的朋友不会有灾祸。文王告诉朋友，婚约规定帝乙不得征伐文王的朋友。象传说，帝乙的征伐如雷电不断打下来，虽然击中了目标，却什么也没有得到。帝乙的征伐有凶险，没有造成灾祸，因为邻居畏惧帝乙的征伐，已经有了戒备。帝乙停止了征伐。老子是要让学道的人从震卦中学到如何谋划。

"俨兮，其若客。"俨为恭敬、庄重。客人对主人恭敬、庄重，才会受到主人的欢迎。学习古之道就像去做客，以恭敬、庄重的态度来对待古之道，古之士者才会以真心来对待求道者，如此则能得到古之道的精华。鼎卦初六："鼎颠趾，利出否。得妾以其子，无咎。"是说将鼎洗刷干净，倒竖在厨房中。是否用鼎为客人烹饪食物，就像富贵人家将女儿嫁人做妾，要看纳妾之人的身份是否高贵，没有过错。老子认为，向古之士人学习道，就像鼎卦初六，客人对主人恭敬、庄重，主人会将鼎拿出来烹饪食物招待客人；否则，主人不会用鼎食来招待客人。吃不到鼎食，就像"古之善为士者"没有将古之道的精华拿出来，学道者也就学不到古之道的精华。

"涣兮，若冰之将释。"涣为离散、散开。"涣兮"是将古之道的难点解开，解的过程如坚冰融化，古之道如融化的水流进求道者的心田。冰的融化需要热度，求道者要以极大的热忱去追求古之道，才能使古之道的坚冰融化。《周易》涣卦之涣是武王将分散的反殷力量聚集在一起，形成涣涣大水，一举将殷纣淹没。老子认为，求道者以极大的热情去探寻学习古之道，最终能形成涣涣大水，成就大事业。

"敦兮，其若朴"，学习古之道要敦厚，就像朴树长大成材，可由古之道任意雕琢。圣人用之，可为栋梁。《周易》大过卦九四："栋隆，吉。有它，吝。"是说栋梁面对压力时向上隆起，对房屋和社稷吉祥；如果是为了其他原因，会有耻辱。老子认为，君子以朴实敦厚的态度来学习古之道，也要如栋梁能抗住来自各方面的压力，如此才能坚持学道。

"旷兮，其若谷"，学习古之道要开阔视野，像山谷可以容纳一切。《周易》困卦初六："臀困于株木，入于幽谷，三岁不觌。"是说雨神久久坐在倒下的树干上，像被困住一样。雨神在等待风神的到来，风神没有踪影，雨神只好起身进入幽静的山谷，三年没有露面。老子很重视谷的作用，认为学习古之道要视野开阔、心胸宽广，像山谷能了解、容纳雨神一样，了解、容纳古之道的一切，这样才能全面了解古之道。

"混兮，其若浊。孰能浊以止，静之徐清"，古之道犹如大河浩荡雄浑，谁能让古之道的浑浊停止，慢慢沉淀，古之道就会变得清澈。沉淀过程就是一个思索过程，需要耐心冷静。

"孰能安以久，动之徐生"，谁能长久安于对古之道的探索，坚持不懈，就能让古之道慢慢获得新生。坚持不懈就要持恒，《周易》恒卦主张持恒，反对恒之不当。老子赞成《周易》持恒的观点，持恒才能"安以久"。

"保此道者不欲盈，夫唯不盈，故能敝而新成。"保持这种对古之道看法和做法的人，并不认为自己对古之道的把握已经达到了盈满的程度。正因为学习古之道没有盈满，所以才能不断推陈出新，让古之道取得新的成就。井卦九二："井谷射鲋，瓮敝漏。"是说大雨将井筒冲塌，井筒如谷，积水长出鲫鱼，有官员下去用箭射鱼。井筒如损毁的瓮，不能再使用。老子认为"敝而新成"，通过总结古代治理之道，《周易》井卦"瓮敝漏"之瓮经过变革，可以成为新瓮而继续发挥作用。

第十六章　虚极静笃

〔题解〕　向古人学习道，根本很重要。不忘根本，就要观察万物怎样返回根本。返回根本就是返回本命，能返回本命就终生不会遇到危险。

〔原文〕　致虚极，守静笃。万物并作，吾以观其复。夫物芸芸，各复归其根。归根曰静，是谓复命。复命曰常，知常曰明。不知常，妄作凶。知常容，容乃公，公乃王，王乃天，天乃道，道乃久，没身不殆。

〔译文〕　探寻道的本源，直到它虚空的极点，在探寻中坚守根本和忠实。万物蓬勃发展，我在观察万物怎样回归到根本。世上芸芸万物，最终都要返回各自的根本。返回根本叫作静，静才能返回到它们的本命。返回本命是规则决定的，知道规则叫作明白。不知道规则，妄自改变命运，会有凶险。知道规则会容纳万物之异，容纳万物之异会公正无私，公正无私才能做大事，做大事则负有天的责任，责任如天会同于道，同于道则会长久，终生不会碰到危险。

〔解析〕 这一章，老子针对《周易》复卦之复提出自己对返回的看法。复卦之复是要返回正道，老子之复是要返回根本。

"致虚极，守静笃。万物并作，吾以观其复。夫物芸芸，各复归其根。"老子认为，要"观其复"首先要"致虚极"，就是到达道的极点，得到万物的根本；其次是要"守静笃"，就是守持根本和忠实，不改变命运的安排。现实是万物都在蓬勃生长，老子站在根本上来观察万物怎样返回。万物种类不一、形态各异，返回的形式也各不相同，但都要返回到各自的根本。

《周易》复卦之复为返回，返回是要返回正道。《周易》复卦初九："不远复，无祗悔，元吉。"是说人们在有所作为的过程中，不能保证不犯错误，也不能保证时刻都坚守正道。有错误会脱离正道，脱离正道会有危险。只有发现错误，及时返回正道，才能避免危险。老子认为返回应回到根本，不能返回到根本就不能返回正道。

"归根曰静，是谓复命。复命曰常，知常曰明。"返回到根本叫作静，只有静才能返回到本命。回归本命是道为万物制定的规则，知道规则叫作明白。老子认为，根本就是本命，本命由道所赋予。道生万物，万物无为，就要遵守道所制定的规则，不能随意改变自己的命运。《周易》认为，命运是可以通过努力改变的。要改变命运就要有为，碌碌无为就难以改变命运。

"不知常，妄作凶。"道所制定的规则是无为、不争，不改变命运。不知晓道所制定的规则，强行改变自己的命运会有妄，有妄会有凶险。老子认为，诸侯争霸是诸侯不安于本命，妄想妄为，不安于本命，会有凶险。《周易》鼓励君子要勇于改变自己的命运，屯卦鼓励君子"建侯"，旅卦鼓励君子以旅来寻求建功立业的机会，否卦厨子通过向大人进献倾否取代的良策而改变了自己的命运。老子认为，《周易》鼓励人们改变自己的命运是违背规则，会有凶险。

"知常容，容乃公，公乃王，王乃天，天乃道，道乃久，没身不殆。""知常容"是说知道规则会容纳万物之异，这种异是由道生万物时决定的，也是不同的命运决定的，不能随便加以改变，不改变异就要容纳异；"容乃公"，异会遭到排斥，能容纳万物之异就能公正对待异；"公乃王"，公正对待异，就会公正对待万物，可以做大事；"王乃天"，做大事，就要负起天的责任，妥善处理天下之异；"天乃道"，负起天的责任会同于道；"道乃久"，以天道来治理天下会长久；"没身不殆"，终生不会遇到危险。

"大小多少"（第六十三章）是说天地可大可小，可多可少。老子认为，上天给予天子的命运是治理天下。同时，上天也为万物准备了一个属于自己的小天地，只要知道规则，允许有异存在，做事符合道，长久在自己的小天地里耕耘，就终生不会遇到危险。这是小格局中有大学问，道不仅将天下给予天子，也将天下分给了万物。命运虽有差别，但万物按规则去做，仍可以在属于自己的小天地里创造辉煌，所以没有必要嗟叹自己的命运不好。

第十七章　功成事遂

〔题解〕王侯的权威在衰落。要想知道王侯权威为何衰落，就要返回根本，从历史的角度查找原因。保持王侯权威的根本是王侯要保持诚信，不轻易发号施令。

〔原文〕太上，（下）[不]知有之；其次，亲而誉之；其次，畏之；其次，侮之。信不足焉，有不信焉。悠兮其贵言，功成事遂，百姓皆谓我自然。

〔译文〕上古，民众不知道谁是他们的首领；远古，人们对首领非常亲近并加以赞誉；近古，首领变成王侯，人们敬畏他们；近代，王侯受到民众的轻慢。这是因为王侯对民众越来越不讲信誉，于是民众对王侯越来越不信任。王侯做事应谨慎谋划，不轻易发号施令。治理成功，所谋划之事顺利完成，百姓都认为我们本来就是这样想、这样做的。

〔解析〕 这一章老子是从历史的角度探讨王侯权威衰落的原因，也是对《周易》萃卦的总结。老子认为，从历史的角度看，王侯的威望越来越低，原因是他们越来越不讲信誉。《周易》萃卦厉王被国人逐至彘地，这种"侮之"，是厉王不讲信誉造成的。老子认为，厉王应谨慎谋划，不要轻易发号施令；施政成功，要让百姓觉得自己就是要这样做的，如此就不会因滥征税而被国人赶出国都。萃卦上六："赍咨涕洟，无咎。"是说厉王被逐至彘地，痛哭流涕，散布财物，向人咨询被逐的原因，经人指教，能正确认识自己的错误，会没有过错。老子是在告诉王侯，想要得到民众的尊重，就要对民众讲信誉，否则会像厉王那样被民众唾弃。

"太上，（下）〔不〕知有之；其次，亲而誉之；其次，畏之；其次，侮之。"这是老子从历史的角度对王侯权威的总结。老子认为，上古，人们不知道有首领；远古，人们对首领很亲近，首领得到人们的赞誉；近古，首领变成王侯，民众对他们很敬畏；近代，王侯遭到民众的轻慢。老子认为《周易》豫卦、否卦国君有否，被大人取代；姤卦、萃卦国人暴动、厉王被逐，说明民众对王侯由"畏之"到"侮之"，王侯早已不得人心。春秋末期王侯的威望同样在下降，很不得人心。

"信不足焉，有不信焉。悠兮其贵言，功成事遂，百姓皆谓我自然。"王侯诚信不足，所以百姓不相信他们。老子认为姤卦、萃卦厉王对民众不讲诚信，所以民众才不信任厉王。厉王应谨慎做事，不要轻易发号施令。事情做成了，要让百姓认为我们本来就是要这样做的，这样才可以避免被逐的悲剧发生。

老子在这一章里探讨了王侯威望衰落的原因，认为这是王侯不讲信誉而引起的。实际上，体制也可能使王侯的权威衰落。春秋时期，诸侯国存在着多种体制，主要是贵族民主制和君主专制。老子没有探讨贵族民主制向君主专制转换的问题。实行贵族民主制，必然会引起王侯权威衰落。《周易》损卦认为，权力的损益之道是越往上权力越大。损卦反映的是王公准备用集权迁都的方法来解决国都受灾问题，为迅速做出决定，王公用集权专制来替代贵族民主议事制度。最终王公解决了权威衰落的问题，实现了集权迁都的愿望。

第十八章　大道废焉

〔**题解**〕　王侯诚信不足，一代不如一代，就会出现大道废、智慧出、六亲不和、国家昏乱的情况。

〔**原文**〕　大道废，有仁义。智慧出，有大伪。六亲不和，有孝慈。国家昏乱，有忠臣。

〔**译文**〕　大道衰败，才会有仁义出现。智慧出现，才有了大的虚伪。家族亲戚不和睦，才有了孝和慈。家与国动荡、王侯昏庸，才会有忠贞之臣出现。

〔**解析**〕　道德、仁义、虚伪、孝慈、忠诚都属于价值层面，有存在的价值才会被人接受。王侯和民众需要道德仁义，道德仁义才会存在；虚伪有市场，大伪才会存在；老人和孩子需要关爱，孝慈才会存在；牺牲有价值，忠诚才会存在。王侯没有对大道的需求，大道自然会被废弃。有需求，智慧会显露光芒。价值观的不同，会使六亲不和。这都是老子对当时人性的思考，也是对当时社会现象观察后所得出的结论。

"大道废，有仁义"，大道衰败，被人为损毁，会有仁义出现。"大道废"，德也会随之而废。仁义则是道德的反映，可以济世救人，但也可以掩盖道与德的衰败。仁义并不能挽救道德的衰颓，"大道废"，必须将其清除后，新的大道才能建立。在《周易》中，这个清除或是经过革命（涣卦），或是经过变革（革卦），而不是由仁义来解决。仁义也解决不了"大道废"的问题。

"大道废"之后，依据道德所形成的法律法规会失去保护民众的作用，民众会被剥夺。只有仁义还能用于同情被剥夺者，但仁义只能施与部分人或个别人。施与者通过仁义来体现道德，使被剥夺者感受到关爱和公正。但不是所有的被剥夺者都能得到关爱和公正，所以仁义解决不了大道废的根本问题。只有重建大道，才能解除民众被剥夺的痛苦。《周易》萃卦六二：“引吉，无咎。孚乃利用禴。”是说厉王征税引发国人暴动，暴动民众要对厉王采取过激行动，大人采用引导的方法，平息了暴动民众的焦躁情绪，吉祥。大人与暴动民众谈判，答应了民众的合理要求。这虽然不符合厉王的愿望，但是大人没有过错，谈判成功，大人用简单的祭祀向暴动民众表达自己的诚意。老子认为，厉王滥征税引起"大道废"，民众被剥夺，才引发国人暴动。大人"有仁义"，才会与暴动民众谈判。大人如果没有仁义，会按厉王的旨意镇压暴动民众。所以大道畅行，百姓安乐，就不需要仁义来关照。当有仁义出现时，大道已经被废弃了。

"智慧出，有大伪"，智慧出现，会有大的虚伪。智慧与心机并存，单纯的智慧不会改变什么，必须有所行动，有心机、有智慧，才能用大伪来掩饰真实意图。《周易》小过卦六五："密云不雨，自我西郊。公弋，取彼在穴。"是说乌云密布，还没有下雨；乌云出现在国都的西郊，是权贵就要举兵作乱。王公宣称要用带绳的箭去射树上的鸟，要惩罚请示汇报不当的臣下，转身射向躲在巢穴里的权贵。王公用声东击西的策略，攻击权贵的巢穴，准备擒获权贵。老子认为，王公有智慧，才能用伪装来掩饰自己的意图；如果王公的智慧只是为欺骗民众，用伪装来掩盖自己的真实意图，就是脱离了道。

"六亲不和，有孝慈"，家族亲戚不和睦，会有孝与慈出现。价值观相同六亲会和，富裕是"和"的物质基础。价值观相同，物质丰富，老人就不需要特别的照顾，孩子也不需要特别的关爱，也就不需要孝与慈。价值观不同，物质匮乏，六亲会有分歧，分歧导致不和，就不能相互帮助和照顾，老人和孩子会缺乏赡养和关爱。这时有人出来赡养老人、关爱儿童，会体现出孝与慈。《周易》家人卦应当体现孝与慈，但实际体现的是家长对家人的管理，认为家长对家人严格管理会富家，不严格管理会使家衰败。在老子看来，家人卦没有提到孝与慈，说明家人经过家长严格管理，六亲和睦，不需要强调孝与慈。家人卦六四："富家，大吉。"是说君子长于经营，善于管理，治家有方，使家富有，安泰吉祥。老子认为，家长治家不但要富家，而且六亲要和，这样才不需要强调孝与慈。

"国家昏乱，有忠臣"，王侯对国与家失去了治理之道，国与家会发生"昏乱"。臣下是王侯治理国与家的助手，"国家昏乱"，需要有正直大臣不惜牲牺个人来保护国与家，解除国与家的昏乱，这样的大臣为忠臣。《周易》没有提到忠，也没有忠臣的概念，但有直臣的概念。履卦九四："履虎尾，愬愬，终吉。"象曰："愬愬终吉，志行也。"九四是说，臣下要纠正君王的错误，有如去踩老虎的尾巴，稍有不慎，就会被老虎咬伤。能怀着惊恐不安的心情去进谏，最终会吉祥。象传说，怀着惊恐不安的心情去进谏，最终吉祥，是说臣下知道伴君如伴虎，稍有不慎就会被老虎咬伤。但为臣的愿望是君王的行为符合天道，臣下有责任纠正君王的错误，即使可能被咬伤，也不能逃避责任。《周易》认为，九四为直臣，以坚持天道为己任；老子认为，九四有忠才会直，没有忠就不会冒着被老虎咬伤的危险去进谏。《周易》没有忠的概念，认为朝臣应顺从君王和王侯，更应顺从天道。君王和王侯有错，一味顺从会有违天道。所以箕子不能为忠于纣王而违背天道。老子认为，没有忠的概念，复卦申侯杀死幽王，造成西周的衰败；豫卦大人不忠，才会假借天命去取代国君。所以需要有忠臣来保家卫国，有忠就可以防止弑君事件和取代事件发生。恒卦六五："恒其德，贞，妇人吉，夫子凶。"象曰："妇人贞吉，从一而终也。夫子制义，从妇凶也。"六五是说，坚持恒久顺从的品德，预测对妇人吉祥，对君王的老师会有危险。象传说，对妇人预测吉祥，妇人出嫁要顺从丈夫，直至终了。君王的老师在权贵强悍、君王软弱的情况下，为君王制定了顺从的策略，来麻痹权贵，不会有凶险；如果真要君王像妇人那样长久顺从权贵，会有凶险。老子认为，恒卦六五国君面对权贵的强悍，需要"夫子制义"，更需要忠臣来保护国君。

第十九章　少私寡欲

〔题解〕　看到"大道废"，大道被人为损毁，就要想方法解决。解决的方法是绝圣弃智，绝仁弃义，绝巧弃利，见素抱朴，少私寡欲。

〔原文〕　绝圣弃智，民利百倍；绝仁弃义，民复孝慈；绝巧弃利，盗贼无有。此三者，以为文不足，故令有所属：见素抱朴，少私寡欲。

〔译文〕 断绝圣善，丢弃智慧，民众的利益会增加百倍；断绝仁，丢弃义，民众会恢复孝与慈；断绝奇巧，丢弃利好，强盗和贼不会再有。这三种绝弃的情况，仅靠以上告诫仍显得不足。所以要让人们有所归属：不仅要推行俭朴，而且要保持朴实，私心要少，欲望要小。

〔解析〕 这一章老子要弃绝圣、智、仁、义、巧、利，因为"大道废"，需要恢复大道。在老子看来，要恢复大道，就要从根本上恢复。首先要回到朴实，朴实最接近根本，只有弃绝圣、智、仁、义、巧、利，使民众恢复朴实，才能恢复大道。老子认为，春秋末期的道德仁义都是"大伪"，现实是民众被剥夺，孝慈不再，盗贼横行，所以要有所弃绝。

老子对圣、智、仁、义、利的彻底否定，来自他对现实的看法。春秋末期诸侯争霸，社会急剧改变，人们的思想意识也急剧变化。旧的秩序正在瓦解，旧的道德观念被打破。老子没有看到一个百家争鸣的时代已经来到，而是看到"大道废"，人们所崇尚的圣、智、仁、义、巧、利不符合道，也无益于民众保持朴实，必须加以反对。从"见素抱朴，少私寡欲"可以看出，老子认为当时的社会是不朴素也不朴实的，而是私心重、欲望多。老子试图改变这种状况。

"绝圣弃智，民利百倍。"老子要弃绝的圣善与他在《道德经》中所推崇的圣人无关。"绝圣"是要弃绝别的学派所推崇的圣人，老子认为这种圣人并不是真正的圣人，所以要"绝圣"；弃智是要弃绝以智治国，老子认为"以智治国，国之贼"，所以要"弃智"。"绝圣弃智"后，就可以推行无为而治，民众的利益会增长百倍。"弃智"的另一个含义是要摈弃百家之智。百家争鸣都在显示自己的智慧，老子认为这种智会对民众产生诱惑，摈弃这种智，民众的利益会增长百倍。

"绝圣弃智"，郭店出土的竹简本写作"绝圣弃辩"。以此来说，老子应是对当时的百家争鸣很有看法，"绝圣"是要弃绝那些自以为是圣人的学派领头人，这些人自命不凡，都在以圣人自居；"弃辩"是弃绝辩论，在老子看来，学派之间的辩论只是在逞口舌之快，弃绝之后对民众有百倍的好处，可以使民众避免被诱惑而走上歧途。《周易》也反对逞口舌之快的辩论。讼卦上九："或锡之鞶带，终朝三褫之。"象曰："以讼受服，亦不足敬也。"上九是说，没有功绩，靠口齿伶俐与人争讼，得到君王赏赐的绶带，因此遭到群臣的质疑，三次授予，三次被收回，最终被剥夺。象传说，靠争讼得到绶带，即使不被剥夺，也不会让人敬佩。老子赞成《周易》讼卦的看法。

"绝仁弃义，民复孝慈。""大道废"之后，会有仁义产生。老子认为，这种没有道德基础的仁义是个人的慈善行为，仁义者只对自己所关心的施与仁义，不会关注普遍存在的问题，也没有能力解决现实存在的问题。"大道废"所殃及的首先是老人和儿童，仁义解决不了老人缺乏赡养、儿童缺乏关爱的问题。"绝仁弃义"之后会显现出"六亲不和"的真相，民众在寻找"和"的过程中会恢复孝与慈。

"绝巧弃利，盗贼无有"，弃绝巧会没有奇物，弃绝利就不会引发贪欲；没有奇物，没有贪欲，就没有盗贼。《周易》蒙卦上九："击蒙，不利为寇，利御寇。"是说用惩罚的手段来教育蒙昧者，使蒙昧者认识到以极端手段解决问题对自己不利，也不利于问题的解决，有利于防止蒙昧者因蒙昧而变成强盗。老子认为，上九"击蒙"不如"弃利"，因为利使人有蒙；能"弃利"就不会有蒙，也就不会去做强盗。

"此三者，以为文不足，故令有所属：见素抱朴，少私寡欲。"老子认为，"绝圣弃智"、"绝仁弃义"、"绝巧弃利"说得还不够透彻，因为现实中不是几句话就能说服人们自觉去弃绝的。所以老子要人们加强修养，养成"见素抱朴，少私寡欲"的习惯，这样就会在不知不觉中做到三绝三弃。

第二十章　独异于人

〔题解〕　老子认为，社会和人都需要改变，但改变起来非常困难。社会上不少人以圣人自居，以狡辩来代替对学问的研究和探讨。老子的主张遭到排斥，学说不被人接受，陷于苦闷之中，只能默默坚守自己的信念。

〔原文〕　绝学无忧。唯之与阿，相去几何？善之与恶，相去何若？人之所畏，不可不畏。荒兮，其未央哉。众人熙熙，如享太牢，如春登台。我独泊兮，其未兆，如婴儿之未孩，儽儽兮，若无所归。众人皆有余，而我独若遗。我愚人之心也哉，沌沌兮。俗人昭昭，我独昏昏；俗人察察，我独闷闷。澹兮其若海，飂兮若无止。众人皆有以，而我独顽似鄙。我独异于人，而贵食母。

〔译文〕 学问真正做到了极致，会让人没有忧愁。赞成与反对，相差能有多少？赞美与厌恶，相差能有多远？人所畏惧的，我不可能不畏惧。一切都在荒废，这种现象没有停止，还在继续。众人都安于现状，非常快乐，好像在参加盛大的宴会，又好像在春日登台游玩。唯有我独自甘于淡泊清静，没有什么欲望，就好像婴儿不能感知，还不会笑。四处奔走啊，不知归于何处。众人都有盈余，而我很孤独，像是被人遗忘。我这被人看成是愚人的心啊，一副愚昧无知的样子。俗人都明白的道理，只有我昏昏沉沉看不明白；俗人都那么善于察言观色，唯独我那么沉闷。我的思想像大海般深远宽阔，又像高天的长风没有止境。众人都有所成就，唯独我顽固不化、庸俗浅陋。我仅是想法与别人不同，不注重表面，而是注重事物的根本。

〔解析〕 这一章反映了老子的苦闷。从"绝圣弃辩"的角度可以看出，在百家争鸣中，老子的学说并没占有相应的位置，反而在辩论中遭到排斥。老子和孔子是同代人，孔子将《周易》列为六经之首，说明《周易》的学说已被世人接受，《周易》所提倡的乾坤大道被世人奉行。而老子的学说不被人接受，难以实现自己的理想，陷于苦闷之中。但老子对自己的学说坚信不疑，以辽阔大海和高天长风来形容，认为自己是在坚守道，在探索事物的根本。

老子为我们描绘了当时人们的生活场景，这是难能可贵的。"众人熙熙"，说明众人志同道合，性情相投；"如享太牢"，经常聚会；"如春登台"，众人在结伴春游。"众人皆有余"，从百家争鸣的角度看，众人都有自己的学问。"俗人昭昭"，一般人都有自己的主见；"俗人察察"，一般人不会轻易接受别人的观点。"众人皆有以"，众人都有自己努力的方向。这是一幅和乐向上的景象，在老子看来，众人和俗人都在盲目追求、盲目欢乐，老子不屑与之为伍。

"绝学无忧"，学问真正做到了极致，人就不会有忧愁。老子认为，当时百家争鸣的学问都不能称为绝学，都存在很大问题；如果绝学真的出现，百家门派会停止相互攻讦，也就解除了老子之忧。

"唯之与阿，相去几何"，赞成与反对相差有多少？对老子而言，赞成并不欣喜，反对也不恼怒，一副很淡然的样子，因为赞成的不一定就能"勤而行之"，反对的不一定就是错的。

"善之与恶，相去何若"，赞美或厌恶老子的学说在老子看来也相差不多。老子对赞美不喜，对厌恶不怒，保持了一种超然的心态。老子的辩证观点是，听信赞美，就会失去美；居于恶，会失去恶。所以老子对赞美不喜，对厌恶不怒，这两者也就相差不多。老子有定见，做学问是为了探索事物的根本，不是为取悦他人，所以可以任人评说。

"人之所畏，不可不畏。"孔子说："君子有三畏，畏天命，畏大人，畏圣人之言。"老子畏惧什么？人所感到畏惧的，老子也会感到畏惧。无为不争，就要对大自然心存畏惧。按老子的观点，居于畏，会失去畏；失去畏，会无畏。

"荒兮，其未央哉"，老子已经向众人传授了自己的学说，但没有人认真学习，老子的学说被荒废，而且还没有停止的迹象。这应是百家争鸣的一种现象，在没有某种学说成为主流的情况下，才会有百家争鸣。

"众人熙熙，如享太牢，如春登台。"众人都很欢乐，志趣相投才会一起宴饮游乐。"众人熙熙"，众人在结社，只有老子一个人在苦斗。

"我独泊兮，其未兆，如婴儿之未孩"，老子甘于寂寞，没有受到众人的影响，没有去跟风，也没有什么欲望，还保持着纯真，不迎合别人。《周易》也主张钻研学问的人要甘于寂寞。履卦九二："履道坦坦，幽人贞吉。"是说君王为了表示开明而广开言路，亲自接见从下面来的进言的人。通往朝廷的道路很平坦，人们蜂拥而至。唯有甘于寂寞，肯在昏暗中刻苦钻研学问的人能保持自己的操守，不随风而动，预测会吉祥。老子就是这样的人。

"儽儽兮，若无所归。"老子在百家争鸣中坚持自己的学说，没有归于哪个学派，也没有哪个学派接受老子的学说。像在漂泊，不知道自己的学说能归于何处，在何时能发挥作用。

"众人皆有余，而我独若遗。"在百家争鸣中，众人都认为自己的学问已有盈余，老子的学说却没有自己的位置，像是被人遗忘了。

"我愚人之心也哉，沌沌兮。"有人认为老子是不知变通的愚人，没有智慧，又混沌无知。老子承认自己愚，认为"愚人之心"是淳朴之心，心淳朴，才能将学问钻研透彻。

"俗人昭昭，我独昏昏"，一般人都明白的事理，老子却糊里糊涂，好像不明白。老子心存高远，俗人再明白也是流于浅薄。老子并不昏，俗人浅薄才会认为老子昏昏。

"俗人察察，我独闷闷"，一般人都明察的事，老子却不理不睬。俗人所察只是表面，老子并不想干预俗人所察。在俗人看来，老子不表示态度就是闷闷。

"澹兮其若海，飂兮若无止"，如宽阔的大海波浪起伏没有边际，如高空的长风没有止境。老子以大海和长风来形容自己的学问和追求，也表明了自己的志向。

"众人皆有以，而我独顽似鄙"，众人皆有成就，唯独老子顽固坚持自己的学说，好像很鄙陋的样子。众人不了解老子的学问和追求，在以自己的标准来衡量老子的行为，认为老子既顽固又鄙陋。

"我独异于人，而贵食母"，老子认为自己的行为与众人不同，只以坚守道和追求根本为宝贵。

第二十一章　孔德之容

〔题解〕　为改变众人对道的看法，老子陈述了自己的学说和对道的感悟。

〔原文〕　孔德之容，惟道是从。道之为物，惟恍惟惚。惚兮恍兮，其中有象；恍兮惚兮，其中有物；窈兮冥兮，其中有精；其精甚真，其中有信。自古及今，其名不去，以阅众甫。吾何以知众甫之状哉?以此。

〔译文〕　真正有大德的人，可以包容一切，凡事经过思考，符合道才去做。道如果是一种物体的话，无论怎样用心去想，也只能恍惚感到像什么物体。模模糊糊，若明若暗，道中有物象存在；若明若暗，模模糊糊，道在物体中出现；幽远啊，深沉奥妙啊，道中存在着物的精华；精华体现了物的本质，道决定着万物的兴衰有规律可循。从古至今，它的名字从没有改变过，通过道可以看到众多事物是如何开始的。我怎么知道众多事物开始的情形呢？就是凭借道。

〔解析〕 这一章老子讲的是道的特点和对道的感悟。道什么都不像又什么都像，存在于一切事物中。道可以被感知，又不能完全被感知；可以表述，又不能完全被表述。道中有象、有物、有精、有信。《周易》则是以六爻为道，认为按六爻的规则去做事，发展会顺利。老子认为六爻为道并不准确，道不可能被清晰表述。道是恍惚存在，什么都像，什么都不像，所以六爻不能代表道。《周易》认为，道是万物必须遵守的规则，道清晰，规则才明确，因此才有六爻的规定和八卦之象。

将《道德经》和《周易》所描述的道综合起来看，道应有三种形态：一是已经被感知的道，这种道是清晰可辨的，人们可以遵循道的规则去做；二是没有被感知的道，不管人们是否感知，道都在客观上发挥着作用；三是没有被完全感知的道，人们对这种道的认识不全面、不清晰，也不能完全辨别，需要继续探索。《周易》之道是已被感知的现今之道，《道德经》之道是没有被感知或没有被完全感知的古之道与现今之道。老子认为现今之道和未来之道是古之道的延续，人们对古之道不能完全感知、完全辨别，对现今之道和未来之道就不能完全感知、完全辨别，道会在现实中出现什么都像、什么都不像的情况。但不管是被感知的道还是没有被感知或没有被完全感知的道，它们的性质都是相同的，是"其中有象"、"其中有物"、"其中有精"、"其中有信"。

"孔德之容，惟道是从"，有大德的人可以包容一切，但只遵从道，按道的要求去做。道与德密不可分，德的责任是将道变成现实；道对德有具体的要求，不同的道对德有不同的要求，这是道的特殊性所决定的。老子"惟道是从"与《周易》德要顺从道的观点相同，说明老子与《周易》的看法虽然在道与德的关系上有所差别，但总体来说一致，"惟道是从"。

"道之为物，惟恍惟惚"，道如果是什么物体，也是恍惚像什么物体，又看不清像什么物体。《周易》没有对道的具体形态进行探讨，但认为道可以在物体中体现，八卦之象的复合体现了现实之道。

"惚兮恍兮，其中有象；恍兮惚兮，其中有物"，惚惚恍恍，道中好像有物体的形象存在；恍恍惚惚，道中好像有物体存在。《周易》阴阳爻组成卦，阴阳爻代表道，上下卦代表物和物象，都很明确具体。老子认为，道只能恍惚感到像什么物和是什么物，不能明确说是什么物和什么物象。道生万物，万物千差万别，都只能反映出道的一部分，而不能出反映道的全貌，所以物和物象就难以明确反映出道。

"窈兮冥兮，其中有精"，幽远啊，深沉奥妙啊，其中有物的精华；精华体现了物的本质，也就是道的本质，物都有属于自己的精华。

"其精甚真，其中有信"，物的精华非常接近物的本质，体现了道对万物的承诺和万物对道的诚信。老子和《周易》都重视诚信，都认为诚信为德。

"自古及今，其名不去，以阅众甫"，从古到今，道的名字就没有被人忘却，通过道可以看到万物是如何开始的。

"吾何以知众甫之状哉？以此"，我是怎样知道万物开始时的情形呢？就是凭借道。老子是从根本上观察事物是如何开始的，《周易》是通过初爻来判定事物的发展变化。老子和《周易》观察的起点不同，但都没有离开道。

第二十二章　全而归之

〔题解〕　感悟到道就要行道，行道就要坚守道。世上万物种类繁多，事物千变万化，都有各自的特点和规律。坚守道，就要对事物发展变化的特点和规律有所认识，并按事物发展变化的特点和规律做事，克服不符合道的行为。坚持"抱一"、"不争"，才能"全而归之"。

〔原文〕　曲则全，枉则直，洼则盈，敝则新，少则得，多则惑。是以圣人抱一为天下式。不自见故明，不自是故彰，不自伐故有功，不自矜故长。夫唯不争，故天下莫能与之争。古之所谓曲则全者，岂虚言哉？诚全而归之。

〔译文〕 委曲而会保全，弯曲而会平直，低洼才能盈余，陈旧才能崭新，少才能得到，多会产生困惑。所以圣人做事坚持根本，为天下树立了做事的模式。不固执己见才能明白，不自以为是反而能够彰显，不自我夸耀才有功劳，不自高自大才能长久。正因为知道争的弊端，不与人争，所以天下没有人能与之相争。古人所说的委曲才能保全的这句话，怎么是一句空话呢？确实达到了保全并归于根本的目的。

〔解析〕 行道的过程就是做事的过程，做事要坚持根本，对事物的特点和规律有正确的认识。世上没有直路，行道会遇到各种情况，求全就要委曲，求直就要枉，只有这样才能到达保全的目的。最根本的是在"曲"和"枉"中做到"抱一"，也就是坚守道，坚守做事的根本，在行为上克服各种错误的做法，做到不争，如此才真正能保全并回归根本。

"曲则全"，曲为弯曲，委曲可以保全。"曲"是客观存在着的难以改变的因素，要保全就要顺应客观情况，从实际出发，以"委曲"的方法，在顺应中对不利的客观因素逐步进行改造，最终达到"保全"的目的。有如《周易》涣卦，君子要节制革命，受到革命洪流的冲击，只能采用"曲则全"的方法，顾全大局，顺应潮流，忍受住革命洪流的冲击，在节卦中实现节制的愿望。这种为全而曲的做法合于道，合于根本。不曲反而会违背道，违背根本。涣卦六三："涣其躬，无悔。"象曰："涣其躬，志在外也。"六三是说，君子要节制革命，受到革命洪流的冲击，没有悔恨。象传说，君子要节制革命，但受到革命洪流的冲击，在动乱中难以真正地节制革命。君子的志向是在革命成功后，在节卦中实现以节来治理天下的愿望。老子认为，革命洪流客观上有违背道的行为，君子忍受住革命洪流的冲击，以"曲"来对待冲击，是为了保全大局，强制节制反而会有损于革命。君子委曲才能达到保全革命的目的。

"枉则直"，枉为弯曲，"曲则全"之曲是被动弯曲，"枉"是主动弯曲。客观上不存在绝对的直，要准备走曲折迂回的路，只有采用主动弯曲的方法，才能达到直的目的。如果以直对直，会形成相争，争背离道，也违背老子无为的思想。用"枉"的方法可以避免争，不争，"无为而无不为"，就会实现"枉"的目的。老子认识到世上没有直路，要准备走曲折的路。面对复杂的局面，不要轻易去争，要善于妥协，妥协就是"枉"。《周易》主张争，但也认识到在形势不利的情况下，可以做出适当的妥协以求保全。《周易》恒卦六五："恒其德，贞，妇人吉，夫子凶。"象曰："妇人贞吉，从一而终也。夫子制义，从妇凶也。"六五是说，坚持恒久顺从的品德，预测对妇人吉祥，对君王的老师会有凶险。象传说，对妇人预测吉祥，妇人顺从妇道，从一而终。君王的老师在权贵强悍、君王软弱的情况下，为君王制定顺从的策略来麻痹权贵。如果让君王像妇人那样长久顺从权贵，会有凶险。老子认为，恒卦六五的妥协是必要的，用"顺"的方法，不如用"枉"的方法来指导妥协，这样才能达到"直"的目的。

"洼则盈"，低洼才能盈满。人们都在追求"盈"，却不清楚怎样才能做到盈而不满。老子认为"洼则盈"，懂得洼与盈的关系，就可以做到盈而不满。《周易》乾卦上九："亢龙有悔。"象曰："亢龙有悔，盈不可久也。"上九是说，宣王继位后，曾励精图治，一度中兴。后来，如龙有亢，脱离天道，受到上天的惩罚，大有悔恨。象传说，宣王如龙有亢，脱离天道，受到上天惩罚，大有悔恨。做事超过道的限度，达到盈满，事情会向相反的方向转变。满则溢，上天不会让盈满持久，会损其盈，使盈满变空虚。老子认为，盈的关键在于"洼"，上九龙有亢是因为盈超过了"洼"而出现盈满，满则溢。要避免盈满，就要发挥"洼"的作用，"洼"靠德的修养，德修养浅薄，"洼"就浅薄，德修养深厚，"洼"就虚空，虚空就不会盈满，也就不会有"亢"发生。

"敝则新"，老子注意到新事物是在旧事物的基础上生长起来的。从"无"和"有"的变化来说，"无"生"有"后，"有"中又生新"无"，新"无"中酝酿着新"有"，条件具备，新"有"通过"无"脱颖而出。"敝"为旧"有"，旧"有"通过"无"使新"有"诞生，是以"敝则新"。《周易》井卦九二："井谷射鲋，瓮敝漏。"是说官吏奉命打井，但是拖到雨季才将井筒挖好。大雨来到，将井筒冲塌，形成山谷状的水坑，底部长出鲫鱼，官吏下去用箭射鱼。井筒如同已经损坏的瓮，不能再使用，官吏与民众的关系如同瓮损坏漏水，已经无法恢复原状。老子从"井谷"中看到"洼则盈"，从"瓮敝漏"中看到"敝则新"。这个新在革卦和鼎卦中通过变革而革故鼎新。"敝则新"，用"有无相生"的观点看，敝和新也是相互生成的。敝生成新，新会随时间的推移变成敝，敝又生新。"敝则新"在《周易》井卦和革卦中是以变革的方式实现的，在《道德经》中是以不争的方式实现的。

"少则得，多则惑"，老子赞成少，反对多，认为少会真正得到，多会产生困惑。《周易》小畜卦君子财富不多，却要倾尽家产帮助民众和朋友致富。"少则得"，君子虽然财富不多，但得乾坤之道，知道财富的用途是要回报社会，所以才帮助民众和朋友致富。大有卦君子财富大有，产生困惑，不知道大有的目的是什么，没有像小畜卦君子用自己的财富去帮助民众和朋友致富，而是"大车以载"给天子进贡。所以老子认为"多则惑"。

"是以圣人抱一为天下式"，圣人"抱一"是天下做事的模式，"抱一"为坚持根本。老子认为"曲则全"之曲、"枉则直"之枉、"洼则盈"之洼、"敝则新"之敝、"少则得"之少、"多则或"之多就是做事的根本。向圣人学习，坚持"抱一"，也就是坚持根本。益卦君王不能"抱一"，王公迁都就难以成功；鼎卦不能"抱一"，民众就享用不到鼎内的食物；夬卦君王"以杞包瓜"不能"抱一"，民众将得不到瓜。所以坚持根本，才能达到目的。

"不自见故明"，"曲则全"，视客观情况而曲，就会保全，就能客观地看待事物，不固执己见，做事才有光明。《周易》明夷卦上六："不明，晦。初登于天，后入于地。"象曰："初登于天，照四国也。后入于地，失则也。"明夷是明沉入地下，上六是在总结昭王南狩沉江的教训。昭王刚开始时如初升的太阳，照亮四方邦国，后来如光明沉入地中，地上一片黑暗，昭王失去了为君的准则。老子认为，昭王固执己见，不明白"不自见故明"的道理，才会有明夷发生。

"不自是故彰"，"枉则直"，主动适应客观情况才能达到直的目的，不自以为是，所以会彰显。不自以为是就要经常检查自己，征求别人的意见，有错误及时克服，这样才能做出显著的成绩。自以为是，做事会背离客观实际，不会有成绩，也就不能彰显。《周易》比卦："显比，王用三驱，失前禽，邑人不诫，吉。"是说君王决定用公开竞争的方式亲近人才，就像围猎时从三面驱赶，猎物不愿被围住，可以从前面跑掉。君王对人才进行了三次考核，不愿意参加考核的可以不参加，国都的民众不认为人才在流失，吉祥。老子认为，九五采用"显比"的方法选拔人才，君王和君子在选拔人才时"不自是"，彰显出君王的仁爱和君子之贤，这样能选拔出真正的人才。

"不自伐故有功"，"洼"就不会自夸而会有功。"自伐"无谦，功劳会归于自己，失去根本，功劳也会丧失。随卦九四："随有获，贞凶。有孚在道，以明，何咎。"是说经过长期围困，"小子"不得不归顺。"小子"要求比照君子来安排自己的职位，君子答应了他的要求。"小子"归顺之后得到了自己想要得到的东西。谣言四起，说君子在与"小子"勾结，伺机再起。谣言如果不能平息，预测会有凶险。孝王说，君子有诚信，答应"小子"归顺的条件，事先已经得到孝王的同意，符合正道，君子的所作所为光明正大，哪有什么过错。老子认为，九四是君子不自我夸耀，"曲则全"，在受到小人非议的情况下，以曲的方法得到君王的保护，更能显示出君子的功劳。

"不自矜故长"，"敝则新"，正确对待已有的功劳，就会有新的功劳产生。不骄傲自大，能正确对待功劳，功劳才会长久。《周易》解卦初六："无咎。"象曰："刚柔之际，义无咎也。"初六是说，君子没有过错。象传说，权贵要取代王公，阴谋就要暴露，但还没有暴露。君子是权贵实施阴谋的障碍，权贵清除君子的意图非常明显。从这个意义上讲，君子保证自己的行为没有过错，也就是不骄傲自大，才能达到保护好王公的目的。老子认为，君子先是做到"无咎"，让小人暴露出真实目的，又奉王公之命擒获小人，接连建立功劳。"敝则新"，君子将已经建立的功劳视为"敝"，没有骄傲自大，才接连建立新的功劳，即所谓不要吃老本，要立新功。

"夫唯不争，故天下莫能与之争"，采用不争的方法，天下没有谁能与之相争。《周易》解卦王公、君子不盲目与小人争，最终擒获了小人；巽卦武人面对非议不与人争，得到了君王的重用。小人和非议之人都没有争过君子和武人，因为君子和武人的行为合于道，用"曲"和"枉"来对待争，故而没有谁能争过君子和武人。

"古之所谓曲则全者，岂虚言哉，诚全而归之。"老子认为古人已经认识到"曲则全"，《周易》的一些卦也有"曲则全"的思想。"曲则全"体现了实事求是、不脱离实际，也体现了做事要尊重客观规律。《周易》解卦中的王公在小人陷害君子时，没有直接去解救君子，而是采用"曲"的方法，拿到小人陷害君子的证据。待小人阴谋彻底暴露后，通过君子将小人擒获，达到了"全而归之"的目的。解卦六三："负且乘，致寇至，贞吝。"是说君子所派的人背着包裹起来的猎物，乘坐华丽的车子在路上疾驶，却被强盗拦截，后果不好预测。"负且乘"，君子所派的人被权贵收买，要将包裹中的猎物送给权贵。"致寇至"，王公让人假扮成强盗拿到权贵逆反的证据，并凭证据将小人解职，最终由君子将叛逆小人擒获。

第二十三章　希言自然

〔题解〕　有人认为，既然"曲则全"，就要坚守"曲"，恒于"曲"。老子认为，对持恒要有正确的认识，恒于道是为了不背离道。然而道处于不断的运动之中，客观情况会发生变化。看不见道的运动变化，盲目持恒，会脱离道；持恒不当，难以保全。同时，在人们认识和实践的过程中，只能在得与失中逐渐接近道，而不会与道完全相同，更不能与道成为一体；只是道的同人，随时有可能与道不同，需要不断修正错误，才能相对同于道、久于道。因此，对道和"曲"持恒不当，不能随着客观情况的变化而做出适当改变，就达不到"全而归之"的目的。

〔原文〕　希言自然。故飘风不终朝，骤雨不终日。孰为此者？天地。天地尚不能久，而况于人乎？故从事于道者同于道，德者同于德，失者同于失。同于道者，道亦乐得之；同于德者，德亦乐得之；同于失者，失亦乐（得）[失] 之。信不足焉，有不信焉。

〔译文〕　大自然很少说话。大风不会刮一个早晨而不停，暴雨不会下一整天而不止。谁造成的？天和地。天地尚且不能持久，更何况是人呢？所以献身于道的人会与道同在一起，按德的要求去做的人会与德同在一起，失去的人会与失同在一起。与道同在一起，道也很高兴得到自己的同人；与德同在一起，德也很高兴得到自己的同人；与失同在一起，失也很高兴失去他。诚信不足的人，人们就不会再相信他。

〔解析〕 这一章是老子对《周易》恒卦、中孚卦所说的持恒与诚信提出自己的看法。老子认为，天地"尚不能久"，不能持恒，所以人们做事也很难恒久。情况变了，仍坚持原有的做法，就不是持恒，而是固执。固执坚持错误，会遭遇失败。

《周易》主张正确持恒，认为持恒不当会有凶险。恒卦初六："浚恒，贞凶，无攸利。"是说疏浚河道时，坚持深挖，预测有凶险，没什么利。老子赞成《周易》正确持恒的观点，认为疏浚的标准是根据具体情况制定的，应随情况的变化而进行调整，不应总是不变，"浚恒"是错误的。人们在制定疏浚标准时，要"同于道"，情况发生变化，疏浚标准与事实不符，会"同于失"，之后认识到"浚恒"的凶险，又会"同于道"。但总是"同于失"，会失去民众的信任。

"希言自然。故飘风不终朝，骤雨不终日"，大自然很少说话，大风不会刮一个早晨而不止，暴雨不会下一整天而不停。老子通过刮风下雨来说明很多事物都不是恒定不变的，也不是静止不动的，而是在不断地运动变化。这是道的运动引起事物的改变。

"孰为此者？天地。天地尚不能久，而况于人乎？"刮风下雨是由天地决定的，天地不能总是刮风下雨，久于风雨会有灾祸。所以人做事也要适可而止，不能盲目追求恒久，盲目追求会有灾祸。老子从刮风下雨的自然现象中得出人不能盲目持恒的结论，《周易》通过恒卦彖辞"日月得天而能久照，四时变化而能久成"来肯定持恒的意义。老子反对持恒与《周易》主张正确持恒虽然相悖，但并不矛盾，恒与不恒应视具体情况而定。

"故从事于道者同于道"，所以献身于道的人会与道保持相同，道的运行不以人的意志为转移，人们只有随道而行、与道同在。《周易》也认识到人们的行为要符合道，违背会受到惩罚。符合道就是同于道。小畜卦君子帮助民众和朋友致富，其行为与乾坤之道的要求相同；泰卦葫芦助人为乐、不求回报的精神与天道的要求相同。

"德者同于德"，老子认为，德伴道而生、随道而行，有什么样的道就有什么样的德，德的作用是将道变成现实，所以有德者会与德同在。《周易》益卦君王帮助王公迁都，离卦王公安置救济难民，小畜卦君子帮助民众和朋友致富，泰卦葫芦助人为乐，都是"同于德"。

"失者同于失",失去的人会与失同在。《周易》大过卦是说大者有过为大过,小过卦是说大事不可以有小过,做事有大过、小过会"同于失","同于失"就要承担失去的后果。

"同于道者,道亦乐得之",道不会强迫人跟随,但乐意得到自己的同人。小畜卦君子帮助民众和朋友致富,泰卦葫芦助人为乐,都是同于道;大畜卦君王要大畜天下,是同于道。道也乐意得到自己的同人。

"同于德者,德亦乐得之",德是道的具体体现,德得到同人会使道变成现实。但德不会强迫人同于德,而是乐意得到自己的同人。益卦九五君王帮助王公迁都是同于德,德也很乐意得到自己的同人。

"同于失者,失亦乐(得)[失]之",失不会强迫人同于失,相反乐意看到"同于失者"的失去。大过卦"枯杨生梯"为大过,小过卦小过引起"飞鸟以凶",都是"同于失者",是失者失去道与德才发生的错误。失也乐意看到失者失去错误而与道德相同。

"信不足焉,有不信焉",不能总是同于道德,就会同于失,同于失会引起诚信不足,诚信不足的人就难以让人相信。《周易》临卦六三:"甘临,无攸利。既忧之,无咎。"是说民众有不满,君子以给予甘甜的方式接近民众。为了平息民众的不满,答应了民众的要求,对君子没什么利。民众的不满平息,在等待君子兑现承诺。君子对如何兑现承诺很忧虑。能得到大人的支持,会没有过错。老子认为,六三为平息民众的不满而向民众许愿,民众相信六三的承诺,是相信君子有诚信。如果六三君子诚信不足,民众不相信君子所做出的承诺,君子将面临发生骚乱的危险。

第二十四章　企者不立

〔题解〕　同于道德是为了做事符合道德的要求,要求真务实、脚踏实地,不要好高骛远,要抛弃那些错误的想法和做法。

〔原文〕　企者不立,跨者不行;自见者不明,自是者不彰;自伐者无功,自矜者不长。其在道也,曰余食赘行。物或恶之,故有道者不处。

第二十四章　企者不立

〔译文〕　踮着脚尖的人难以长久站立，跨步而行的人难以走远；固执己见的人难以看到真相，自以为是的人难以彰显；自我夸耀的人难以被人认可，骄傲自大的人不能长久。用道来衡量，这些行为只能叫作剩下的饭菜和带瘤而行，会遭到人们厌恶，所以有道的人不会这样做，也不会和这些人相处。

〔解析〕　这一章是老子对求道之人的教诲。追求道就不要自见、自是、自伐、自矜。老子认为《周易》讼卦、旅卦、小过卦存在着这几种现象。

"企者不立，跨者不行。"企者是踮着脚尖走路的人，"踮"就不是脚踏实地，而是要显示比别人高大，有投机取巧的意思。以踮的方式来突出自己，不会长久。"跨"为越，以跨越的方式行走，不会走远。《周易》讼卦九二："不克讼，归而逋，其邑人三百户。无眚。"是说君王为变革用人制度而广开言路。食邑三百户的小爵士在与君王的争讼中输给君王，回去后立即躲藏起来。小爵士志大才疏，想通过驳倒君王而一鸣惊人。但是人们的眼睛没有毛病，都看得很清楚。老子认为，小爵士想驳倒君王一鸣惊人，是在踮着脚尖走路，要突出自己，行为与道不符，失败后只能逃窜。《周易》旅卦九三："旅焚其次，丧其童仆，贞厉。"是说旅人为比君子早见到主人，昼夜赶路，过于辛劳，结果引发火灾，童仆趁机逃跑，预测对旅人有危险。老子认为，旅人昼夜赶路，最终遭遇危险，是"跨者不行"。

"自见者不明"，固执己见的人，会有所不明。《周易》晋卦上九："晋其角，维用伐邑。厉，吉，无咎，贞吝。"是说昭王不断扩大军队，给有功的将士加官晋爵，针对反叛，仅用武力征服，不断征服不服的城邑。是有危险，是吉祥，还是没有过错，不好预测。老子认为，昭王仅用征伐来镇压不服城邑，是"自见者不明"，最终导致沉尸江中，明夷发生。

"自是者不彰"，自以为是的人难以彰显。《周易》旅卦九四："旅于处，得其资斧，我心不快。"是说旅人到达旅的目的地，希望主人能够接纳。主人没有接纳，仅给了盘缠，因为旅人的主张让主人心里不痛快。老子认为，九四旅人自以为是，强迫主人接受自己的主张，主人没有接受，旅人是"自是者不彰"。

"自伐者无功"，自我夸耀的人没有功劳。《周易》中孚卦上九："翰音登于天，贞凶。"是说没什么本事，好说大话，犹如山鸡，承诺的叫声非常响亮，直达天宇，却不能兑现，预测会有凶险。老子认为，自我夸耀才会"翰音登于天"，这是"自伐者无功"，不会长久。

"自矜者不长"，骄傲自大的人不会长久。《周易》小过卦九四："无咎，弗过，遇之。往厉，必戒，勿用永贞。"是说为了使请示汇报没有过错，在朝臣向王公请示汇报之前，权贵以帮助朝臣的名义先听取请示汇报，这样下去会有危险，王公必然会产生戒备。不要采用对王公和朝臣进行指教的方式来证明自己永远正确。老子认为，九四权贵骄傲自大，以不当的方式指教王公和群臣，迫使王公在六五"取彼在穴"要擒获权贵，这是"自矜者不长"。

"其在道也，曰余食赘行。物或恶之，故有道者不处。"上述行为不符合道，从道的角度讲，就像剩下的饭菜，又像带着瘤子行走，遭到人们的厌恶。所以有道的人不会这样做，也不和这些人相处。

第二十五章　道法自然

〔题解〕要追求道，就要知晓什么是道。知道人在宇宙中的位置，有所效仿，就不会去做人们都厌恶的事，最终才能修成大道。

〔原文〕有物混成，先天地生。寂兮寥兮，独立而不改，周行而不殆，可以为天下母。吾不知其名，字之曰道，强为之名曰大。大曰逝，逝曰远，远曰反。故道大，天大，地大，（王）〔人〕亦大。域中有四大，而（王）〔人〕居其一焉。人法地，地法天，天法道，道法自然。

〔译文〕有一种东西由各种因素混合而成，先于天地而生长出来。它没有声音也没有形状，独自存在而永不改变，循环运行而不会懈怠，可以将它看作天下万物的母亲。我不知道它的名，把它称为"道"，再勉强形容它，可名为"大"。大则可以任意离去，只有人可以将其称为大；任意离去可以称为遥远，人可以将其称为远；回到遥远可以称为返回它的根本，人可以决定万物的命运，成为万物的根本。所以道大，天大，地大，人也大。宇宙中有四大，而人居四大之一。人效仿地，地效仿天，天效仿道，道效仿自然。

〔解析〕 这一章讲什么是道，道的来历，人、地、天、道、自然的相互关系。

"有物混成，先天地生。"道既是老子感觉出来的，也是经过思辨推理得来的。老子推测宇宙中有一个物体，是由人们所不知道的物质混合而成的，在天地还没有出现时就存在了。

"寂兮寥兮，独立而不改，周行而不殆，可以为天下母"，这个物体处于空虚、寂静的宇宙空间中，独立存在而不会改变，循环运行而不会懈怠，可以把它看作天下万物的母亲。

"吾不知其名，字之曰道，强为之名曰大"，我不知道它的名字，就把它写作"道"，勉强把它称为"大"。

《周易》认为，乾创坤载，乃有万物，乾为了让万物有序生存，为万物制定了规则，这个规则就是道，可称为乾坤之道，又称天地之道。老子对道的认识与《周易》有相同之处，也有不同之处。相同之处是，都认为道在万物的发展变化中起着重要作用。不同之处是，老子认为大道生万物，《周易》认为乾创万物；老子认为大道来源于自然，《周易》认为道是乾为万物确定的规则。实际上，老子将道提高到乾的位置，让道变"大"，并具有乾的功能，目的是建立起以道为核心的无为体系。

"大曰逝，逝曰远，远曰反。"大也可以叫作逝，逝为离去，即是说大可以让万物任意离去，而不会超越"大"。人也可以让万物任意离去而不会摆脱人的控制。逝也可以叫作远，即是说任意离去可以致远。大无边，远不会超过大。万物可以致远，而没有人远。远可以叫作返回，即是说远的极点是万物的根本所在，万物可以通过追远而返回根本。人可以决定万物的命运，成为万物的根本。

"故道大，天大，地大，（王）〔人〕亦大"，所以大道为大，天为大，地为大，人也为大。道、天、地为逝、为远、为反。而人也可以为逝、为远、为反。所以在万物中，除了道、天、地，只有人可以称为"大"。这个"大"就是道，也就是说人具有道的功能。老子看到人是宇宙间的重要力量，可以征服自然、改造自然，也可以制定法律法规来治理社会。老子的"道大，天大，地大，（王）[人]亦大亦大"的宇宙观，是古人天人合一的理论基础。

"域中有四大，而（王）[人]居其一焉"，宇宙中有四种伟大的力量，人居其一。人既是建设的力量，也是破坏的力量。春秋末期，老子只看到了战争的破坏，没有看到建设，所以主张无为，要人们不违背自然，去破坏家园的安宁和社会的安定。

"人法地，地法天，天法道，道法自然"，人效仿地，地效仿天，天效仿道，道效仿自然。效仿有层次，人效仿地，会以地为尊；地效仿天，会以天为尊；天效仿道，会以道为尊；道效仿自然，会以自然为尊。最终人通过效仿地而得到地、天、道、自然的真谛，也就得到自然的精髓，那就是无为。

《周易》认为世上存在着天、地、人三道。观卦初六象曰"初六童观，小人道也"，可以认为有小人之道，有小人之道就会有君子之道，君子之道就是人道，人道顺从天地之道。老子与《周易》都认为宇宙中有天、地、人三道，但老子认为，在天、地、人三道之上还有大道，也就是根本之道。道通过"一"来生万物，"一"为万物的根本，天地得到"一"后，天才澄清，地才安宁。所以大道为根本之道，天、地、人三道为"可道"。老子和《周易》将天、地、人三道并列，是已经认识到人居于万物之上，与天地相比同样是自然界中的重要力量。但老子更看到，人的能量足以毁坏社会、破坏自然，甚至会毁灭人类自己，所以要推行无为之道，用无为来约束人的行为。《周易》同样认识到自然的力量，也认识到人的行为会对自然造成破坏。井卦"旧井无禽"是说井已经废弃，连鸟兽都不来光顾，这就是人的行为破坏了自然环境，大自然则用"旧井无禽"报复了人类。《周易》"旧井无禽"只看到人对自然的局部破坏，而遭到自然的惩罚；老子则是从宇宙的角度，看到了人的更大的破坏力量，也预感到大自然对人类更大的报复，所以主张自然无为。对人类社会也是如此，所以主张圣人无为而治。

第二十六章　重为轻根

〔题解〕　有所效仿还要注意方式方法,知道轻重缓急,不能"以身轻天下"。

〔原文〕　重为轻根,静为躁君。是以圣人终日行,不离辎重。虽有荣观,燕处超然。奈何万乘之主,而以身轻天下?轻则失(本)〔臣〕,躁则失君。

〔译文〕　重是轻的根本,安静是浮躁的官长。所以圣人整日在外面行走,不离开他的行李。虽有豪华的住所,却能安逸闲居而超然于外。为什么那些大国的国君,为追求享乐而轻率地治理邦国?轻慢会失去贤臣,狂躁会失去王位。

〔解析〕　这一章老子主张王侯应持重,不要轻浮、躁动。这也是对《周易》履卦、夬卦、萃卦、明夷卦的总结。"重为轻根,静为躁君",老子主张不忘根本,重是轻的根本,轻才能有牢固的基础;安静、冷静是急躁的官长,否则会因躁而脱离道。《周易》履卦九五:"夬履,贞厉。"夬履之夬是决断的意思。九五是说,君王不听大臣的意见,一味按自己的意愿决断,预测会有危险。睽卦"见豕负涂,载鬼一车",睽孤之人在旅途中很不冷静,将人看成鬼。老子认为"夬履"和"见豕负涂,载鬼一车"都是躁的表现,只有用冷静管住躁,才不会出问题。

"是以圣人终日行,不离辎重",圣人知道轻率出行和遇事急躁都不利于问题的解决。只有重视出行,做好出行的准备,冷静处理出行的困难,出行才能顺利。"不离辎重",辎重是出行所依赖的物质保障。老子以出行为例,说明做任何事情都要注重根基。打好基础,做好保障工作,才能克服所遇到的困难。"终日行"要耐心冷静,不要急躁,一步步走到目的地。《周易》旅卦六二:"旅即次,怀其资,得童仆贞。"是说旅人在一天结束后时能找到住的地方,怀里揣着足够的旅资,有童仆自愿跟随,对旅人很

63

忠贞。六三："旅焚其次，丧其童仆，贞厉。"是说旅人在旅中的临时住所失火，童仆趁机跑掉，预测会给旅人带来危险。老子赞成六二的做法，不赞成六三的做法。六二在旅中"终日行"而没有急躁，怀揣旅资，相当于没有离开辎重；六三旅人很急躁，为比六二早见到主人，昼夜兼程，终因劳累过度而引发火灾，自己陷入危险之中。老子也不赞成六五的做法。旅卦六五："射雉，一矢亡，终以誉命。"是说武人善射，能一箭将飞起的山鸡射落，博得了善射的美誉。武人边旅边射，善射的美名越传越远，终因善射的美誉改变了自己的命运。老子认为，武人仅凭一张弓去旅，不要辎重，过于轻率，脱离了做事的根本。

"虽有容观，燕处超然"，圣人虽拥有豪宅，安逸闲居却超然于外。圣人不以豪宅宴饮为重，而以爱民治国为重。老子认为，《周易》没有将王侯的居所与王侯的作为联系起来，是没有摆正"容观"与治国的关系。王侯向圣人学习，面对"容观"要"燕处超然"，才能不为物所累。

"奈何万乘之主，而以身轻天下"，为什么大国的国君，为了贪图享受而轻率治理邦国？老子发出这样的疑问，既是对春秋末期诸侯争霸行为的质疑，也是对《周易》萃卦厉王的质疑。厉王就是"以身轻天下"，滥征税引发国人暴动，才被赶下王位。

"轻则失（本）[臣]，躁则失君"，轻慢会失去大臣，急躁会失去王位。《周易》明夷卦六五："箕子之明夷，利贞。"是说君王有不明，贤臣如箕子保持内心的光明，不为纣王效力，预测对恢复光明有利，也对保持为臣的操守有利。老子认为，殷纣因为轻慢而失去贤臣箕子，最终被武王推翻，自焚身亡。《周易》萃卦初六："有孚不终，乃乱乃萃。若号，一握为笑，勿恤。往无咎。"是说厉王所做的取消错误税赋的承诺还没有兑现，就又开征新税。民众发生骚乱，纷纷涌上街头，不断聚集，终于爆发了"国人暴动"。厉王发出哀号，要大人去与暴动民众谈判。朋友为大人担心，大人仅握拳一笑，让朋友不必担心。大人成竹在胸，前往不会有过错。老子认为厉王"若号"是躁的表现，"躁"会举止失措，厉王有"躁"，失去了王位。

第二十七章 常善救人

〔题解〕 这一章讲的是"善"的重要性。王侯不知轻重躁静,治人、治物都会出现问题,需要挽救。但救人要善于救人,救物要善于救物。善于以人为师,善于吸取别人的经验教训,是救人、救物的要点和奥妙。

〔原文〕 善行无辙迹,善言无瑕谪,善数不用筹策。善闭无关楗而不可开,善结无绳约而不可解。是以圣人常善救人,故无弃人;常善救物,故无弃物。是谓袭明。故善人者,不善人之师;不善人者,善人之资。不贵其师,不爱其资,虽智大迷。是谓要妙。

〔译文〕 善于行走的人不会留下辙迹,善于言谈的人不会留下瑕疵让人指责,善于计算的人不用计算工具。善于关闭的人不用门锁,别人却无法打开;善于捆绑的人不用绳索约束,却让人不能解开。所以圣人非常善于用规则去挽救人,因此没有人被抛弃;非常善于运用规则来挽救物,因此没有物品被丢弃。这就叫作继承光明并将光明延续下去。所以善于做事、善于思考之人,是不善于做事、不善于思考之人的老师;不善于做事、不善于思考之人,是善于做事、善于思考之人的教材。不珍惜老师的教诲,不爱惜所积累的教材,虽有智慧也会有大的迷惑。这是做一个善人的要点和奥妙。

〔解析〕 这一章老子讲的是要善于挽救人,善于挽救物,善于做人做事,善于行动,善于言辞,善于计算,善于谋划,善于管束;也要善于为师,善于总结、吸取他人的经验教训,这样才能成就自己,否则会"虽智大迷"。

"善行无辙迹",善于行走的人会不留下辙迹。有辙迹会让人知道行踪,知道你的过去和现在,据此就能推断出你的未来,会带来危险。所以善于行走的人,不会留下踪迹。大畜卦九三:"良马逐,利艰贞。曰闲舆卫。利有攸往。"《周易》认为,善于行走追逐就要有"良马";老子认为，良马善于行走，但留下辙迹，别人会知道去向，"无辙迹"就没有人知道去向，不会有危险。

"善言无瑕谪。"在交往中，善于言辞很重要。善于言辞，没有瑕疵，不会给别人以口实，也就避免了别人的指责。《周易》恒卦九三："不恒其德，或承之羞，贞吝。"是说九三不能恒于德，看到主人与九二敌应，就向主人进言让九二顺从主人，这会使主人有小过。看到九四权贵要取代君王，又向主人建议顺从权贵。主人对九三的进言感到困惑。九三不能恒于德，预测什么也得不到。旅卦九四："旅于处，得其资斧，我心不快。"是说旅人到达旅的目的地，希望主人能够接纳。主人没有接纳，仅给了盘缠，因为旅人的主张让主人心里很不痛快。老子认为，恒卦九三不被主人接受，旅卦九四没有得到想得到的位置，都是因为不善于言辞，让主人心里不痛快，故而不被主人接受。

"善数不用筹策"，善于计算的人不用计算工具，因为善于计算的人不但精于计算，而且能把握大局，大局不是用筹码能算出来的。益卦六三："益之用凶事，无咎，有孚，中行，告公用圭。"是说益下是朝廷用来应对自然灾害或其他意外事件的方法。想要益下做到没有过错，受益的一方就要有诚信，如实反映受灾的情况。君王决定，迁都方案由王公来做。他告诉王公，方案中所列举的项目，要有详细计划，需要朝廷给予哪些帮助，都要经过仔细测量和计算。老子认为，益卦君王帮助损卦王公迁都，不仅要让王公仔细计算迁都的费用，而且君王也应善于计算。君王的计算不是计算迁都的细节，而是要把握迁都的大局，这才是最重要的，所以君王"善数不用筹策"。

"善闭无关楗而不可开"，善于关闭，善于完善体系，即便没有硬性规定，同人也不会脱离。同人卦初九："同人于门，无咎。"象曰："出门同人，又谁咎也。"初九是说，有昔日同人来到门前，没有过错。象传说，有同人脱离门户，脱离门户的人成为同人，又是谁的过错呢？老子认为"善闭"就不会有同人出门，不善闭才会有"出门同人"发生。

"善结无绳约而不可解"，善于约束的人，不用捆绑却不可解开。志向相同的人为同人，同人能自我约束，团体才会牢固。《周易》遁卦六二："执之用黄牛之革，莫之胜说。"是说用纪律来约束参加隐遁的人，一旦决定隐遁,就像被黄牛皮革制成的绳索捆住一样,将没有办法解脱。老子认为,"善结"不用"执之用黄牛之革"而不可解,不善于约束才会用捆绑的方法。

"是以圣人常善救人,故无弃人",所有圣人善于用规则救人,就没有人被无故遗弃。《周易》涣卦救人是采取"用拯马壮"的方法,也就是用壮马去拯救溺水之人。老子认为,救人"用拯马壮",不如善于运用规则。按涣卦的方法去救人,没有壮马,溺水之人只能被淹死。善于运用规则去救人,所有符合规则的溺水之人都会得救。所以善于运用规则救人就没有被遗弃的人。《周易》颐卦大人颠倒颐养关系,全力安置救济难民;君王违背颐养规定,给予大力支持。老子认为,君王和大人安置救济难民是靠规则,而不是个人发慈悲。"常善救人"是规则决定要救济难民,凡是难民都应当得到救济。靠规则也要善于运用规则,如此难民才能得到妥善救济安置。不能"常善救人",说明君王还不是圣人。圣人会善于运用规则来帮助大人安置救济难民,不会抛弃一个难民。

"常善救物,故无弃物",圣人善于运用规则来救物,就没有无故被抛弃的物。《周易》益卦九五君王帮助王公迁都是为"救物",遭到了一些人的反对。益卦上九:"莫益之,或击之,立心勿恒,凶。"是说对于搬迁国都一事,有人主张要靠王公自己,等王公实在支撑不下去的时候,君王再给予帮助。还有人对君王帮助王公搬迁国都有惑,扬言要用武力阻止王公搬迁。如果君王帮助王公搬迁国都的决心摇摆不定,就会有凶险。老子认为,益卦君王如果是圣人,就不会以个人好恶来决定是否帮助王公迁都,而是运用规则来帮助王公迁都,并能运用规则消除各种阻力。

"是谓袭明",善于用规则救人救物,在历史上显露出光明,成为救人救物的模式。承袭这种救人救物的模式,会有光明。

"故善人者,不善人之师",善于救人救物之人,是不善于救人救物之人的老师。老子认为,要做到善于救人救物,需要老师的教导。《周易》是通过六爻的变化来告诉君子如何救人救物,老子是通过"善人"的具体事例来告诉君子如何善于救人救物。

"不善人者,善人之资",不善于救人救物之人,是善于救人救物之人的教材。老子认为《周易》可以作为《道德经》的教材。《周易》中不善于救人救物的事例很多，如履卦幽王不善于管理大臣，致使申侯一怒而将幽王杀死；颐卦九五对诸侯管理不善，致使诸侯用颠颐来残害百姓；解卦王公不善于应对小人，使小人用陷阱陷害君子；小过卦王公不善于管理群臣，使权贵用干预群臣请示汇报的方法来图谋不轨。老子认为这些都可以成为"善人"的教材。

"不贵其师，不爱其资，虽智大迷"，不以"善人"这个老师为宝贵，不爱惜不善之人这个教材，虽然有智慧，也会有大的迷惑。《周易》有"大迷"，复卦上六："迷复，凶，有灾眚。用行师，终有大败，以其国君凶，至于十年不克征。"复卦上六之迷是迷失返回正道。老子认为，上六之迷是迷在不以老师的教诲为宝贵，不爱惜别人的经验教训，因此导致"迷复之凶"。

"是谓要妙"，既善于用救人救物的成功案例教育人，也善于用救人救物的失败案例来警示人，是教育人的要点和奥妙。

第二十八章　知雄守雌

〔题解〕　善于做事，善于向他人学习，也要善于知，善于守。善知善守要靠"常德"。"常德"充足，有所知不会迷失方向，有所守能坚持根本，会成为栋梁之材。

〔原文〕　知其雄，守其雌，为天下溪。为天下溪，常德不离，复归于婴儿。知其白，守其黑，为天下式。为天下式，常德不忒，复归于无极。知其荣，守其辱，为天下谷。为天下谷，常德乃足，复归于朴。朴散则为器，圣人用之，则为官长，故大制不割。

〔译文〕　知道如何雄壮，却甘于守护雌柔，为天下溪流所遵循的规则。为天下溪流所遵循的规则，就不会背离德的一般规则，回归婴儿的纯真状态。知道得很清楚，也很明白，却甘于守护不清不明，为天下做事的模式。为天下做事的模式，做事遵循德的一般规则，所做的事就不会出现差错，于是返回无的极点，也就是返回根本。知道荣光，却甘愿守护屈辱，为天下的山谷。为天下的山谷能容纳一切并养育万物，符合道的德才达到充足，于是回归于朴实。树木成材后为朴，可以做成各种器具。圣人利用它，则可以作为朝廷的栋梁，所以不会将可以用来制作大器的材料切割成小的材料。

〔解析〕这一章老子在教育《周易》中的君子和《道德经》中的士人要懂得知与守的关系。一般人是知雄守雄，知白守白，知荣守荣。老子认为，这样的知守不符合道：雄、白、荣不是凭空而来的，而是通过守持雌、黑、辱才能得到。知靠学习，守靠德。德在事物成长、士人修身方面都起到重要作用。"常德"是符合规则的德。万物都有自己的根本，也就有各自的道与德。道为根本，也为规则，所以"常德"是符合规则的德。德不符合规则，相当于无德。没有"常德"，所知所守会背离道；有"常德"，所知所守符合道，就能回归到纯真和根本，回归于朴实，最终成为栋梁。

老子认为，正确的知与守可以让君子和士人成长为栋梁之材，被圣人赏识，可以辅佐圣人治国。这说明老子著《道德经》不光是为培养圣人，也兼带培养君子和士人。

"知其雄，守其雌，为天下溪。为天下溪，常德不离，复归于婴儿。""知其雄"，知道何为雄强。雄强代表阳刚和强大。"守其雌"是守持雌柔，柔可以胜刚，雌柔可以胜过雄强。"为天下溪"，大河的源头是溪流，溪流是大河的根本。溪流开始很弱小，只要"守其雌"，能量就会逐渐增加，最终成为大河。君子能"守其雌"，"常德不离"，最终会成为栋梁。"常德不离"就能随时返回根本。根本如同婴儿。婴儿最柔弱、纯真，代表根本。君子"常德不离"才能返回到纯真和至柔。纯真会无私，至柔为根本。无私才能成其私，至柔才不可战胜。《周易》屯卦初九："磐桓。利居贞。利建侯。"象曰："虽磐桓，志行正也。以贵下贱，大得民也。"初九是说，徘徊于谤木之下，安居不动，预测会有利。有利于创建王侯之业。象传说，虽然徘徊于谤木之下，但君子的愿望是创建王侯之业，是要走正道。君子以高贵的身份深入民众，虚心听取民众的意见，大得民心，受到民众的拥护。老子认为，屯卦初九君子"知其雄"才有"建侯"的决心，"守其雌"才会"以贵下贱"争取民心，君子"常德不离"，能"复归于婴儿",就能得到民众的拥护。

"知其白,守其黑,为天下式。为天下式,常德不忒。""知其白"是对如何做事看得很清楚也很明白,有如《周易》涣卦武王知道可以通过革命来推翻殷纣。"守其黑"是守持不清楚、不明白。从涣卦来说,"黑"是武王对如何革殷纣的命还有不清楚、不明白的地方,"守其黑"可以使"黑"减少,使"白"增加,会有利于革命。涣卦九二:"涣奔其机,悔亡。"象曰:"涣奔其机,得愿也。"九二是说,天下的反殷力量如同洪水,在按武王设计的革命路线奔流。担心反殷力量不顺从的悔恨消亡。象传说,天下反殷力量如同洪水,在按武王设计的革命路线奔流,武王实现了将天下反殷纣力量纳入革命道路的愿望。"知其白"是"涣奔其机",武王知道如何将反殷纣的力量联合起来。"守其黑"是分散的反殷力量为黑,武王不完全知道他们的具体情况,通过"守其黑"就可以将反殷纣的力量逐渐团结起来。

"为天下式",武王伐纣可以成为天下人做事的模式,这个模式就是善于"知其白,守其黑"。

"常德不忒",德是一种践行道的行为,在按模式做事时,德的行为符合规则,"白"会不断增加,"黑"则不断减少。如果"白"减少、"黑"增加,就是德的行为不符合规则,出现了错误所致。

"复归于无极",于是返回到"无"的极点。要从现实之"有"中,回归于过去之"无极",就要在现实之"有"中探求过去之"无",之后再从过去之"无"中去探求过去之"有"。当在"无"中求尽过去之"有"时,也就到达了"无"的极点。人们在对"无极"的探索中,对"无"和"有"的交替存在着无知,无知会面临着"黑","黑"会阻碍对"无极"的探索和追求。通过"守其黑",就能将无知逐步克服掉,达到全"白"的程度,也就达到了"无"的极点,回到了根本。

"知其荣,守其辱,为天下谷",知道荣光,甘愿守护耻辱,就像山谷可以容纳天下。《周易》泰卦九二:"包荒,用冯河,不遐遗。朋亡,得尚于中行。"是说葫芦的才能在荒废,只被用来渡河,渡过河不远就被遗弃。朋友得到葫芦的帮助,脱离了危险。葫芦得到验证自己行为是否高尚、是否符合道的机会。老子认为,葫芦知道什么是荣光,却甘愿守护住被人遗弃的耻辱，葫芦具有天下人少有的胸怀，这种胸怀犹如山谷，可以容纳一切，培养出优秀的品德。

"为天下谷，常德乃足，复归于朴。""为天下谷"，老子赞赏葫芦，因为葫芦如水，能"处众人之所恶"，但只有"谷"才能容纳藏污纳垢之水。做到这一步，"常德乃足"，也就是符合规则的德才算充足。"复归于朴"，德充足之后会回归到朴实，朴实如未经加工的木材。

"朴散则为器，圣人用之，则为官长，故大制不割。""朴散则为器"，树木成材后可以做成各种器具，也就是说君子和士人成才后可以做任何事情，而且能做好。"圣人用之，则为官长"，王侯为圣人，会重用具有"常德"的君子，君子可以帮助王侯实现无为而治。"故大制不割"，所以用来制作大器物的材料不会被分割成小的材料，栋梁不会被分割做成其他器物。君子是栋梁之材，要被赋予重任，否则就是浪费人才。在《周易》随卦中，孝王重用反对过自己的君子，任命君子为军队的统帅，平息了"小子"分裂。老子认为，随卦君子是栋梁之材，虽然反对过孝王，但在转变立场后得到孝王重用，孝王做到了"大制不割"。

第二十九章　去奢去泰

〔题解〕　知靠学习，守靠德。有德就不会去征伐，不会去夺取天下神器。所以，为了修德，圣人会去甚、去奢、去泰。

〔原文〕　将欲取天下而为之，吾见其不得已。天下神器，不可为也，不可执也。为者败之，执者失之。故物或行或随，或歔或吹，或强或羸，或（挫）[载]或隳。是以圣人去甚、去奢、去泰。

〔译文〕　打算夺取天下并为此做准备，我看他是迫不得已。天下是天帝设置的器物，不可以恣意妄为，也不可以强行夺取。恣意妄为会失败，强行夺取会失去。所以万物和人，或是自行，或是跟随，或是行动缓慢，或是行动迅疾，或是强壮，或是羸瘦，或是在建设，或是在损坏，都是命运决定的，处于极端状态的会发生变故。所以圣人要除去极端、奢侈和过

71

分的想法和做法。

〔解析〕 老子认为,德的作用是要求人们的行为要与道同,要与道同就要去除极端的、奢侈的、过分的想法和做法。按《周易》无妄卦的要求,就是要去掉妄的想法和做法。但老子不说去妄,而说要去甚、去奢、去泰,实质也是去妄。老子认为,无妄卦所说的无妄主要是针对君子,对圣人并不适用。有妄会使人丧失理智,圣人不会丧失理智,面对甚、奢、泰,圣人会做出理智的选择。圣人的选择与无妄卦之无妄无关,与道和德有关。圣人有道德,选择才会正确。老子认为,《周易》鼎卦中的玉铉之鼎是神器,"不可为也,不可执也,为者败者,执者失之"。老子看到,《周易》和现实中觊觎神器的人太多,他们野心太大,欲望太多,但都不会成功。所以圣人要去甚、去奢、去泰,王侯也要去甚、去奢、去泰,不要轻易去夺取天下。

"将欲取天下而为之,吾见其不得已。"春秋末期,强势诸侯都在跃跃欲试,要夺取天下。老子认为这些诸侯是形势逼迫,不得已而为之。从历史上看,文王时就已谋求夺取天下,武王则从纣王手中取得了天下。老子崇尚古之道,应当明白武王伐纣有一个是否符合道的问题:如果符合道,春秋末期诸侯争霸,就是合理的;如果不符合道,武王就不应当伐纣。大概无法回答这个问题,所以老子说"将欲取天下而为之,吾见其不得已",不仅是说春秋末期诸侯要夺取天下是不得已,也是在说武王伐纣也是不得已的行为。

"天下神器,不可为也,不可执也。为者败之,执者失之。"面对春秋末期的诸侯争霸,老子并没有说夺取天下神器不符合道,而是说诸侯要夺取天下会失败,想控制天下会失去。《周易》颐卦颠颐势力要取代君王,被君王瓦解;解卦小人要取代王公,被君子擒获;震卦权贵要取代帝乙,意图没能实现;小过卦权贵要取代王公,王公则要消灭权贵。老子认为,这就是"天下神器,不可为也,不可执也。为者败之,执者失之"。

"故物或行或随",所以人有所动时,世上的事物或是自行,或是跟随。但"或行或随"的结果却有不同。《周易》损卦六三"一人行,则得其友",王公要实行集权专制,会有朋友和大臣跟随;"三人行,则损一人",奉行贵族民主制,决策权在多数人手里,王公随从多数,自己的利益会受损。老子认为"一人行"不要独断专行,"三人行"不能实行多数暴政,行与随都要符合道,不要走极端,否则行得快会难以跟随,随得紧有取代行的可能。

"或歔或吹",歔是行动迟缓,吹是性急。《周易》旅卦六二:"旅即次,怀其资,得童仆贞。"六二旅人性缓有"歔",追求安逸,会让家人和主人失望。九三:"旅焚其次,丧其童仆,贞厉。"六三旅人性急有"吹",发生火灾,所有的打算都落空。所以做事过缓与过急都不妥当,应去除过分的行为。

"或强或羸",强为强大,羸为瘦弱。中孚卦六三:"得敌,或鼓,或罢,或泣,或歌。"六三小人用"强",才敢欺负君子;君子有"羸",打不过小人,只能"或泣,或歌"。六三小人用强,会激起众怒;君子有羸,不敢与小人斗,会彻底输给小人。所以小人不要过于强,君子不要过于"羸"。用强不符合道强会变弱,有羸方法不当难以胜强。

"或(挫)[载]或隳",载为建设,隳为毁坏。剥卦上九:"硕果不食,君子得舆,小人剥庐。"是说果实很大,但没有吃到,君子得到了可以乘坐的车子,小人扒了官府的房子。"君子得舆",是将属于自己的果实让民众食用,得到民众的拥戴,民众的拥戴如车,可供君子乘坐。民众的拥戴为"载","小人剥庐"为"隳"。君子之载不要走极端,走极端会让应该得到果实的人得不到果实。小人之"隳"不要过分,只因没有攫取到硕果就扒了官府的房子,会有灾祸。所以行、随、歔、吹、强、羸都不要甚、奢、泰。

"是以圣人去甚、去奢、去泰",所以圣人要去掉极端的、奢侈的、过分的东西,也就是在行与随、歔与吹、强与羸、载与隳之间,不要极端、奢侈、过分。老子认为,《周易》履卦"武人为于大君"是在走极端,离卦颠颐势力烧杀抢掠也是在走极端;颐卦朵颐、鼎卦鼎食为奢;大过卦九二老年男子娶年轻女子为妻为过分。老子认为,圣人会去掉极端、奢侈、过分的想法和做法,一般人则很难做到。

第三十章　故善者果

〔题解〕　圣人去甚、去奢、去泰，辅佐王侯的人也应去甚、去奢、去泰，并与道同，"不以兵强天下"，否则会早早灭亡。

〔原文〕　以道佐人主者，不以兵强天下，其事好还。师之所处，荆棘生焉；大军之后，必有凶年。善者果而已，不敢以取强。果而勿矜，果而勿伐，果而勿骄，果而不得已，果而勿强。物壮则老，是谓不道，不道早已。

〔译文〕　用道辅佐王侯的人，不靠军队在天下显示强大，用兵逞强容易遭到报应。大军驻扎过的地方，田地荒芜，荆棘遍地；大的战争过后，必然是灾祸之年。善于用兵打仗的人达到预期目的就会停止，不敢以武力去试图取得霸强地位。有了战果而不自大，有了战果而不夸耀，有了战果而不骄傲，得到战果是迫不得已，得到战果不会继续强兵。事物强盛后会走向衰老，这是背离了道的缘故，背离道会过早地灭亡。

〔解析〕　这一章是老子对《周易》明夷卦的总结。明夷卦讲的是昭王南狩不归，沉尸江中，朝廷派兵平息左股反叛的历史故事。《周易》认为昭王沉尸江中是"维用伐邑"（晋卦）的结果，老子认为是因为昭王用了主张强兵的人。

"以道佐人主者，不以兵强天下，其事好还。"老子认为，君子要以道辅佐王侯治国，不能用兵在天下逞强。在战争这件事上，这次的胜利意味着下次别人也会还以战争。《周易》师卦在抵御外敌，渐卦在抵御强敌，巽卦武人在率军御敌。兵强才会入侵他国。老子认为"其事好还"，尽管存在困难，师卦、渐卦、巽卦最终都取得了战争的胜利，拥有强兵的一方遭遇失败。

"师之所处，荆棘生焉，大军过后，必有凶年。"没有战争，士兵会解甲归田，田地就不会有荆棘。战争来临，人们逃离战乱，田地荒芜，才会

"荆棘生焉"。战争毁灭家园，必然会有凶年。《周易》困卦六三："困于石，据于蒺藜，入于其宫，不见其妻，凶。"是说小河受困于乱石之中，回家的路已被蒺藜占据，只能拨开蒺藜慢慢前行。回到家中时，妻子已经不见，是被旱魃掳走了，有凶险。困卦讲的是雨神、风神和泽神与旱魃争斗的故事，实际上反映了诸侯之间的兼并战争。老子在六三"据于蒺藜"中看到了"师之所处，荆棘生焉；大军过后，必有凶年"。

"善者果而已"，善于打仗的人有了战果就会停止。《周易》明夷卦发生明夷，是因为昭王南狩，没有做到"善者果而已"；南狩三次，一定要擒获南人首领，结果左股反叛，明夷发生。

"不敢以取强"，善于用兵的人不敢用战争来取得霸强地位。《周易》颐卦六二："颠颐，拂经于丘。颐征，凶。"是说颠倒颐养关系，要周边的小国不再颐养君王，转而颐养自己。为了达到目的，不惜用军队征伐，会有凶险。老子认为，颐卦六二的行为不符合道，是在以战争取强。晋卦昭王"维用伐邑"也是在以战争取强，都没有好下场。

"果而勿矜，果而勿伐，果而勿骄"，善于用兵的人有了战果，不要自大，不要夸耀，不要骄傲。巽卦六四："悔亡，田获三品。"象曰："田获三品，有功也。"《周易》四爻为顺，老子认为，六四武人顺从君王就会谨慎做事，不会因有功而自大、夸耀、骄傲。

"果而不得已"，善于用兵的人，取得战果是迫不得已。师卦九二："在师中，吉，无咎。王三锡命。"象曰："在师中，吉，承天宠也。王三锡命，怀万邦也。"九二是说，统帅居于军中，指挥方法得当，吉祥。军队能服从统帅的命令，遵守军纪，没有过错。君王因为统帅阻止敌人进攻，多次给予赏赐，也多次下达进攻的命令。象传说，统帅居于军中，指挥方法得当，吉祥，是靠上天的宠爱。上天赐予大河，让敌人的进攻遇到天然屏障。统帅凭借天险，阻止了敌人的进攻。君王在给予赏赐的同时，也多次下达进攻的命令，这是君王关爱所有被敌军侵占的邦国。老子认为，君王"怀万邦"，才会命令统帅进攻，即便战胜了敌人，也是不得已的行为。

"果而勿强"，善于用兵的人取得了战果，不会继续用兵强迫。《周易》同人卦九四："乘其墉，弗克攻，吉。"是说已经攻占分裂同人的城墙，但是没有乘胜攻击,吉祥。老子认为,九四统帅在攻占敌人城墙的情况下,已经看到胜利的成果,而没有继续进攻,是"果而勿强"。

"物壮则老。"《周易》大壮卦认为,物大必须要壮,不壮会被强者吞并;老子认为,"物壮"之后会走向衰老。如果是通过战争和掠夺而壮,就不符合道,会早早灭亡。《周易》丰卦彖曰:"日中则昃,月盈则食,天地盈虚,与时消息。"是说太阳过了正午就要倾斜,月亮圆满后就会有亏蚀;天地的盈满与虚亏,与天时同步增加或减少。老子从"日中则昃,月盈则食"中领会到"物壮则老"。老子和《周易》都认识到事物发展到一定阶段会走向衰老。《周易》认为衰老与大壮没有关系,大者必须壮。老子认为"物壮则老",这个物既是指万物,也是指人。对于万物来说,达到壮就是达到了发展的顶点,随之会走向衰老;对诸侯来说,壮是指兵强马壮,兵强马壮就有发动战争的资本,敢于发动战争,就会走向衰老。

"是谓不道,不道早已",通过战争、抢掠而壮,这种壮不符合道,会早早灭亡。

第三十一章 恬淡为上

〔题解〕 老子认为"以道佐人主者,不以兵强天下",如果是迫不得已用兵,应以恬淡为上,不要热衷于改良兵器,胜利了也不要赞美。

〔原文〕 夫佳兵者不祥之器,物或恶之,故有道者不处。君子居则贵左,用兵则贵右。兵者不祥之器,非君子之器。不得已而用之,恬淡为上。胜而不美,而美之者,是乐杀人。夫乐杀人者,则不可以得志于天下矣。吉事尚左,凶事尚右。偏将军居左,上将军居右,言以丧礼处之。杀人之众,以悲哀泣之;战胜,以丧礼处之。

〔译文〕 士兵使用的武器是不吉祥的器物,人们都很厌恶它,所以有道的人不去改良兵器。君子有谦,平时居于左边,可显人品之贵;用兵打仗则居于右边,以显权威之高。士兵使用的武器不吉祥,不是君子应当使用的。如果迫不得已必须使用,以恬静淡泊为最高。利用改良兵器来取得战争胜利，不值得赞美。如果赞美兵强刃利，就是以杀人为乐趣。那些乐于杀人的人，不能让他们实现得志于天下的愿望。吉祥之事推崇居左，凶丧之事推崇居右；副将居于左，主将居于右，是说要以丧礼的规则来对待战争。杀人很多，以悲哀的心情流泪悼念，战胜也以丧事的礼节来处理。

〔解析〕 老子反对《周易》师卦、明夷卦、渐卦、既济卦、未济卦等卦对战争的赞美。老子反对战争，反对改良兵器；认为兵器优良会多杀人，胜了也不值得赞美，主张"战胜，以丧礼处之"。《周易》赞成正义之战，虽没有直接提到改良兵器，但认识到兵器的重要性。明夷卦六二："明夷，夷于左股，用拯马壮，吉。"象曰："六二之吉，顺以则也。"六二是说，要战胜左股叛逆，就要用壮马装备战车。"顺以则"是说顺从战争的规则，其中应包含对兵器的重视和改良。《周易》赞成正义之战，老子反对任何形式的战争。古人说春秋无义战，老子持有同样的看法。

"夫佳兵者不祥之器，物或恶之，故有道者不处。"老子认为兵器是不祥的器具，人们都讨厌兵器，有道的人不会去改良兵器。《周易》明夷卦六二认为用壮马来装备战车，是顺从战争的规则。能用壮马来装备战车，就能改良兵器，老子则反对改良兵器。

"君子居则贵左，用兵则贵右。"古代平时以右为尊贵，"君子居则贵左"，君子待人谦虚，与人相处甘于居左；用兵则要担负作战任务，面对敌人来不得谦虚，有什么职务就要承担什么责任，所以"用兵则贵右"。

"兵者不祥之器，非君子之器。不得已而用之，恬淡为上。胜而不美，而美之者，是乐杀人。"老子认为，兵器不是君子应当使用的器物，如果必须使用，以恬静淡泊为上等。君子用道来辅佐王侯，战争是迫不得已的行为，所以不要对战果沾沾自喜。《周易》巽卦六四象曰"田获三品，有功也"，武人为获得战争胜利立下大功。老子认为，以"田获三品"的畋猎来形容打仗是在美化战争，美化战争就是乐杀人。

"夫乐杀人者，则不可以得志于天下矣"，美化战争就是乐杀人，不能叫这样的人得志于天下。《周易》未济卦六五："贞吉，无悔。君子之光，有孚，吉。"象曰："君子之光，其辉吉也。"六五是说，以雷霆般的进攻征伐鬼方国，预测吉祥。征伐没有完全按君王的旨意进行，君王对重用君子没有悔恨。君子自强不息的精神犹如太阳的光芒，给征伐带来光明。君

77

子有诚信,吉祥。象传说,君子自强不息的精神犹如太阳的光芒,给征伐带来光明。其影响之大,犹如太阳的光辉,照亮了天下君子前进的道路,吉祥。老子认为,如此赞扬君子是"乐杀人也",不能让这样的人得志于天下。

"吉事尚左,凶事尚右。偏将军居左,上将军居右,言以丧礼处之。"吉事要对人表示尊重,要谦虚,所以崇尚居左;面对凶事,要敢于担当,所以凶事崇尚居右。军队时刻准备打仗,要有所担当。偏将军居左是要顺从上将军,上将军居右是要担负起战争的责任。将军在军中的位置是以丧礼的规则来排列的。

"杀人之众,以悲哀泣之;战胜,以丧礼处之。"《周易》渐卦上九:"鸿渐于陆,其羽可用为仪,吉。"是说战争胜利,丈夫要迎娶归妹,用鸿雁的羽毛装饰婚礼。在老子看来,战争会死很多人,应悲哀哭泣;战争取得了胜利,应以丧礼来对待,而不应以欢乐对待,所以丈夫不应迎娶归妹。未济卦上九:"有孚于饮酒,无咎。濡其首,有孚,失是。"是说君子取得了征伐的胜利,为了对朋友表示感谢,请朋友喝酒,没有过错。喝酒喝到连头发都让酒浇湿了,体现了诚信,却失去了正确的喝酒方式。老子认为,战争胜利不应喝酒庆功,"杀人之众,以悲哀泣之;战胜,以丧礼处之"。

第三十二章　知止不殆

〔题解〕　老子认为,打仗做事都有规则,道决定了规则,规则中体现道,道是在以规则帮助万物。规则分自然规则和人为制定的规则,前者是自然存在的法则,后者是为了维持社会秩序、保持社会安定而制定的。但人为制定的规则不能与道背离,背离会引发社会动荡。规则有大有小,有的规则虽小,但道会与之同在。任何人都不能凌驾于规则之上,规则再小也必须遵守。王侯治理天下能守持规则,万物会自动归顺。

〔原文〕　道常无名,朴虽小,天下莫能臣也。侯王若能守之,万物将自宾。天地相合，以降甘露，民莫之令而自均。始制有名，名亦既有，夫亦将知止，知止可以不殆。譬道之在天下，犹川谷之于江海。

〔译文〕 道通常体现在各种规则中，没有具体的名称；常用的规则很朴实，与大道相比又很微小，天下人却不敢居于规则之上。王侯如果能守持道和规则，万物将自动归顺。天地相交合，会降下雨露，民众没有命令它，它却能自然均匀播洒。王侯创业初始就建立了制度、确立了名位，既然已经拥有名位，那就要知道名位的规则，知道规则就是知道行为的限度，有所动要止于规则之内，止于规则之内就不会有超越规则的危险。就像道路遍布天下，人们都要依道行走。犹如小溪与江海，无论前途如何曲折，都要按规则而行才能归于江海。

〔解析〕 这一章讲的是王侯治理邦国应顺应道，道体现在自然规则和日常的各种规则中，规则虽小，天下人却不敢居于其上，也就是说不敢违背规则，否则会得不到道的帮助。

"道常无名，朴虽小，天下莫能臣也。"道决定规则，但人们并不能确定是哪个道制定了哪个规则。有的规则很朴实，也很小。天下没有人能让这些规则只对个人有利、为个人效力。有如朴树，开始仅是一粒种子，但要想朴树成才，就没有人敢违背它生长的规则。除自然规则外，还有人所制定的规则。人所制定的规则又分约定俗成的规则与以法律法规形式出现的规则。人们应像尊重自然规则那样尊重人所制定的规则。

"侯王若能守之，天下将自宾"，人们做事都要遵守规则，尤其是王侯，不但自己要带头遵守规则，而且要守护住规则的公开性与公正性，这样天下会自然归顺。《周易》井卦九三："井渫不食，为我心恻。可用汲。王明，并受其福。"是说井刚淘完，井水浑浊，还不能食用。君王因官吏打井失败，"旧井无禽"的民众吃不到井水而感到难过。井水可以食用了，君王英明，让"旧井无禽"的民众前来，和"井泥不食"的民众共同享用君王赐予的福祉。老子看到，井卦君王尊重自然规则。井卦初六"井泥不食，旧井无禽"，君王亲自将"井泥不食"之井淘净，为井治立下规则，从君王开始，凡是食用井水的人都要淘井。对"旧井无禽"之井则放弃了治理，是因为君王知道自然规则不可违背。对不同的井做了不同的处理，符合规则。

"天地相合，以降甘露"，老子认为，天地相合，会降下雨露。《周易》泰卦认为天地相交既带来风雨雷电，也会使天下安泰。老子则认为天地相交、电闪雷鸣是在相争，争对民众不利。天地相合就不会有争，不争合于道，会有雨露降下。

"民莫之令而自均。"《周易》认为，上天会将雨露赐予小畜卦"有孚挛如，富以其邻"的君子。小畜卦上九"既雨既处，尚德载"，是说君子做事要风得风，要雨得雨，能逢凶化吉，遇难成祥。这是因为君子崇尚德的修养，载得动上天给予的这么多好处。老子认为，上天会将雨露均匀播洒，不会单独赐予哪个人，所以不会偏向君子。君子有难，上天会以慈来救助他。

"始制有名，名亦既有，夫亦将知止，知止可以不殆。"王侯创业，从开始就会制定具体的规则，按规则行事会获得名位。人们有所为是为了得到名位，名位中含有利，面对名利要知止，止之不当，触犯规则，会有危险。止是《周易》的重要观点，艮卦之艮为止，艮卦象曰："兼山，艮。君子以思不出其位。"是说艮卦是由艮下艮上组成，卦象同时有两座山，有所动，山会连续让其止，所以称为艮卦。君子应从中领悟到，思考问题不要脱离自己所处的位置，不然会遭到各方面的阻止。艮卦讲了一个心让身体停止的故事，故事说，大腿要去做卑下的事，心想尽办法想让大腿停止，最后让身体停止，才制止住大腿。艮卦九三："艮其限，列其夤，厉，熏心。"是说犹如止于山顶，非常危险，大腿为了巴结权贵而止于权贵门前，立于等待权贵接见的行列中。大腿的行为就要危害到身体，心像被烟火熏烤，非常焦急。老子赞同《周易》艮卦止的观点，认为止之不当会有危险。但老子认为，艮卦止的关键是权贵，只要权贵知止，有所止，符合止的规则，大腿想投机也找不到门路，心也就不用焦急了。

"譬道之在天下，犹川谷之于江海"，规则的作用有如道路在天下，所有的人都要依道而行，否则难以达到目的。犹如小溪和江河都会在规则的引导下归入大海，道通过规则来规范人们的行为并起到导向作用，人们按规则做事会获得成功。

第三十三章 自知之明

〔题解〕 老子认为,爱民治国不但要坚守规则和道,而且要有知人的智慧和自知之明,如此才会长久。

〔原文〕 知人者智,自知者明。胜人者有力,自胜者强。知足者富,强行者有志。不失其所者久,死而不亡者寿。

〔译文〕 知道和了解别人为有智慧,知道和了解自己为聪明。能战胜他人为有力,能战胜自己为强大。知道满足为富有,坚持去做为有志气。不失去自己所凭借的会长久,死后能被人纪念的为长寿。

〔解析〕 这一章讲的是何为智、明、力、强、富、志、久、寿,认为君子应知人、自知、自胜、知足、强行。

"知人者智",知道别人为有智慧。《周易》中孚卦六三缺乏知人的智慧,才受到小人的欺负。《周易》中孚卦六三:"得敌,或鼓,或罢,或泣,或歌。"是说君子交友不慎,错把小人当朋友,以诚信来对待小人。小人背信弃义,坑害君子。君子要制服小人,是采取武力进攻的方法,是停止与小人争斗,还是以悲情打动朋友,请朋友帮助,还是以歌的形式揭露小人?君子拿不定主意。老子认为,六三君子缺乏知人的智慧,才造成如此恶果。

"自知者明",自己知道自己为聪明。《周易》蛊卦上九:"不事王侯,高尚其事。"是说君子没有按父亲的遗愿去为王侯做事,他认为自己的学识能力尚不足以去奉事王侯,准备先完成父亲未竟的大有事业,待学识能力提高后,再去为王侯做事。老子认为,上九君子有自知之明,才做出了正确的选择。

"胜人者有力",能战胜别人为有力。《周易》大壮卦九四:"贞吉,悔亡。藩决不羸,壮于大舆之輹。"是说小人主张凭实力去闯,预测吉祥。君子对没有实力控制小人的悔恨消亡。君子顺从大壮尊者的决定,放开小人，犹如篱笆放开公羊，不再缠绕公羊的角；小人突破君子的束缚，如同公羊冲开篱笆，带动大壮之车狂奔。大壮的成功取决于君子能否如车辕一样控制住大壮车速。老子认为，小人是以实力战胜了君子，是"胜人者有力"。

"自胜者强"，自己战胜自己为强大。《周易》未济卦象曰："未济，亨，柔得中也。小狐汔济，未出中也。濡其尾，无攸利，不续终也。虽不当位，刚柔应也。"象传说，未济卦没有得到帮助，亨通，是用柔顺的方法避开不利，做事合于做事的规则。小狐狸差不多要渡过河了，小狐狸渡河没有违背渡河的要求，尾巴却被河水弄湿了，没什么利，是其没有将好的开端保持到最后。小狐狸渡河需要别人的帮助，又不肯开口，过河缺乏经验，又很柔弱。虽然刚柔位置摆放不当，但小狐狸内心强大，以顽强的意志坚持过河，阳刚与阴柔相应，在没有得到帮助的情况下，虽然有挫折，还是渡过了河。老子认为"自胜者强"，小狐狸是自己战胜自己才渡过了河。

"知足者富"，知道满足为富有。《周易》大有卦君子在为财富大有奋斗。老子认为，没有必要去追求财富大有，财富大有既没有尽头也没有标准，而且目的不清。富的标准是"知足者富"。

"强行者有志"，坚持去作为者有志气。《周易》旅卦初六："旅琐琐，斯其所，取灾。"是说旅人要求备齐旅所用的物品，生怕有一点遗漏。以这样的方式去旅，是自取灾祸。六五："射雉，一矢亡，终以誉命。"是说武人善射，能一箭将飞起的山鸡射落，博得了善射的美誉。武人边旅边射，善射的美名越传越远，终因善射改变了自己的命运。老子认为，初六没有志气才会惧怕旅行，武人"强行者有志"，有志就会实现自己的奋斗目标。

"不失其所者久"，不失去自己所凭借的会长久。《周易》中孚卦九五："有孚挛如，无咎。"是说君子有诚信，将自己的命运与民众和朋友的命运连在一起，联合朋友共同奋斗，没有过错。老子认为，九五君子所凭借的是诚信和对乾坤之道的信仰。不失去诚信，不失去信仰，事业会长久。

"死而不亡者寿"，死后不被人忘记为长寿。《周易》列举了文王、武王、成王、康王、孝王、昭王、宣王、幽王、殷高宗、帝乙、纣王、箕子等历史人物，但没有过多的评价，是让读者自己去评价。老子认为这是"死而不亡者寿"。

第三十四章　终不自大

〔题解〕　这一章讲道与规则的关系。老子认为，知人自知，要知晓道是通过规则来帮助万物的，面对规则不要自大。圣人终不自大，所以才成就了伟大事业。

〔原文〕　大道泛兮，其可左右。万物恃之以生而不辞，功成不名有。衣养万物而不为主，常无欲，可名于小；万物归焉而不为主，可名为大。以其终不自为大，故能成其大。

〔译文〕　大道可以分化成许多道，广泛存在于万物之中。道并不直接发挥作用，而是变成规则，用规则来帮助万物。万物依靠道所制定的规则生长，规则并不发号施令，事情成功也不占有功名。道以规则帮助万物，规则抚养爱护万物而不去做万物的主人，没有自己的欲望，可以用"小"来命名，因为"小"最接近"无"，"无"是万物的根本，规则最接近根本。万物遵从道，会按规则去做，规则却不主宰万物，可以命名为"大"，"大"是道的别称，也就是说任何伟大都要符合道所制定的规则。因此圣人始终不认为自己伟大，始终不认为自己比规则大，会按规则做事，所以才成就了其伟大。

〔解析〕　这一章讲道与规则的关系。按老子对道的描述，"道，可道，非常道"，道可分成"常道"、"可道"。道生万物后，"常道"以一般规则来帮助万物，"可道"以具体规则来帮助具体的生物。《周易》认为道存在于六爻之中，六爻似龙，天在以六爻治理天下；老子认为道不是仅存在于六爻之中，从微观到宏观，道以"大"的方式广泛存在。《周易》丰卦之丰为大，丰卦崇尚文王和武王的伟大。老子认为，文王和武王是"以其终不自为大，故能成其大"。老子主张不要自大，因为人大大不过地，地大大不过天，天大大不过道。圣人大不过规则，所以圣人不自大。老子与《周易》都反对自大。老子认为，圣人不自大，会居于规则之下；《周

83

易》认为，不自大要有谦，有谦会得到上天的保佑。老子和《周易》都认为规则在事物的发展变化中起着决定作用，《周易》的规则对万物起到制约作用，《道德经》的规则在帮助万物，两者都决定着万物的生长变化。综合起来看，不制约，万物生长会失去秩序；不帮助，万物将难以克服成长中遇到的困难。道既要用规则来约束万物，又要用规则来帮助万物，这样万物才能蓬勃生长。

"大道泛兮，其可左右"，大道广泛存在，可以帮助万物。《周易》之道体现在六爻的变化中，六爻在制约着万物的生长变化。

"万物恃之以生而不辞"，道为万物制定规则，是为了帮助万物，让万物能依靠规则而生长，而规则不会说什么，也不会推卸自己的责任。《周易》六爻将道具体化，初爻之道为难，二爻之道为蒙，三爻之道为等，四爻之道为顺，五爻之道为尊，六爻之道为争。老子认为，道不会说什么，《周易》将道具体化是很勉强的。

"功成不名有"，规则使事情成功，却不占有成功的名声。《周易》大畜卦上九："何天之衢，亨。"象曰："何天之衢，道大行也。"上九是说，背负着上天使命的道路四通八达，行走在上面非常通畅。象传说，背负着上天使命的道路四通八达，是说天道在地上畅行，天下道路才会畅通。老子认为，上九是将天下道路畅通的美誉归于道，道可以有美誉，但规则使万物成功，却没有美誉。

"衣养万物而不为主"，道通过规则爱护养育万物，而规则不去做万物的主宰。《周易》姤卦九五："以杞包瓜，含章，有陨自天。"是说君王对待民众的利益，要像用杞树枝条保护瓜一样细心呵护，其中含有很深的道理。厉王不懂其中的道理，不知道保护瓜，只知道摘瓜，有违天道，所以上天借国人暴动让厉王从王位上坠落。老子认为，"以杞包瓜"是规则，厉王违背规则而被逐出国都，不是规则主宰了厉王被逐这件事，而是暴动民众让厉王从王位上坠落。

"常无欲，可名于小。"老子认为，道以规则帮助万物，规则却没有自己的欲望，可以命名为"小"，"小"接近"无"，"无"是万物的根本，"小"中存在着根本，所以遵从规则就是遵从根本。《周易》履卦初九："素履往，无咎。"是说怀着朴素的愿望前往，没有过错。老子认为，规则使初九怀着朴素的愿望前往,规则没有自己的欲望,会限制君子的欲望,欲望小就不会违背道。

"万物归焉而不为主,可名为大。"老子认为,万物归于道,是通过遵守规则才归于道,而规则并不做万物的主人,可以称之为"大"。万物再大也大不过规则,"大"最接近道,所以遵守规则就是尊奉道。《周易》否卦九四:"有命,无咎,畴离祉。"是说大人负有倾否的使命,要取代国君成为新君。采纳厨子倾否取代的建议,没有过错,会给同类带来福祉。老子认为,大人的行为符合取代规则,同类才会归顺。但规则并没有成为大人和同类的主人,大人的取代行为符合取代规则,才成就大人的取代大事。在涣卦中,武王推翻殷纣是一场伟大的革命,革命要有道指引。武王和同类归于道,按革命规则去做,才取得伐纣的成功。在老子看来,规则并没有做武王的主人,武王制定的革命规则符合革命之道,才成就了武王的伟大。

"以其终不自为大,故能成其大",所以圣人不认为自己比规则大,有所为遵从规则,成就了圣人的伟大事业。《周易》丰卦九四:"丰其蔀,日中见斗。遇其夷主,吉。"象曰:"丰其蔀,位不当也。日中见斗,幽不明也。遇其夷主,吉行也。"九四是说,文王为了保护武王,采用丰的策略,将武王的辉煌遮盖起来,只露出星斗。君子前往,遇到平辈的主人武王,吉祥。象传说,文王已经去世,如果武王仍采用丰的策略,就是位置摆放不当。将武王的辉煌遮盖起来,只露出星斗,会使文王之位的继承问题变得幽暗不明。君子遇到平辈的主人武王,跟随武王前去继承文王之位,会吉祥。老子认为,武王为圣人,武王伟大而不自大,才会遵从规则,将自己的伟大遮盖起来,最终武王伐纣,成就了武王的伟大。

第三十五章　往而不害

〔题解〕　这一章讲道与蓝图的关系。圣人始终不认为自己伟大，但行大道要有伟大的理想，要将伟大理想变成宏伟蓝图，并用宏伟蓝图来吸引民众为之共同奋斗。

〔原文〕　执大象，天下往，往而不害，安平太。乐与饵，过客止。道之出口，淡乎其无味。视之不足见，听之不足闻，用之不足既。

〔译文〕　达到道的理想境界，大道已化成大象。大象为宏伟蓝图，圣人执掌宏伟蓝图，就要在天下实现这个蓝图。前往实现这个蓝图不会带来害处，而会给社会带来安定、平和与畅通。蓝图犹如音乐和美味，能吸引路过的人停留，也就是能吸引民众为之奋斗。道与蓝图不同，将道用口讲出来，会平淡没有味道；蓝图犹如美妙的音乐和美味的佳肴，很能吸引人。想看道的远景，却看不清所希望看到的，但通过蓝图可以看到；想听道的真谛，却听不清所希望想听到的，但通过对蓝图的讲解可以听到。蓝图可以穷尽，是因为蓝图已经变成现实，道的应用却不会穷尽。

〔解析〕　这一章讲的是道与蓝图的关系和各自的特点，也是在讲怎样吸引民众参与道的实践，就是用"大象"即蓝图来吸引民众。在老子看来，掌握了大道就要实践，实践离不开民众的参与，让民众参与就要让民众接受道。但道具有看不见、听不清、不可穷尽的特点，要让民众接受，光靠宣讲不会有效果。将道变成"大象"，即宏伟蓝图，可以帮助民众看清道，听见道在说什么。民众通过蓝图懂得了道理，就会为实现蓝图而奋斗，道也就变成了现实。

"执大象，天下往。往而不害，安平太。"道是恍惚存在的，"大象"为宏伟蓝图，是道的具体体现。执道而往，民众看不见、听不清；执宏伟蓝图而往，民众能看见，也能听清。用蓝图来贯彻道，对民众没什么害处。以蓝图来贯彻道，会使道的贯彻安定、平和、安泰，民众也能得到安定、平和、安泰。

《周易》有八卦之象，老子认为与大象相比，《周易》八卦之象都是小象。没有大象就不会有宏伟蓝图，光有小象的变化往来，难以实现天下的安定、和平、安泰。

老子还认为，执《周易》八卦之象前往，有时不是"往而不害"，而是往而有害，会给天下带来灾祸。如大过卦卦象是巽下兑上，巽为木，兑为泽，卦象为泽水淹没了树木，大过颐养之道，所以称为大过卦。泽水大过会带来危险。坎卦卦象由坎下坎上组成，卦象为地上有坑陷，水流过一个坑陷又流向另一个坑陷，这是水在练习怎样战胜坑陷，在练习中有掉入陷阱的危险，所以称为坎卦。要克服八卦之象带来的危险，就要"执大象，天下往，往而不害，安平太"。

《周易》益卦中有蓝图。益卦六三："益之用凶事，无咎，有孚，中行，告公用圭。"是说益下是朝廷用来应对自然灾害或其他意外事件的方法。要在益下时做到没有过错，受益的一方要有诚信，如实反映受灾情况。君王决定迁都方案由王公来做。他告诉王公，方案所列举的项目要有详细的计划，需要朝廷给予哪些帮助，都要经过仔细测量和计算。六三君王要王公拿出的是迁都蓝图。老子认为，王公迁都蓝图与治理天下的蓝图相比还是小象。

"乐与饵，过客止"，音乐与美味会使过客停住脚步。《周易》咸卦没有做到让"过客止"。咸卦九四："贞吉，悔亡。憧憧往来，朋从而思。"是说心的愿望是要脊背负起重任，预测吉祥。有知心朋友的帮助，心因脊背不能及时感知而产生的悔恨消亡。脚、小腿、大腿和心的关系如同路上匆匆往来的行人，对面走过却不能相互感知。知心朋友知道心的想法，要帮助心实现让脊背负起重任的愿望。咸卦中的脊背为民众，《周易》之心是要通过咸卦让民众负起重任。老子认为，脚、小腿、大腿都是心要争取的对象，它们之所以成为路人、过客，是因为心缺乏"乐与饵"，也就是缺乏吸引的手段。最重要的手段是宏伟蓝图。平淡的道变成宏伟蓝图后，民众会看到实实在在的前景，犹如听到动听的音乐、闻到佳肴的美味，会停下来，也会跟随前往。有民众的支持，蓝图会变成现实，蓝图所承载的道才能实现，《周易》之心要民众担负起重任的愿望也才能实现。

"道之出口，淡乎其无味"，将"道"用口说出来，会平淡没有滋味。《周易》艮卦六五："艮其辅，言有序。悔亡。"是说心不需要脸颊和腮的辅佐，只需要口将心的想法有条理地讲出来。心对自己不能表达的悔恨消亡。老子认为，六五之口讲的应是道，而不是心里的话，心里的话有时并不一定符合道。对民众讲"道"，是要民众接受道，而道的特点是"淡乎其无味"，光用口讲，民众难以接受。只有将道与民众利益联系起来，将民众的利益变成蓝图，民众才不会觉得道"淡乎其无味"，而是如同听到了美妙的音乐，闻到了佳肴的美味，会被深深吸引。

"视之不足见"，想看却难以看清。《周易》革卦讲的是如何进行变革，老子认为变革之道"视之不足见"，只有将变革绘成蓝图，人们才能相信变革之道。革卦九五象曰："大人虎变，其文炳也。"是说军队经过变革，已经勇猛无比，大人变得像老虎一样威风凛凛，变革的效果就像老虎身上的花纹，非常显著。老子认为"其文炳也"，大人实现了变革蓝图，士兵和民众都看到了变革的成果，变革之道不是"视之不足见"，而是看得很清楚。

"听之不足闻"，想听却听不清。《周易》咸卦上六："咸其辅、颊、舌。"是说心感受到腮、脸颊、舌要动，要帮助口将心的想法完美地表达出来。老子认为，六五之心要讲的应是道。道的特点是"听之不足闻"，即便"咸其辅、颊、舌"，民众还是难以听明白。但道变成蓝图，不用"辅、颊、舌"的辅助，民众也能听清对蓝图的讲解，也就明白了道的内容。

"用之不足既"，道的应用却不能穷尽。《周易》鼎卦六五："鼎黄耳，金铉。利贞。"象曰："鼎黄耳，中以为实也。"六五是说，鼎耳为黄色，黄代表坤，是说鼎具有深厚的德，能倾听到天下民众的呼声；鼎杠用金制成，金代表乾，金制成的鼎杠可以让鼎的行走符合天道，预测对清除小人有利，对民众有利。老子认为，鼎内盛满了民众需要的食物，即便鼎再大，也有食尽的时候。所以给予民众"鼎食"不如给予民众"道"，"鼎食"可尽，而道则"用之不足既"。民众接受了道，会按道的要求去做，就可以实现自己的愿望，也就达到了道的目的。

第三十六章　国之利器

〔题解〕　治国不但要有蓝图，也要有策略。懂得事物之间的辩证关系，懂得微明，治国措施才能得当。

〔原文〕　将欲歙之，必固张之；将欲弱之，必固强之；将欲废之，必固兴之；将欲夺之，必固与之。是谓微明。柔弱胜刚强。鱼不可脱于渊，国之利器不可以示人。

〔译文〕　想要缩减它，必先扩大它；想要削弱它，必先加强它；想要废除它，必先兴旺它；想要剥夺它，必先赠予它。这就是治国必须知道的最深奥微妙而又明确的道理。柔弱胜刚健，弱小胜强大。鱼不可以脱离潭渊，邦国的利器不可以展示于人。

〔解析〕　这一章讲的是要懂得柔与刚、弱与强的辩证关系，才能柔胜刚、弱胜强。老子认为，柔可以胜刚，弱可以胜强。在治理中，将欲"歙之"、"弱之"、"废之"、"夺之"，先让其"张之"、"强之"、"兴之"、"与之"，其中充满了辩证思想。这个思想来自"物壮则老，是谓不道，不道早已"，来自"柔弱胜刚强"。"张"、"强"、"兴"、"与"都可以归于壮，壮则老，不符合道，会早早消亡。《周易》认为阴代表柔弱，阳代表刚强，阴顺从阳，所以柔顺从刚，弱顺从强；但也认识到柔的作用，有柔可以胜刚、弱可以胜强的思想，渐卦就是弱旅战胜强敌。渐卦九五："鸿渐于陵，妇三岁不孕，终莫之胜，吉。"是说鸿雁渐渐飞过丘陵，妻子三年没有怀孕，战争在第三年的年末取得了胜利，吉祥。渐卦中的妻子代表民众，丈夫代表军队。在强敌入侵的情况下，丈夫在前方英勇作战，妻子在后方勤奋生产，军民共同努力，战胜了强敌。老子认为，渐卦军民以弱胜强，因为军民虽弱，却代表道，是道使柔弱胜刚强。《周易》大过卦初六"藉用白茅，无咎"，是说凭借白茅草做出的垫子，祭祀用的器皿都完好无损，没有过错。初六体现了柔的作用。老子通过大过卦初六和渐卦挖

89

掘出柔与弱的更大意义，形成了柔胜刚、弱胜强的思想。

"将欲歙之，必固张之"，将要削减它，必须先让它扩大。《周易》小过卦九四："无咎，弗过，遇之。往厉，必戒，勿用永贞。"是说权贵在干预群臣的请示汇报，长期下去会有危险，必须戒除，不要用这个方法来证明自己永远正确。六五"公弋，取彼在穴"，王公准备擒获躲在巢穴中的权贵。老子认为，王公"将欲歙之"，要缩减权贵干预朝政的权力，先不要急于擒获权贵，"必固张之"，可以让权贵继续干预朝政。待权贵的阴谋彻底暴露，就可以采取措施清除权贵。否则，因为权贵干预朝臣请示汇报而擒获权贵，会难以服众。

"将欲弱之，必固强之"，想要削弱它，必须先要加强它。《周易》谦卦六五："不富以其邻，利用侵伐，无不利。"是说君王的权益受损，因为邻国没有按照礼仪规定向君王纳贡。面对不服的诸侯，君王以谦为策略会有利。不是用征伐的手段去解决问题，而是用削减封地、剥去爵位的办法来解决不服的问题，没什么不利。老子认为，六五君王要削弱诸侯，可以采用"将欲弱之，必固强之"的方法。诸侯有不服，拒绝向朝廷纳贡，君王要削弱不服诸侯，可以先不采取措施，待诸侯的不服达到一定程度时，再采取措施削弱诸侯。

"将欲废之，必固兴之"，想要废弃它，必须先要它兴旺。《周易》夬卦卦辞："夬：扬于王庭，孚号，有厉。告自邑，不利即戎。利有攸往。"卦辞是说，夬卦：小人张扬于朝廷，制定真相的君子发出清除小人的呼号。君子与小人就要发生激烈的争斗，朝廷有危险。君子告诉自己的封邑，动用武力清除小人会不利；小人告诉自己的封邑，有不利即动用武力。有利于君子前往。老子认为，君子在与小人争斗，君王应掌握好废除小人的时机。对于小人，"将欲废之"，可以让小人在朝廷继续张扬，待小人"兴之"以后，再将其"废之"。

"将欲夺之，必固与之"，想要夺取它，必须先给予它。涣卦六三："涣其躬，无悔。"是说君子要节制革命，受到革命洪流的冲击，没有悔恨。老子认为，"将欲夺之，必固与之"，要节制革命，就要允许超出革命范围的事情发生，之后再进行节制。

"是谓微明"，这就是在治理中应当明白的最微妙的治理规则和道理。

"柔弱胜刚强",柔弱胜刚健,弱小胜强大。《周易》大过卦初六:"藉用白茅,无咎。"是说凭借白茅草做成的垫子,祭祀用的器皿完好无损,没有过错。《周易》渐卦军民经过三年抗战,战胜了强敌。老子认为,大过卦初六是柔弱胜刚健,渐卦是弱小胜强大。

　　"鱼不可脱于渊",鱼不能脱离潭渊。《周易》乾卦九四:"或跃在渊,无咎。"是说有人建议太子静应立即跃起,登上王位。大人对跃起的建议有惑,认为厉王健在,共和结束还需要时间,恢复君主专制的时机尚未完全成熟。太子静如龙,没有跃起,继续留在潭渊。《周易》认为龙不可以轻易脱离潭渊,老子认为"鱼不可脱于渊",太子静在没有晋升前仍然是鱼,不能脱离根本,只有登上王位才能变成龙。

　　"国之利器不可以示人",将国之利器示人,就是将邦国之刚展示于人。按老子柔胜刚的观点,示人以刚,人以柔来应对,"国之利器"会失去作用。犹如"鱼不可脱于渊","国之利器"应深藏不露,不可以展示于人。

第三十七章　道常无为

　　〔题解〕　懂微明,可以用"微明"的方法治理天下。但仅用"微明"治理还不够,还要懂无为之道,"道常无为,而无不为",坚守无为之道,坚守规则,天下会自己安定。

　　〔原文〕　道常无为,而无不为。侯王若能守之,万物将自化。化而欲作,吾将镇之以无名之朴。无名之朴,夫亦将无欲。不欲以静,天下将自定。

　　〔译文〕　道与规则本身并不作为,道通过规则引领人们做事不背离道和规则,就能无所不为。王侯如果能守持无为之道和规则,万物会自己教化自己。教化后还要有所为,我将用没有名字的朴来压制住不当作为。用没有名字的朴来压制不当的行为,可以让万物去掉不正确的欲望。去掉不正确的欲望会安静,天下会自然安定。

〔解析〕 本章的无为，既是针对上一章的不当作为提出的解决方法，也是针对《周易》的有为，认为王侯能坚守无为之道和规则，再加上朴实的措施，万物会自己教化自己，天下会安定。老子认为，《周易》要王侯大有作为，会鼓动王侯争霸，天下将难以安定。

"道常无为，而无不为"，老子认为道和规则面对万物并不作为，但又无所不为。万物同于道，会遵守规则，按道和规则去做，就没有什么做不成的事。《周易》认为，乾有为而创万物，用道和规则约束万物，万物才能不脱离道、不违背规则，否则会受到天道的惩罚。

"侯王若能守之，万物将自化"，老子认为王侯能守持无为之道和规则，万物会自己教化自己。《周易》要王侯有所作为，无所作为会有否产生，就有被取代的危险。否卦、豫卦是国君有否，大人联合同类，取代了有否的国君。老子认为，国君能守持无为之道，守持规则，民众就会自己教化自己，大人就不会去取代国君，社会会安定。

"化而欲作，吾将镇之以无名之朴。无名之朴，夫亦将无欲。不欲以静，天下将自定。"在自己教化自己之后，大人仍要取代国君，老子将用"无名之朴"来压制大人的行为。"无名之朴"会打消大人取代的欲望，没有取代欲望大人就会安静，安静就会遵守本命。大人不与命运相争，天下也随之安定。《周易》认为，否卦、豫卦大人取代有否的国君，符合乾坤之道。国君有否，邦国会不安定，只有大人取代有否国君，邦国才会安定。否卦是说，无为或为之不当，会有否产生，有否就要倾否。大人倾否得当，邦国会由否转泰。老子认为，国君是否有否，没有固定的标准，以假定的标准来衡量，是在支持逆臣贼子反叛。只有推行无为之道，"镇之以无名之朴"，才能制止大人的野心。

老子没有给朴命名，因为朴的范围很广，用"名，可名，非常名"来衡量，很难准确命名，不命名可以激发人们的想象力，对朴可以从多方面来考虑。朴可以为朴素、朴实、简朴、淳朴、朴树等等，"无名之朴"应是包含了朴的所有意义，如思想要淳朴，作风要朴素，为人要朴实，生活要简朴，成才如朴树。

老子要用"朴"压制人们的欲望，但最难压制的是诸侯争霸的欲望。不管老子如何压制，诸侯都不可能停下争霸的脚步，最后会通过战争形成大一统，消除诸侯争霸，这是一个悖论。老子没有看到争霸会形成大一统的必然性，想通过无为回到"小国寡民"的时代，这仅是老子的一厢情愿。

老子的无为思想开创了中国古代哲学的新局面，提升了古人对客观世界的认识。《周易》鼓励君子"建侯"，支持大人取代有否的国君，有符合历史进步的一面，"飞龙在天"的豪迈气概则在数千年中不断激励人们大有作为。

第三十八章　上德不德

〔题解〕　守持道和规则是要解决问题，解决问题要避免浮华。从根本上改正对德、仁、义、礼的认识错误，才能正确解决问题。

〔原文〕　上德不德，是以有德；下德不失德，是以无德。上德无为而无以为，下德为之而有以为。上仁为之而无以为，上义为之而有以为。上礼为之而莫之应，则攘臂而扔之。故失道而后德，失德而后仁，失仁而后义，失义而后礼。夫礼者，忠信之薄而乱之首。前识者，道之华而愚之始。是以大丈夫处其厚，不居其薄；处其实，不居其华。故去彼取此。

〔译文〕　上等的德并不认为自己的行为是在实践德，因此才能真正体现德；下等的德所做的是使自己不失去德，因此并没有真正体现出德。有上等品德的人没有作为，是因为没有什么可作为的；有下等品德的人有所作为，是有明确目的。有上等仁爱的人有所作为，并不认为自己在实施仁爱；有上等义的人有所作为，是有目的而为。用上等的礼仪来对待而没有得到回应，就会动手将其清除。所以失去道会有德出现，失去德会有仁出现，失去仁会有义出现，失去义会有礼出现。说到礼，意味着忠诚信誉已经变得很薄了，成了表面的东西，成了动乱的祸首。要善于识别前面所讲到的德、仁、义、礼，它们只是道的浮华，其实是愚蠢的开始。因此大丈夫应处身于道德深厚之处，不居住在道德轻薄的地方，有所处要实在朴实，不与浮华者交往。所以要去掉浅薄浮华而取敦厚朴实。

〔解析〕 老子认为，对德、仁、义、礼的认识，有的在表面上说得冠冕堂皇，其实是浮华的表现；有的好像很深刻，实际认识很浅薄。所以大丈夫应居于道德深厚之处而避免浅薄，要抓住德、仁、义、礼的根本而避免浮华。

"上德不德，是以有德；下德不失德，是以无德"，具有上等德的人做事，并不认为自己是在按德的要求去做，却真正体现了德；具有下等德的人所做的是为了不失去德，这种不失去德的做法不是真正有德。如果将"上德不德，是以有德；下德不失德，是以无德"看成是对德的一种认识，用以加强自身修养，没有过错；如果将这一段话作为是否有德的评价标准，随意给他人的行为贴上上德或下德的标签，会有失于浮华和浅薄。是否有德要看其行为是否符合道的要求，而且德只是对自我行为的一种约束，并没有固定的标准。《周易》将德分为德与厚德，老子虽将德分为上德和下德，但也赞成《周易》对德的分法。将德分为上德与下德只能说明每个人对德的修养有所不同，不能说上德是高尚的，下德就是不高尚的。《周易》小畜卦君子帮助民众和朋友致富，大畜卦君王大畜天下，都是有德的表现，不能说君子之德是下德，君王之德为上德，应是同为有德。

"上德无为而无以为"，具有上等德的人没有作为，是已经没有什么可做的了，德已普遍实施，天下已经受惠。这是一种理想的状态，实际上，道处在不断运动之中，德也会随之而动。所以道没有"无为而无以为"，德也不会"无为而无以为"。认为"上德无为而无以为"，是一种对德的浅薄认识。

"下德为之而有以为"，具有下等德的人有所作为，认为自己的行为还没有完全达到德的要求，所以要继续去做。这是对自我修养的一种鞭策，是认为自己德的修炼还没有达到"上德"的程度，需要继续努力。如果有人将他人对德的修炼和实践称为"下德"，则有贬低的意思，也是对德的认识浅薄的表现。

"上仁为之而无以为"，具有上等仁爱的人有所作为，并不认为自己是在施仁爱。在认识上可以将仁分成"上仁"和"下仁"，但如果用上仁和下仁去评价仁的行为，就是在浅薄地看待仁。

"上义为之而有以为",有上等义的人有所为,对应得到帮助的人施与义。在认识上可以将义分成"上义"和"下义",但如果评价义的行为时用"上义"和"下义"作为评价标准,也是一种浅薄的认识。

"上礼为之而莫之应,则攘臂而扔之",以上等的礼节来对待而没有得到回应,会动手将其清除。《周易》随卦、同人卦"小子"归顺孝王,受到了孝王的礼遇。"小子"归顺才会接受孝王的礼遇;如果"小子"不接受孝王的礼遇,就是表示不归顺,会被孝王"攘臂而扔之"。在认识上可以将礼分成"上礼"和"下礼"。"上礼"应是周到之礼,以周到之礼待人,人也应还之以礼。"莫之应"是没有还之以礼,是一种敌对态度,所以才会"攘臂而扔之"。这是对礼的一种浅薄认识,"上礼为之而莫之应",无论是从道还是德的角度,都会有多种应对方法,"攘臂而扔之"不符合老子无为和不争的主张。

"故失道而后德",所以失去道后,应推行德,用德来恢复道。

"失德而后仁",失去德后推行仁,用仁来恢复德。

"失仁而后义",失去仁后推行义,用义来恢复仁。

"失义而后礼",失去义后推行礼,用礼来恢复义。

"夫礼者,忠信之薄,而乱之首",当礼出现后,忠实和诚信就变得很薄了,一切祸乱因礼而产生。《周易》随卦、同人卦"小子"分裂的依据和借口就是礼,"小子"认为孝王继位不符合礼,才纠集同人搞分裂。由此造成的社会动荡,是其他犯罪分子做不到的,可以称礼是乱之首。实际上将社会动乱都归于礼,是对礼的浅薄认识。随卦、同人卦"小子"只是以礼为借口,来实现个人的政治野心。《周易》颐卦、萃卦都是表现动乱的卦,但动乱不是由于礼的缘故,而是诸侯和厉王私欲膨胀所致。认为礼为"乱之首",从认识上说是过于浅薄的。

"前识者,道之华而愚之始",要认识到前面所讲的都是道的浮华,也是愚蠢的开始。前识者之所以是道的浮华,是因为道与德须臾不能离开,失道即失德,失仁、义、礼。认为德可以恢复所失去的道,仁可以恢复所失去的德,义可以恢复所失去的仁,礼可以恢复所失去的义,是对道的认识上的浮华。对所失问题没有从根本上深刻认识,也没有找出有效的解决方法,而是以浮华来掩盖认识上的浅薄,会导致一连串的错误,所以是愚蠢的开始。

"是以大丈夫处其厚，不居其薄"，"处其厚"是处于道德仁义深厚之处，"不居其薄"是不居于道德仁义的浅薄之处。大丈夫居于"上德"、"上仁"、"上义"、"上礼"之处，就是居于浅薄之处。大丈夫居于道的深厚之处，就不会对德、仁、义、礼认识浅薄，就能解决德、仁、义、礼所存在的问题。

"处其实，不居其华。故去彼取此。""处其实"，对德、仁、义、礼有真正的认识。"不居其华"，不用冠冕堂皇、似是而非的浮华概念来界定德、仁、义、礼。浮华会掩盖所存在的问题，会有祸端产生。所以要去掉浅薄、浮华，居于朴实。

第三十九章　以贱为本

〔题解〕　要从根本上解决认识上的浅薄与浮华问题，就要抓住根本，守持"一"。"一"是天地万物各自的根本。道赋予天、地、神、谷、万物、王侯的"一"各有不同，但同属于道，道是它们共同的根本。

〔原文〕　昔之得一者，天得一以清，地得一以宁，神得一以灵，谷得一以盈，万物得一以生，侯王得一以为天下正。其致之一，天无以清，将恐裂；地无以宁，将恐（发）[废]；神无以灵，将恐歇；谷无以盈，将恐竭；万物无以生，将恐灭；侯王无以贵，将恐蹶。故贵以贱为本，高以下为基。是以侯王自谓孤、寡、不谷，此非以贱为本邪？非乎！故至誉无誉，是故不欲琭琭如玉，珞珞如石。

〔译文〕　过去按道的要求去做的，会得到符合道的"一"，这个"一"是事物各自的根本。天得到"一"之后，会变得清明；地得到"一"之后，会变得安宁；神得到"一"之后，会变得灵验；谷得到"一"之后，会变得盈满；万物得到"一"之后，会变得生机勃勃；王侯得到"一"之后，天下会得到正确治理。由此可以得出一个结论：天不清明，恐怕会崩裂；地不安宁，恐怕会废弃；神不灵验，恐怕会败落；谷不充盈，恐怕会枯竭；万物不获得生机，恐怕会灭绝；诸侯和君王不被认为高贵，恐怕会倒下。所以高贵以卑贱为根本，高大以低下为基础。因此王侯自称为"孤、寡、不谷"，这不是以贱为本吗？难道不是这样的吗？所以最高的荣誉反而没有荣誉，所以"一"是事物的根本，却不希望像稀少的美玉那样被珍贵，也不希望像戴在脖颈上的宝石那样被显露。

〔解析〕 这一章的"得一"，是得到根本。万物的共同根本为道，道会产生"一"，这个"一"是万物各自的根本。万物有不同，得到的"一"也不同，所以万物各自的根本会有不同。"得一"之后，万物不断生长变化而走向繁荣。

"昔之得一者"，道是万物的根本，万物又有各自的根本，这个根本为道所赐予，可称为"一"，万物是由"得一"而开始的。《道德经》开篇"道，可道，非常道"，是说道分"常道"与"可道"，"常道"与"可道"合在一起可称为大道。"常道"决定万物共同遵守的规则，"可道"即适宜之道决定万物个体的生长变化规则。本篇的"一"为"可道"，"可道"即适宜之道，决定了天、地、神、谷、万物、侯王的存在。《周易》感觉到有"常道"和"可道"的存在，但没有认识到事物既有共同的根本，也有各自的根本。老子认识到"一"的存在，提高了古人在哲学方面对事物本原的认识。

"天得一以清，地得一以宁，神得一以灵，谷得一以盈，万物得一以生，侯王得一以为天下正。"天之清，地之宁，神之灵，谷之盈，万物之生，侯王之正，都是得到了各自根本的缘故，各自的根本为"一"。《周易》认为天、地、神、谷、万物、侯王的兴衰都与乾坤之道有关，老子认为是与"一"有关。

"其致之一，天无以清，将恐裂；地无以宁，将恐（发）[废]；神无以灵，将恐歇；谷无以盈，将恐竭；万物无以生，将恐灭；侯王无以贵，将恐蹶。"失去根本的后果之一是，天失去根本，将会崩裂；地失去根本，将会废弃；神失去根本，将会不灵验；谷失去根本，将会枯竭；万物失去根本，将会灭绝；侯王失去根本，将会倒下。所以要重视根本，也就是重视"一"。《周易》认为乾创造一切，乾是万物的根本。《周易》没有将"常道"与"可道"相区别，没有认识到万物既有共同的根本也有各自的根本。

"故贵以贱为本，高以下为基。"根本在下，贵建立在贱的基础之上，因此贱是贵的根本；高建立在下的基础之上，因此下是高的根基。《周易》屯卦初九："磐桓。利居贞。利建侯。"象曰："虽磐桓，志行正也。以贵下贱，大得民也。"初九是说，徘徊于谤木之下，安居不动，预测会有利。有利于创建王侯之业。象传说，虽然徘徊于谤木之下，但君子的愿望是创建王侯之业，是要走正道。君子以高贵的身份深入民众，虚心听取民众的意见，大得民心，受到民众的拥护。老子认为，初九君子"以贵下贱"，是为了得到民众的拥护，并没有认识到贱是贵的根本。初九君子不能回到根本，只将"以贵下贱"当作一种"利建侯"的手段，即便达到建侯的目的，也难以做到"天下正"。不能做到"天下正"，就会有跌倒的危险。

什么是万物的本原，是很重要的哲学命题。老子认为，道是万物的共同本原，"一"是万物各自的本原。共同的本原使万物有了同一性，各自的本原使万物之间有了差异。得到万物的本原，才会知道万物的根源。知道万物的根源，就会知道万物的根本。万物根本的不同，才有万物的千差万别，事物之间才会有不同。《周易》认为乾创万物，乾是万物的本原。老子提出"一"的概念，是对《周易》乾为万物本原的提升，使人们既可以更深刻地研究和认识事物，也可以加深对《周易》的认识。

"是以侯王自谓孤、寡、不谷，此非以贱为本耶？非乎！故至誉无誉，是故不欲琭琭如玉，珞珞如石。"老子用王侯自称"孤、寡、不谷"来证明"贵以贱为本，高以下为基"。最高的荣誉，反而没有荣誉。所以重视下才可以显示高，重视贱才可以显示贵。有下和贱的存在，就不用珠玉、宝石来显示高贵。

第四十章　有生于无

〔题解〕　万物有各自的根本，也有共同的根本，依靠道才能返回根本。返回根本符合规则，可以使万物不脱离道。返回是道在运动，好像是在向后运动，实则是在向前运动。强在弱之上，弱是强的根本。道返回再出发，是从根本出发，所以弱者是道的工具。"有"是万物的根本，"有"生于"无"，"无"是万物的共同根本。

〔原文〕　反者道之动，弱者道之用。天下万物生于有，有生于无。

〔译文〕　万物最终都要返回各自的根本，要依靠道才能返回，返回会促使道向前运动。弱小者用道来改变自己，弱小者也是道改变事物的工具。天下万物由"有"而生，"有"则由"无"所生。

〔解析〕　这一章老子说返回根本要靠道，返回好像道在向后运动，实则是在向前运动。返回是返回到根本，只有返回到根本，才能不脱离道，继续随道前行。"有"是万物各自的根本，万物都有属于自己的"有"。"无"是"有"的根本，也是万物的共同根本。万物是由"有"所生，也要回到"有"，最终回到"无"。《周易》认为，乾创坤载乃有万物，乾坤是万物的根本，六爻的变化是从初爻渐次上升到上爻，一卦完成后要进入下一卦，乾坤天地的运动不断向前，不会回转。老子认为，万物最终要回归道，回归本命，回归到"无"。没有"无"就没有"有"，没有"有"也就没有万物。所以"天下万物生于有，有生于无"。

"反者道之动。"反为返回。《周易》复卦之复也是返回的意思，是要人们返回正道。返回是要正确总结经验教训，然后再前往。老子认为，返回是返回根本，依靠道才能返回到根本。不返回到根本，就不能返回正道，返回也要随道而动。老子是在告诫人们不要忘记根本，也就是不忘初心。

"弱者道之用"，这是老子对《周易》渐卦的总结。渐卦讲的是弱旅可

99

以战胜强敌。老子认为，弱旅之所以能战胜强敌，是因为道的缘故。弱者的行为符合道，会逐渐强大。依靠道的帮助，渐卦军民最终打败了强敌。道也依靠弱者清除掉道前进中的障碍。

"天下万物生于有，有生于无。""有"为万物各自的根本，万物各自的"有"生出万物，"有"不同，万物才会不同。"有生于无"，生育万物的"有"是由"无"所生。"无"是万物的共同根本。"反者"是先返回到"有"，之后再返回到"无"，也就是先返回到各自的根本，再返回到共同的根本。没有"有"就没有万物的差异，没有"无"就没有万物共同的根源。按老子的观点，"有"与"无""此两者同出而异名"，所以万物在返回到各自的根本的同时，也就是返回到了共同的根本。各自根本中存在着共同根本，共同根本中含有各自的根本。

第四十一章　大器晚成

〔题解〕　返回根本对事物的发展很重要。要返回到根本，就要对道有深刻的认识。不是所有的人都对道有深刻认识。不能深刻认识道，就不能完全接受道；要深刻认识道，就要对道的表现形式有所认识。

〔原文〕　上士闻道，勤而行之；中士闻道，若存若亡；下士闻道，大笑之，不笑不足以为道。故建言有之：明道若昧，进道若退，夷道若颣；上德若谷，大白若辱；广德若不足，建德若偷；质真若渝，大方无隅；大器晚成，大音希声，大象无形。道隐无名，善贷且成。

〔译文〕　上等的士人听道，会勤奋努力去实践；中等的士人听道，既相信又不相信；下等的士人听道，哈哈大笑；不被这种人讥笑就不能称为道了。所以对道有研究的人说，光明的道好像昏暗不清，进步的道好像在倒退，平坦的道好像凹凸不平；上等的德好像山谷，最纯洁的好像存在污垢；广大的德好像有不足，刚健的德好像在得过且过；质朴正直好像在背弃，最大的方没有角；最大的器皿会最晚制成，最大的声音反而听不见，最大的物象反而没有形状。大道隐藏在规则后面而且无名，也只有道，善于帮助万物并且使万物获得成功。

〔解析〕 这一章是讲士人对道的认识。士人分上中下三等，不同的士人对道的认识不同，反应也不同。"上士闻道，勤而行之；中士闻道，若存若亡；下士闻道，大笑之，不笑不足以为道"，老子的学说在当时得到了一些士人的赞同，也有一些士人对其将信将疑，还有一些士人嘲笑老子的学说。老子在这一章中不用君子而是用士来代表古代知识分子，因为士可能道德高尚，也可能道德低下，君子则是道德高尚的人。下等的士可以嘲笑老子，君子不会嘲笑老子。如果君子嘲笑老子，那就不是君子，而是小人。

"故建言有之"，老子在表达自己对道的看法，其看法具有辩证性和建设性。

"明道若昧"，光明的道，却显得很昏暗。老子认为，道本身是光明的，却有看不见、听不清的特点，所以要对道不断进行探索，才能看清道的光明。

"进道若退"，前进的道，好像是在后退。"曲则全，枉则直"，世上没有直路，干大事就要准备走曲折的路。道看似在后退，实际是在前进，在用"曲"和"枉"的方式前进。

"夷道若颣。"夷为平坦，颣为同类。道路可能平坦，也可能凹凸不平，但同属于道路。平坦的道路好像凹凸不平。道很平坦，人们也希望道平坦，但对道的认识不同，会有歧见，于是平坦的道被认为凹凸不平。

"上德若谷。"上等的德居于其他德之上。山谷为下，是说上德有虚，会居下。有虚居下如谷，才能容纳一切。上德包容一切，所以上等的德好像山谷。

"大白若辱"，道纯粹洁白，这种纯粹洁白好像存在着污点。道"大白"如水，水最接近道，"大白"如水，甘居低下的位置，又能容纳天下的污垢，所以好像有污点。

"广德若不足。"德很宽广，广为遥远，远接近道。很少有人能达到"广德"的极点。德虽广，在现实中却受到限制，很难做到广。《周易》小畜卦君子要倾尽家产帮助民众和朋友致富，这是一种"广德"，符合乾坤之道，却是以自身重新陷入贫困为代价来践行"广德"，使"广德"显得不足。

"建德若偷。"有建德就要不断树立,"若偷"是在得过且过。树立会受各种因素的影响,不会一蹴而就。困难会影响树立,人们没有看见困难在阻碍德的实施,认为"建德"是在得过且过,这是人们不了解情况所致。

"质真若渝",质朴纯真好像在背弃。质真是德的表现,质真会真诚,真诚会改正错误,改正错误也会改变立场,会被人看成是背弃。

"大方无隅,大器晚成,大音希声,大象无形",最大的方会没有角落,最大的器皿会最晚完成,最大的声音会听不见,最大的象会没有形状。大方、大器、大音、大象既是现实事物的真实反映,其中也含有道,"大"是道的别称。方有角落,在大方中却没有角落,因为大方反映出道,又不能完全反映出道,所有就不能用方的标准来衡量"大方",故而"大方无隅"。"大器晚成",大器含有道,用道来雕琢大器,不会有现成的图纸,在雕琢的过程中会有许多人所未知的因素影响,也会有许多人所未知的规则左右。除需要花费时间来了解这些未知因素和规则外,大器的雕琢还需要更多的制作费用和时间,所以"大器晚成"。同样的道理,"大音希声,大象无形"都与道的特点有关。

"道隐无名,夫唯道,善贷且成。"道隐藏在规则后面,没有具体的名称。也只有道,善于以规则帮助万物,并使万物获得成功。《周易》认为万物遵守道会获得成功,老子认为得到道的帮助会获得成功。在《周易》看来,道是客观存在的,不管你认识不认识道,违背道就会受到惩罚。老子认为,道善于帮助万物,其中包括人。"善贷"是说道的规则很多,道会根据需要将必要的规则借给你,善于运用规则就能获得成功。规则用完了,道会收回。

第四十二章　损而益之

〔题解〕　道不但"善贷且成",而且是道生万物。"三生万物"使事物呈现出多样性和复杂性,增加了人们认识事物的困难,人们需要不断学习。学习有困难可以请老师教授,任何学习都需要接受正反两方面的教育,尤其要重视反面教员的作用。

〔原文〕　道生一,一生二,二生三,三生万物。万物负阴而抱阳,冲气以为和。人之所恶,唯孤、寡、不谷,而王公以为称。故物或损之而益,或益之而损。人之所教,我亦教之。强梁者不得其死,吾将以为教父。

〔译文〕　"道生一",生出万物各自的本源;"一生二",生出无与有;"二生三",无与有生出变化规则;"三生万物",无与有通过规则生成万物。万物都背负着阴,怀抱着阳。阴阳二气相互冲突激励,会有和谐产生。人们所厌恶的,只有孤独、寡少、不圆满(不成熟),而王公用来称呼自己,且认为很相称。所以事物或是因减损而受益,或是因受益而减损。别人这样教我,我也就这样教导别人。横行霸道的人不得好死,我要像重视长辈教诲那样重视反面教员,让强梁者作为我的老师。

〔解析〕　这一章讲万物的本源是道。"道生一,一生二,二生三,三生万物",这是老子的基本哲学思想。"道生一"是万物除了有道这个共同本源外,还有各自的本源"一",这个"一"是道所赋予的。道存在于"象帝之先",先天地而生,道生万物,先要生出万物各自的本源"一"。"一生二"是说万物各自的本源又生出"无"和"有",也就是"二"。"无"和"有"又生出"三","三"为"常",也就是变化规则。三生万物是"无"和"有"通过规则而生出万物。

"万物负阴而抱阳",万物诞生后,都背负着阴,怀抱着阳。《周易》认为,万物存在着阴阳,且阴阳一体,但没有讲是以何种形式存在;老子认为,万物是"负阴而抱阳"。

"冲气以为和"，阴阳共同向上，形成阴阳二气，阴阳二气相互缠绕、相互激励而有和气产生。《周易》认为，万物阴阳一体，阴显则阳藏，阳显则阴藏，在一定条件下，阴阳可以相互转化。老子"万物负阴而抱阳"是对《周易》阴阳一体的肯定，也是中国古代阴阳学说的重要观点。万物皆有阴阳是老子和《周易》对事物属性的共同看法，老子特别指出阴阳为气，共同向上，在相互激励中有和气产生。"和"是事物存在的规则。在说出"万物负阴而抱阳，冲气以为和"之后，老子没有对阴阳做进一步的阐述，给后人留下遗憾，也留下了继续探讨的空间。

"人之所恶，唯孤、寡、不谷，而王公以为称。"老子认为事物都是相对存在的，人们只能居于一面而舍弃另一面。有所居，就要有所不居。人们厌恶孤、寡、不谷，但王公用来称呼自己，且认为很相称。王公这样称呼自己，表明王公愿意"受国之垢"、"受国不祥"，愿意承担责任。只有愿意承担责任才能被国人接受，否则会有否产生，按《周易》豫卦、否卦的做法，王公有否，会被大人取代。

"故物或损之而益，或益之而损。"老子接受了《周易》损益两卦的观点，认为事物的损益或是因减损而受益，或是因受益而减损。《周易》损卦是说在权力的设置上要损下益上，损卦王公为迁都顺利，减损贵族民主议事的权力，增加王公专断的权力，在迁都中避免了贵族的掣肘；益卦是说增益是损上益下，君王损上益下，在帮助王公迁都。老子认为，《周易》损卦、益卦的损益是单纯的损益，实则事物之间都存在着损益关系，即"物或损之而益，或益之而损"。

"人之所教，我亦教之"，别人这样教我，我也这样教导别人。如果老子从《周易》损卦、益卦中得出"物或损之而益，或益之而损"，那么《周易》就是老子的老师，老子又用《周易》的观点来教导别人。

"强梁者不得其死，吾将以为教父"，强横的人不得好死，我将把强横的人作为反面教员。强梁者在《周易》中比比皆是，《周易》和现实中的强梁者以血淋淋的事实教育了老子，所以强梁者受到老子的重视。老子认为，《周易》仅指出强梁者没有好下场是不够的，强梁者是损者，要做到"损之而益"，可以将强梁者作为反面教员，这样会对受教育者有益。所以要重视反面教员的作用。

第四十三章　无为之益

〔题解〕"三生万物"后，万物皆负阴而抱阳，阴为柔，阳为刚。至柔可以在至坚中驰骋，从坚硬的角度看，坚与刚同义。这是老子从哲学角度对柔与刚的思考。中微子可以穿透地球，至柔的确可以在至坚中驰骋。

〔原文〕　天下之至柔，驰骋天下之至坚，无有入于无间，吾是以知无为之有益。不言之教，无为之益，天下希及之。

〔译文〕　天下最柔的东西，可以在天下最坚硬的东西内奔驰；几乎等同于无的"有"，可以进入没有缝隙的东西内，我由此知道了无为的益处。不用语言的教诲，无为的益处，天下能理解和做到的人太稀少了。

〔解析〕　这一章是讲无为的益处和至柔的作用。老子看到《周易》强调有为，强调阳刚，认为《周易》并不了解至柔和无为的作用。不弄清至柔与至坚的关系，就难以正确认识无为的作用和益处。

"天下之至柔，驰骋天下之至坚"，无为的益处是无为而无不为，至柔可以在至坚中驰骋，也就是说至柔可以战胜或改变至坚。相反，至坚则无法改变至柔，至柔如水，没有谁能改变水的特性。所以柔胜刚，无为胜有为。《周易》认为阳刚代表道，阴柔代表德，德顺从道，阴柔要顺从阳刚。老子认为道看不见、听不清，什么都不像，又什么都像，没有任何物体可以代表道。所以阳刚不能完全代表道，阴柔也不能完全代表德。"柔"与"坚"只是物质的一种属性，柔到极致就可以进入至坚。

"无有入于无间，吾是以知无为之有益。"通过"天下之至柔，驰骋天下之至坚"，就可以知道"至柔"没有形状，而且是介于有无之间，也就是不能再小了，再小就会变成无，此时的状态为"无有"状态。"无有"可以进入没有缝隙的东西内，这种进入不是人为的，也不是人力可以做到的，而是按规则自然发生的。老子由此知道世上没有坚不可摧的东西，对于"坚"，用柔的方法找到切入点就可以进入。"无为"就是不以"坚"

对"坚",而是以柔对"坚",以规则对"坚",如此会带来无坚不摧的益处。

"不言之教,无为之益,天下希及之。""不言之教"是自然的教化。《周易》的教化有身教和言教,"不言之教"既不是身教也不是言教,而是自然之教。自然之教不是刻意去教化,而是受教育者从自然中潜移默化地受到教育。无为的益处是"无有入于无间",就是无为而无不为,也即柔可以无坚不摧。老子认为,这两点天下几乎没有人能做到。"不言之教",受教育者能自觉领会,无师自通;有目的去教化,就不是不言之教。要获得"无为之益",首先要找到做事的规则,这会很难;找到了做事的规则,不但要按规则做事,还要按无为的规则去做,会更难,所有老子说"天下希及之"。

第四十四章　知足不辱

〔题解〕　人们做事一般都看重眼前利益,而看不到长远,很难做到"不言之教,无为之益",也就难以长久。因此老子直接告诉人们如何去做才能长久:"知足不辱,知止不殆,可以长久。"

〔原文〕　名与身孰亲?身与货孰多?得与亡孰病?甚爱必大费,多藏必厚亡。知足不辱,知止不殆,可以长久。

〔译文〕　名誉与身体相比应亲近谁?重视生命与重视财富相比谁应受到称赞?得到与丧失相比哪个弊病更大?过分爱惜必然要有大的耗费,过多的收藏必然会失去更多。知道满足可以避免受到侮辱,知道停止就不会有危险,这样可以长久。

〔解析〕　这一章老子要人们追求长久,不要光顾眼前利益,"知足不辱,知止不殆,可以长久"。老子的知足、知止来自无为。无为是做事不背离道和规则;不知足,超过道和规则的限度,会有危险,知止才能不超越规则。《周易》主张止,艮卦之艮为止。艮卦是说,心看到大腿止于权贵门前，要为权贵做卑下的事，心很焦急，让全身止，才制止住了大腿的行为。艮卦要君子随心而止，不要止于权贵门前，此心来自天地。老子认为，止应止于无为，艮卦之心能止于无为，身体就不会乱动，大腿就不会去做卑下的事，心也就不用焦急。

"名与身孰亲"，名誉与身体相比应亲近谁？应是身体更亲，没有身体就没有名，为名而不要身体，名也就不存在了。旅卦九三："旅焚其次，丧其童仆，贞厉。"象曰："旅焚其次，亦以伤矣。以旅与下，其义丧也。"老子认为，旅卦九三旅人为求名差一点被烧死，是因为旅人不知道"名与身孰亲"。

"身与货孰多"，重视生命与积攒财富哪个更值得称赞？《周易》旅卦上九："鸟焚其巢，旅人先笑后号咷，丧牛于易，凶。"是说像小鸟烧了自己的巢，武人与旅人发生争执，旅人凭借财大气粗，将武人告到官府，官府正在寻找武人，正好将武人拘捕，逼迫武人烧了临时住所。旅人先是幸灾乐祸，而后号啕大哭，所贩卖的牛因管理不善而走失，有凶险。老子认为，牛代表财富，旅人丢失了牛会有凶险，自身生命也遭遇危险。旅人是应该重视财富，还是重视生命？相对于财富，还是重视生命更值得称赞。

"得与亡孰病"，得到与失去谁的弊病更大？《周易》萃卦厉王为多征税，被国人逐至彘地。老子在问厉王多征税与少征税哪个弊病更大，显然是多征税弊病更大。多征税，厉王被逐至彘地；少征税，厉王可以保住王位。

"甚爱必大费"，过分爱惜必然有大的花费。《周易》益卦君王因爱惜王公而帮助王公迁都。老子认为"甚爱必大费"，君王爱惜王公，帮助王公迁都，必然要有大的花费。

"多藏必厚亡"，过度贮藏，必然会损失更大。《周易》节卦九二："不出门庭，凶。"是说大水就要来到，泽水仍不脱离大泽门户，节制不当，会有凶险。六三："不节若，则嗟若。无咎。"是说不节制是为了顺应天时。大水就要来到，让泽水快速流出大泽，可使大泽安泰有悦。面对不节制造成的损失浪费，只能发出叹息。不节之中有节，会没有过错。老子认为，九二泽水不脱离大泽是要多藏，六三让泽水快速流出是厚亡。九二和六三的教训是"多藏必厚亡"。

107

"知足不辱"，知道满足会避免受到侮辱。萃卦厉王不知足而有被逐之辱，颐卦"观我朵颐"不知足而自取其辱。

"知止不殆"，知道停止不会有危险。艮卦九三："艮其限，列其夤，厉，熏心。"是说犹如止于山顶会非常危险，大腿为了巴结权贵而止于权贵门前，立于等待权贵接见的行列中。大腿的行为就要危害到身体，心像被烟火熏烤，非常焦急。"知止不殆"，老子认为大腿随心而止就不会有危险，止之不当会有危险。

"可以长久"，老子认为不管是君子还是士人，在追求名利时能知足、知止，就可以长久。不知足，不知止，就难以长久。

第四十五章 大成若缺

〔题解〕 不但要知足、知止，追求长久，还要学会辩证地看问题，不然就难以做到长久，也难以用清静来治理天下。

〔原文〕 大成若缺，其用不弊；大盈若冲，其用不穷。大直若屈，大巧若拙，大辩若讷。躁胜寒，静胜热，清静为天下正。

〔译文〕 大的成就好像都存在着缺陷，用这样的观点来看待成就就不会有弊病；大的盈满好像非常虚空，用这样的观点来看待盈满就不会有穷尽。大的直好像很弯曲，大的巧好像很笨拙，大的辩论好像反应很迟钝。躁动能战胜寒冷，冷静能战胜发热，清与静是天下治理的正道。

〔解析〕 这一章老子针对《周易》井卦等卦，对大成、大盈、大直、大巧、大辩，提出了自己的看法。老子认为，《周易》没有讲清大成（井卦）、大盈（乾卦）、大直（坤卦）、大巧（渐卦）、大辩（讼卦）的特点。老子所说的大含有道的成分（第二十五章"吾不知其名，字之曰道，强为名之曰大"），所以大成、大盈、大直、大巧、大辩之大，既与大小之大有关，也与道有关。不符合道，就没有大成、大盈、大直、大巧、大辩的意义。

"大成若缺，其用不弊"，大的成就好像都存在着缺陷，用这样的观点来看待成就，不会有弊病。用道来衡量大成，道处在不断运动中，不会停顿在大成上，大成只是解决了过去存在的问题，大成之后新的问题会随之出现，需要不断前进才能与道同行。《周易》井卦上六："井收勿幕，有孚，元吉。"象曰："元吉在上，大成也。"上六是说，井经过治理，有井水可用，打完水不要将井盖上，因为井属于公用而非私有。人们有诚信，能自觉按需求打水，会对君王吉祥，对民众吉祥，对井吉祥。象传说，要真正做到对君王吉祥，对民众吉祥，对井吉祥，就要像革卦之革，对井治进行彻底变革，革除井治的弊病，这样才能获得井治的大成功。老子认为，即便井治获得大成功也会有缺陷，用这样的观点来看问题，井治成功就会没有弊病。

"大盈若冲，其用不穷"，大的盈满好像非常虚空，用这样的观点来看待盈满就不会有穷尽。道的特点是"用之不足既"，所以符合道的盈好像很虚空，虚空就不会盈满。道"用之不足既"，所以"大盈若冲，其用不穷"。《周易》鼎卦六五："鼎黄耳，金铉。利贞。"象曰："鼎黄耳，中以为实也。"六五是说，鼎耳为黄色，黄代表坤，是说鼎具有深厚的德，能倾听到天下民众的呼声；鼎杠用金制成，金代表乾，金制成的鼎杠可以让鼎的行走符合天道，预测对清除小人有利，对民众有利。象传说，鼎耳为黄色，黄代表坤，是说鼎具有深厚的德，能倾听到天下民众的呼声。鼎的行为符合天道、符合民众的心愿，鼎内会盛满民众所需要的食物。老子认为，"鼎黄耳，中以为实"不如"大盈若冲，其用不穷"，也就是说即便鼎内盛满食物，也有食尽的时候；君王心中装着民众，就不会盈满，而会竭力为民众谋利益，民众受益无穷。

"大直若屈"，大的直好像很弯曲。符合道的大的直好像很弯曲。"大象无形"，大直是一种表象，道无形，因此不能认定道一定是直的，看似弯曲的道反而是直道，所以"大直若屈"。《周易》坤卦六二："直、方、大、不习，无不利。"是说坚持做事的原则，讲究做事的方法，所采取的措施稳妥安泰，不该做的事不去做，该做的一次性做好，不反复，没什么不利。老子认为，坚持原则为直，这样的直仅是一般的直，大的直不会一直到底，会曲折迂回，就像真的弯曲了一样。

"大辩若讷",辩论大的问题,反应好像很迟钝。大辩是在大的问题上涉及道,如何用道解决大的问题,是个很复杂的事情,涉及面也很广,不经过周密思考,难以给出答案,所以"大辩若讷"。《周易》讼卦上九:"或锡之鞶带,终朝三褫之。"是说没有功绩,靠口齿伶俐与人争讼,得到君王赏赐的绶带,因此遭到群臣的质疑。三次授予,三次被收回,最终被剥夺。老子认为,上九靠口齿伶俐与人争讼,不符合争讼的规则。大的辩才不会逞口舌之快,而是"大辩若讷"。

"躁胜寒",躁动能战胜寒冷。寒代表什么?一是外部环境不利,二是胆寒。这两种情况都会使人却步。躁为躁动,也就是情况紧急。面对寒,不能四平八稳地去应对,而是需要以躁动来解决寒的问题,也就是说不能一味以静和不争来解决问题。坤卦初六:"履霜,坚冰至。"象曰:"履霜坚冰,阴始凝也。驯至其道,至坚冰也。"初六是说,踩到霜就已知道,坚冰很快会随着寒气到来。象传说,踩到霜就已知道,坚冰很快会随寒气到来。霜必始于寒气的凝结,逐渐变成坚冰。君子经过坚冰的锻炼和考验,顺从坚冰到来的规律,就能适应坚冰的环境,不会受到坚冰的伤害。冰为寒,《周易》坤卦初六是以顺来适应寒。老子认为对寒不能顺,而应以躁动来战胜寒冷。"躁胜寒"有实事求是之意,是在用具体的方法来解决具体问题。

"静胜热",内心的燥热,要用冷静来战胜。《周易》睽卦上九:"睽孤,见豕负涂,载鬼一车。先张之弧,后说之弧,匪寇婚媾。往,遇雨则吉。"是说孤傲之人独自旅行,在路上看见背上涂满了泥的大猪在拉车,车上载着一车鬼。于是孤傲之人将弓拉起来,然后又将弓放下。看清不是鬼而是人时,又怀疑是强盗,再一看原来是娶亲的。孤傲之人前往,遇到大雨会吉祥。夬卦九三:"壮于頄,有凶。君子夬夬独行,遇雨若濡,有愠,无咎。"是说君子只能将对小人的愤怒表现在脸上,没有别的本事。因一时气愤而与小人斗,会有凶险。愤怒中的君子决定与小人以死相拼,在没有人跟随的情况下,边走边想与小人相拼的办法。想法不断产生,又不断被自己否定。遇到大雨,君子被浇透,无法继续行走。君子将心中的怒气转向老天,不再前往,没有过错。老子认为"静胜热",睽卦上九中的孤傲之人和夬卦九三中的君子,他们的行为都是头脑发热所引起的,需要用冷静来战胜头脑发热。孤傲之人和君子头脑发热，受影响的还仅是个人；如果王侯头脑发热，会搅动天下不得安宁。

"清静为天下正"，清与静是天下治理的正道。清是道清楚，道清楚则德明确，做事就不会违背规则。不争会有静，无为会不争，不争有静才能返回根本，这是天下治理的正道。但清与静不是凭空来的，是通过"躁胜寒，静胜热"而得到的，是经过治理得到的。

第四十六章　知足之足

〔题解〕　要做到清与净，就要知足，而且是"知足之足，常足矣"。

〔原文〕　天下有道，却走马以粪；天下无道，戎马生于郊。罪莫大于可欲，祸莫大于不知足，咎莫大于欲得。故知足之足，常足矣。

〔译文〕　天下大道通行，战马会退下来去送粪；天下丧失大道，战马会在战场上产驹。罪恶没有比满足私欲更大的了，灾祸没有比不知足更大的了，过错没有比贪婪更大的了。所以懂得满足，而且懂得什么是真正的满足，这样的满足才是符合规则的满足。

〔解析〕　《周易》卦中常出现罪、祸、咎，老子认为《周易》对罪、祸、咎讲得不够透彻，没有探究罪、祸、疚的根源。老子认为，罪、祸、咎产生的根源是失道、不知道满足、放纵欲望。

"天下有道，却走马以粪；天下无道，戎马生于郊"，天下大道畅行，会让战马退下来去送粪；天下失去道，战马会在战场上产驹。老子以马的行为来判断天下是否有道，《周易》以天下道路是否畅通来判断天下是否有道。大畜卦上九："何天之衢，亨。"象曰："何天之衢，道大行也。"上九是说，背负着上天使命的道路四通八达，行走在上面非常通畅。象传说，背负着上天使命的道路四通八达，是说天道在地上畅行，天下道路才会畅通。老子认为，《周易》以道路是否畅通来判断天下是否有道不准确。诸侯为便于争霸，会让道路畅通。应以天下是否存在战争来判断天下是否有道，没有战争就不需要战马，战马便会退役，战争持续不断才会有战马在战场上产驹。老子和《周易》对天下是否有道的判断标准虽有不同，但都符合道。

"罪莫大于可欲"，罪过没有比满足私欲更大的了。《周易》颐卦有颠颐分子要通过战争、抢掠来满足颐养滋润的私欲；夬卦君子和小人争斗，失败后欲以利来控制君王，君子变成小人；离卦颠颐势力为满足自己的私欲，造成百姓"焚如，死如，弃如"。老子认为，这些人为了满足自己的私欲，才有罪过产生，所以"罪莫大于可欲"。

"祸莫大于不知足"，灾祸没有比不知道满足更大的了。颐卦颠颐之祸和萃卦国人暴动分别是由颠颐之人和厉王的不知足所引起的。

"咎莫大于欲得"，过错没有比想要得到更大的了。《周易》大过卦九二："枯杨生稊，老夫得其女妻，无不利。"象曰："老夫女妻，过以相与也。"九二是说，干枯的杨树又长出了新的枝条，老年男子得到别人的女儿为妻，对老年男子和女子的父亲没什么不利。象传说，老年男子娶年轻女子为妻，大过发生在女子的父亲身上。女子的父亲只看到老年男子曾是栋梁，没有看到栋梁已朽。巴结权贵有大过，过在将女儿嫁给老年男子。老子认为，女子的父亲想要得到，又没有其他办法，只能将女儿嫁给老年男子，其过错是想要得到的欲望太强烈了，所以"咎莫大于欲得"。

"故知足之足，常足矣"，所以对待满足有足够的认识，这种满足才符合规则。

第四十七章　不为而成

〔题解〕要知足就要克制欲望，不要去出门寻找机会，不要去看外面的风景。但对知识的探求不能知足，对道的追求不能知足。只有圣人能做到"不行而知，不见而名，不为而成"。

〔原文〕不出户，知天下；不窥牖，见天道。其出弥远，其知弥少。是以圣人不行而知，不见而名，不为而成。

第四十七章 不为而成

〔译文〕 不走出门户，就可以知晓天下；不从窗户去看外面，就知道天道在如何运行。你走得越远，知道得越少。所以圣人不用行走而无所不知，不用去看就能了解事物，不必亲力亲为就能成就大业。

〔解析〕 这一章老子是针对节卦、旅卦、观卦而言。节卦主张节制，旅卦主张君子要走出去，观卦主张要全面去看，老子并不完全赞成。

"不出户，知天下"，要知晓天下，不必走出家门。《周易》节卦初九："不出户庭，无咎。"象曰："不出户庭，知通塞也。"初九是说，君子节制行动，不离开家门，没有过错。象传说，君子不离开家门，是因为知道天下处于阻塞状态。老子认为，君子不离开家门仅是知道天下处于堵塞的状态，圣人不离开家门就知道天下所有的情况。

"不窥牖，见天道"，不用从窗户往外看，就能看见天道在如何运行。《周易》观卦六二："窥观，利女贞。"是说从门缝和孔洞去看，会产生偏见和一孔之见，仅对女子保持操守要利。窥观也包括从窗户去看，老子认为六二"窥观"只能看到外边的景物，难以看见天道；圣人不用从窗子去看，就能知道天道变化。

"其出弥远，其知弥少"，走得越远，知道得越少。《周易》旅卦认为，君子应走出去增长知识才干，通过旅去寻找建功立业的机会。老子认为，君子走出去并不能增长知识才干，也难以找到建功立业的机会。走得越远，所知越少。

"是以圣人不行而知"，圣人可以做到不必行走就知道天下事。老子是要君子向圣人学习，安心读书，不要去旅，认为读书比旅重要。《周易》旅卦要君子去旅，认为实践和机遇对君子很重要。老子反对君子去旅的另一个原因是，君子去旅会给王侯称霸增加人才。巽卦武人通过旅得到君王的重用，君王也凭借武人打败了敌人。老子认为，君子通过旅为王侯效力，天下会战乱不止。老子不反对君子辅佐圣人，但反对君子为王侯效力。从学习和实践的角度看，君子应读万卷书，行万里路。但是对于涉世不深的君子来说，首先还是要坐下来好好读书，然后再走出去历练，才最为稳妥。

"不见而名，不为而成"，圣人没有亲眼看到这个事物却能了解这个事物，不去亲力亲为而会成功。圣人博学多才，善于思考，对事物能触类旁通，所以会"不见而名"。圣人无为而无不为，所以会"不为而成"。老子强调学习的重要性，与老子的经历有关。老子曾任周朝"守藏史之吏"，也就是管理图书的官吏，自然会博览群书。书籍都是前人的经验总结，在古代尤为珍贵。老子重视古之道，重视前人积累下来的知识和经验。掌握了前人的知识和经验，即便不走出去，也会"知天下"；不用"窥牖"，也能看到天道在如何运行，所以能做到"不见而名，不为而成"。

《周易》也重视学习。升卦上六："冥升，利于不息之贞。"是说晋升之后，人们看不见的知识和能力，也要提高到与职务相应的高度。意志坚强，能坚持不断地学习和实践，预测会对知识和能力的提高有利。在对待学习的问题上，老子和《周易》的观点一致；在如何实践的问题上，《周易》主张君子要走出去，老子不赞成走出去。

第四十八章　为学日益

〔题解〕　圣人可以"不知而行，不见而名，不为而成"，是因为圣人有渊博的学识。想要有圣人那样渊博的学识，就要努力钻研学问，钻研道，达到无为的程度，这样就可以做到"无为而无不为"。

〔原文〕　为学日益，为道日损。损之又损，以至于无为。无为而无不为。取天下常以无事，及其有事，不足以取天下。

〔译文〕　努力学习，学问就会日益增长；努力学道，对道的无知就会日见减损。减损又减损，从而达到做事从不违背道的境地。没有作为是因为事情已经完成，按天道的要求，已没有什么可做的了。取得天下要符合规则，规则是在取天下时天下要安定无事；如果在取天下的过程中有违背道的事发生，那就达不到以无事取得天下的目的。

〔解析〕　这一章老子针对《周易》损、益两卦的观点提出自己对损益的看法。《周易》认为，损益的根本在于利民。损卦是用王公迁都来说明权力的损益之道是损下益上，也就是要减损下面的权力而增益上面的权力,王公最终实现集权专制;益卦是用君王帮助王公迁都来说明有所益是损上益下,益下是朝廷固有的规则。老子认为,损卦和益卦都没有抓住损益的根本。损的根本是"为道日损",益的根本是"为学日益"。也就是说,努力按道去做,做事不符合道的情况会日渐减损;努力学习,知识会日益增加。"损之又损,以至于无为。无为而无不为",减损又减损,做事就会越来越符合道。做事符合道,就不会发生《周易》损卦在开始建都时选址不当的问题,选址得当就不需要迁都,民众的利益也就不会受损,君王就不用去损上益下,帮助王公迁都。而最初选址不当是由于没有做到"为学日益,为道日损",因此才有后来的被迫迁都。

"取天下常以无事",老子在《道德经》中不提周天子,只提王侯;不想恢复周天子的权威,只想将王侯培养成圣人。他认识到周王朝就要完结了,被人取代是早晚的事,只是希望圣人能以"无事"取得天下。所谓"无事",就是在取天下时不采用革命的方法,而是用规则去取代,这个规则就是只有圣人能取天下,而且是以"无事"取天下。

"及其有事,不足以取天下。"老子希望王侯成为圣人,会以"无事取天下"。"及其有事",说明为王侯还不是圣人,"有事"是要强兵称霸,这样做难以取得天下。《周易》震卦"有事",文王和帝乙在缔结婚约时发生争执。震卦六五:"震往来厉,亿无丧,有事。"是说有如雷电往来轰鸣,打得很厉害,文王和帝乙在进行谈判,双方互不相让,争执激烈,给缔结婚约之事带来危险。双方的意图都不是让婚约缔结失败,但是缔结婚约事关文王的朋友,帝乙要文王放弃朋友,文王则要求帝乙不能征伐自己的朋友,双方互不相让,发生争执。老子看到震卦"有事",诸侯之间在进行实力整合。现实中诸侯联盟一旦形成,圣人将难以"取天下常以无事"。圣人如果在"有事"的情况下强行取天下,也就与诸侯无异,不能称为圣人。

第四十九章　圣无常心

〔题解〕　王侯认真学习知识，认真学习道，达到了无为的程度，就可以成为圣人。圣人要取得天下，就要以百姓的心愿为自己的心愿。

〔原文〕　圣人无常心，以百姓之心为心。善者吾善之，不善者吾亦善之，德善；信者吾信之，不信者吾亦信之，德信。圣人在天下歙歙焉，为天下浑其心。百姓皆注其耳目，圣人皆孩之。

〔译文〕　圣人有厚德，没有一般规则所认可的愿望，而是以百姓的愿望为自己的愿望。对善的人我会以善来对待，对不善的人我也会以善来对待，因为德本身就是善的；取得我信任的人我会相信他，没有取得我信任的人我也相信他，因为德本身就是讲诚信的。圣人的存在使天下和谐安定，为了天下和谐安定，圣人首先让百姓的心变得淳朴。百姓的一举一动都会被圣人听到看到，圣人对待百姓就像对待自己的孩子，关怀备至而没有区别。

〔解析〕　这一章讲的是圣人之心和圣人的作为。老子认为，圣人之心就是以百姓之心为心。"百姓皆注其耳目，圣人皆孩之"，表现出老子对民众的关爱。关爱民众是老子和《周易》的共同情怀。《周易》姤卦九五："以杞包瓜，含章，有陨自天。"是说君王对待民众的利益，就像用杞树枝条保护瓜一样细心呵护，其中含有很深的道理。厉王不懂其中的道理，不知道保护瓜，只知道摘瓜，有违天道，所以上天借国人暴动让厉王从王位上坠落。鼎卦六五："鼎黄耳，金铉。利贞。"是说鼎耳为黄色，黄代表坤，是说鼎具有深厚的德，能倾听到天下民众的呼声；鼎杠用金制成，金代表乾，金制成的鼎杠可以让鼎的行走符合天道，预测对民众有利，对清除小人有利。老子认为，《周易》"以杞包瓜"、"鼎黄耳"，体现出对民众的关爱，但真正关爱民众要"以百姓之心为心"。

《周易》复卦象辞："复，其见天地之心乎。"复为返回，返回是为了总结经验教训。天地之心是要让万物在返回中能返回正道，如此万物才能繁荣昌盛。君王秉承天地之心，就要造福于百姓，大畜天下。老子认为，圣人之心是以百姓之心为心，圣人也有不仁爱的时候，会让百姓为"刍狗"。圣人只以百姓之心为心，即便让百姓做"刍狗"，也是为了关爱百姓。《周易》的天地之心来自乾坤，老子的圣人之心来自道和自然。老子的圣人之心和《周易》的天地之心是相通的。

"圣人无常心，以百姓之心为心。"心为愿望，"常心"是一般规则认可的愿望。圣人没有一般规则所认可的愿望，因为圣人没有自己的愿望，而是以百姓心里的愿望为愿望。百姓的心愿就是圣人的心愿。

"善者吾善之，不善者吾亦善之，德善。"对善良的人圣人会以善来对待，对不善的人圣人也会以善来对待。这个善是善政的善，也就是对善良的人和不善的人，圣人都要善于治理。是德要求圣人要善于治理。《周易》也要求君王要善于治理。师卦六五："田有禽，利执言。无咎。长子帅师，弟子舆尸，贞凶。"象曰："长子帅师，以中行也。弟子舆尸，使不当也。"六五是说，君臣一致认为，敌人已像被围困的禽兽，时机和形势都有利于消灭敌人。为了不发生过错，君王让自己的长子担任军队的统帅。进攻失利的原因是统帅用自己的弟子掌管战车。如果不进行变革，预测会有凶险。象传说，君王让自己的长子担任军队的统帅，是为了让军队能按君王的旨意行军打仗。统帅让自己的弟子掌管战车，弟子年轻体弱又没有实战经验，让这样的人驾驭战车、冲锋陷阵，犹如羊率领狼群去打仗，是使用不当。老子认为，师卦君王善于治理，才能正确总结教训，对军队进行变革。

"信者吾信之，不信者吾亦信之，德信。"对取得圣人信任的人圣人会以诚信相待，对没有取得圣人信任的人圣人也会以诚信相待，因为德本身就是讲诚信的。"不信者"不一定是不讲诚信的人，有可能是没有得到圣人信任的人。信任需要一个过程。《周易》兑卦九二："孚兑，吉，悔亡。"是说以有诚信、讲实话为悦，吉祥。要求上泽向下泽输水的事已得到回应，顾虑因有诚信、讲实话而得不到回应的悔恨消亡。老子认为，九二是"信者"，所以"吾信之"，大泽尊者接受了九二的意见。九四："商兑未宁，介疾有喜。"象曰："九四之喜，有庆也。"九四是说，需要制定出一个让双方都满意的输水方案,但反复商议后仍然没有结果,因为来人说不清下泽缺水的情况。往来传递消息的人快速赶来,有喜事发生。象传说,九四传来的喜讯值得庆贺。九二如实向尊者反映了下泽缺水的情况,尊者已对向下泽输水一事做出了决定。老子认为,九四来人说不清下泽缺水的情况,不是来人不讲诚信,而是处于下层,对情况了解不够,讲不清情况,因此才成为"不信者"。圣人对"不信者吾亦信之",相信"不信者"是个讲诚信的人,最终通过"信者"解决了输水问题。

"圣人在天下歙歙焉,为天下浑其心。百姓皆注其耳目,圣人皆孩之。"圣人在,天下会和谐安定。为了天下和谐安定,圣人首先让百姓之心变得淳朴,不计较个人利益。百姓的要求圣人都能听到,百姓的状况圣人都能看到,圣人将百姓当作自己的孩子,关怀备至,没有差别。《周易》益卦王公迁都,"下不厚事",下为民众,迁都得到君王的帮助,民众才不将迁都看得困难重重。益卦九五:"有孚,惠心勿问,元吉。有孚,惠我德。"是说王公在按照君王批准的方案搬迁国都,朝廷也在如实地拨付物资。君王有仁爱之心,只关注受灾民众的疾苦,不去理睬那些反对搬迁国都的人,也不干预迁都的具体工作,使搬迁国都一事吉祥。民众从朝廷源源不断地提供的物资中感受到君王的仁爱,君王也感受到民众对君王的仁爱充满了感激之情。老子认为,益卦六五体现了君王对民众的仁爱,但更多体现了对王公的仁爱,所以只有圣人才能将百姓当作自己的孩子。

第五十章　出生入死

〔题解〕圣人不但要知道关爱百姓,也要知生死。不知生死就不能善摄生,不能善摄生会有死地。善摄生是关爱生命,但"生生之厚",为养生而养生是"动之死地"。所以要真正做到"善摄生",就不能为养生而养生。

〔原文〕出生入死。生之徒十有三;死之徒十有三;人之生,动之死地亦十有三。夫何故?以其生生之厚。盖闻善摄生者,陆行不遇兕虎，入军不被甲兵。兕无所投其角，虎无所措其爪，兵无所容其刃。夫何故？以其无死地。

〔译文〕 人有生会有死。寿命长的占十分之三；寿命短的占十分之三；本来可以活得长却走上死地的，也占十分之三。这是什么原因呢？是因为他们过分追求长命，追求优渥的生活。据说善于养生的人，在陆地上行走不会碰到犀牛和老虎，在战场上敌方的刀剑不会加之于身。犀牛不会顶出它的角，老虎不会伸出它的利爪，兵器没有地方落下刀刃。这是为何呢？因为他没有进入死亡境地。

〔解析〕 这一章是老子对生死的看法，也是对养护身体的看法，尤其是对王侯养护身体的看法。老子认为人应善于摄生。善于摄生有两层含义，一是善于养生，可以长寿；二是善于处理危机，不会进入死地。《周易》没有善摄生的论述，认为君子应敢于为理想献身。大过卦上六："过涉灭顶，凶，无咎。"象曰："过涉之凶，不可咎也。"上六是说，涉水大过，让河水淹没了头，有凶险，没有过错。象传说，涉水大过，让河水淹没了头所引发的凶险，不可去追究和责怪。涉水者探究从未有人涉过的河，是在为后来者寻求道路，难免会遇到灭顶的灾祸。从探索的意义上讲，涉水时让河水淹没了头，有大过而没有过错，不应该被追究和责怪。老子不同意《周易》要君子敢于牺牲的说法，认为君子应善于摄生，"过涉灭顶"不善于摄生，会做无谓的牺牲。老子的善于摄生与《周易》的敢于牺牲并不矛盾，不善于摄生会进入死地，不敢于牺牲事业就不会成功。两者不可偏废。

"出生入死。生之徒十有三；死之徒十有三；人之生，动之于死地亦十有三。"这是老子对人的生死状况的总结。长寿与短命的各占十分之三，本来可以长寿却走向死地的也占十分之三。

"夫何故？以其生生之厚。"这是什么缘故呢？是他们太过于追求享受了。《周易》不反对享受，颐卦有"朵颐"，鼎卦有鼎食，只要朵颐是"自求口食"，鼎食不违背鼎食规则，就是合理的。老子认为，《周易》不反对朵颐和鼎食，是"生生之厚"，会过早死亡。

"盖闻善摄生者，陆行不遇兕虎，入军不被甲兵。兕无所投其角，虎无所措其爪，兵无所容其刃。夫何故？以其无死地。"善摄生就会善于保全，行走不会遇到犀牛和老虎，在战场上不会遇到兵器。《周易》没有善摄生的论述，但丰卦有类似的内容。丰卦九四："丰其蔀，日中见斗。遇其夷主，吉。"象曰："丰其蔀，位不当也。日中见斗，幽不明也。遇其夷主，吉行也。"九四是说，文王为了保护武王，采用丰的策略，将武王的辉煌遮盖起来，只露出星斗。君子前往，遇到平辈的主人武王，吉祥。象传是说，文王已经去世，如果武王仍采用丰的策略，就是位置摆放不当。将武王的辉煌遮盖起来，只露出星斗，会使文王之位的继承问题变得幽暗不明。君子遇到平辈的主人武王，跟随武王前去继承文王之位，会吉祥。老子认为，九四文王将武王的辉煌遮盖起来，不过早地暴露，是一种善摄生。武王会"陆行不遇兕虎，入军不被甲兵"，不进入死地，这样才有后来的伐纣。

第五十一章 尊道贵德

〔题解〕"善摄生者"不仅指人，也包括万物。万物是由"道生之，德畜之，物形之，势成之"，所以万物善摄生，就要"尊道贵德"。

〔原文〕 道生之，德畜之，物形之，势成之。是以万物莫不尊道而贵德。道之尊，德之贵，夫莫之命而常自然。故道生之，德畜之，长之育之，（亭之毒之）[成之熟之]，养之覆之。生而不有，为而不恃，长而不宰，是谓玄德。

〔译文〕 万物由道而生，由德来养育，自然界不同的形态影响着万物，具体情势形成并造就了万物。因此天下万物没有不尊崇道而珍贵德的。道被尊崇，德被宝贵，没有谁命令万物必须这样做，但大自然规定得到就要回报，有道德才有万物，万物自然会尊道崇德。所以道生成万物，德养育万物，使万物得到生长、得到养育，使万物成材成熟，使万物得到抚养和保护。生育万物而不拥有，成就万物而不自以为有功，让万物自然生长而不肆意损毁，这就是最深奥的德。

第五十一章　尊道贵德

〔解析〕　这一章讲的是万物与道德的关系，"道生之，德畜之，物形之，势成之。是以万物莫不尊道而贵德"。老子认为，万物由道而生，由德来养育。大自然的不同形态塑造了万物的不同，具体的情势造就了万物。大自然的规则是承诺就要兑现，得到就要回报。承诺为道，道的承诺要靠德来兑现；对万物来说，得到就要回报，回报为德。有道德才有万物，所以万物自然会尊崇道而宝贵德。

《周易》认为是乾创万物，坤载万物，天地养万物。道是万物成长必须遵守的规则，德是万物对乾道的尊奉和顺从。《周易》九五之位为天位，居九五之位就代表上天，所以九五为尊。老子尊道，认为道比天的位置要高，天地开始于"无"，而道则生于"象帝之先"。道生万物，才有了万物的存在；道给予了天地"一"，才有了天地的存在，所以要尊道。

在《道德经》和《周易》中德都对万物起到养育作用。老子虽然没有说德生于何处，但从万物由道而生、由德来养育可知德与道同在，应是道中含有德。道生万物之时便对万物有了承诺，道对万物的承诺为德，同时万物自然要对道有所回报，回报亦为德，所以万物甘愿做天地的"刍狗"，以回报道德的养育。老子之道与《周易》之道有所不同，但老子之德与《周易》之德的功能相同，都与万物有关，都使万物得到发展、获得成功，所以老子与《周易》形成共识："尊道贵德"。

"道之尊，德之贵，夫莫之命而常自然。"老子认为，道被尊崇，德被宝贵，没有谁命令必须要这样做，这是自然存在的规则，这个规则是承诺就要兑现，得到就要回报，所以道德生养万物，万物尊道贵德。

"故道生之，德畜之，长之育之，（亭之毒之）［成之熟之］，养之覆之。"这一段是讲道与德对万物的作用。道生万物，由德来畜养。道与德让万物得到成长、得到养育，让万物成材成熟，得到抚养和保护，道德共同来兑现对万物的承诺。在《周易》中，乾创万物，坤载万物，乾为天，坤为地，所以也是天造就了万物，地养育了万物。万物顺从道为有德，有德会得到上天的保佑。《道德经》道生万物，起到《周易》乾和天的作用；德养育万物，起到《周易》坤和地的作用。老子认为，上天不会保佑万物，德会保护万物；人需要天的救助，天会以慈来救助。

"生而不有，为而不恃，长而不宰，是谓玄德。"道生万物，道有德，会生而不占有万物；道使万物蓬勃发展，道有德，不会自恃有功；道让万物自由生长，道有德，不会做万物的主宰。这种德是很玄妙的德，玄妙之处在于，不同的道产生不同的德，不同的德会有不同的行为，不同的行为会有不同的后果，所有的后果都要符合道。所以这样的德，称为玄奥之德。《周易》乾为天，坤为地；乾为道，坤为德。乾坤须臾不能离开，道与德也就不能离开；没有无道之德，也没有无德之道。在道与德的关系上，老子和《周易》看法相一致，形成了共同的观点：道德一体，尊道贵德。

老子的玄奥之德伴道而生、随道而行。在道生万物、万物的生长变化中存在着玄奥，所以才会有玄奥之德。没有玄奥之德的养育，万物将覆灭。《周易》之德是对乾的顺从与奉行。天顺从乾，天亦有德，乾卦"天德不可为首也"，说明天有德。道在《周易》中是规律、规则，违背会受到惩罚，所以《周易》之道无德，只体现乾和天的意志。万物有德会顺从道，顺从道会得到发展。《道德经》中的玄德与《周易》之德没有本质的区别，都与万物的成长有关。《周易》之德有厚德，厚德可以载物。老子认为德有玄德，也就是深奥玄妙之德，人们可以靠深奥玄妙之德进入"众妙之门"，去探索深奥玄妙的世界，解开玄妙之谜。

第五十二章　天下有始

〔题解〕　万物尊道贵德，就要"既得其母，以知其子。既知其子，复守其母"。其母为道，是万物的根本；其子为万物，"复守其母"是要守护住道这个根本。老子认为，根本为命，有命会有命运，命和命运由道来安排决定，不可违背，违背就是没有守住根本，会有危险。

〔原文〕　天下有始，以为天下母。既得其母，以知其子；既知其子，复守其母，没身不殆。塞其兑，闭其门，终身不勤；开其兑，济其事，终身不救。见小曰明，守柔曰强。用其光，复归其明，无遗身殃，是谓袭常。

〔译文〕　天下万物有初始的时候，那是天下万物的母亲。既然知道谁是天下万物的母亲，就能够识别天下万物；既然能够识别天下万物，就要守护万物的母亲，也就是守护住根本，这样一生都不会有危险。堵塞住贪欲的孔洞，关闭欲望的大门，就终生不会劳顿；打开贪欲的孔洞，满足奢侈的欲望，就终生不得救赎。能观察到事物的细微变化叫作明白，能守持住柔弱叫作坚强。用道之光来观察事物，会重新归于光明，不会在身后留下灾祸，这就是所谓的做事要沿袭已有的规则。

〔解析〕 老子认为，万物的根本就是万物的本命，命运在万物诞生时就已经确定；万物知道自己的根本，就应顺从命运的安排，这样才不会有危险。这一章也是老子对《周易》随卦的总结。随卦中父亲忘记根本，跟随"小子"搞分裂，被孝王祭天。父亲由自己实现大有、让君子奉事王侯的愿望已经不能实现了。老子认为，随卦中的父亲要自己实现大有、让君子去奉事王侯的做法是贪欲过度，违背了命运的安排，因此才会"遗身殃"。君子只有坚守道，也就是坚守本命，知晓事物的变化，堵塞住贪欲的孔洞，才不会有危险。

"天下有始，以为天下母"，天下万物都有初始的时候，万物由母亲所生，母亲是万物的根本。人们知道根本，就要守住根本。老子认为，《周易》随卦中的父亲没有守住根本，才会被孝王祭天。这个根本与命和命运相连，违背命运的安排会有祸殃。

"既得其母，以知其子"，得到万物的母亲，就是得到事物的根本，就要知道儿子的一切都与母亲有关，也就是说事物的发展变化离不开根本。《周易》随卦中的父亲如果得到根本，知道自己和儿子的命运，就不会去让儿子去奉事王侯，自己也不会随"小子"搞分裂。没有得到根本，也就难以知晓自己和儿子的命运。

"既知其子，复守其母，没身不殆"，既然知道事物是如何产生的、命运是如何确定的，就要在事物的发展变化中守住根本，这样一生都不会遇到危险。老子认为，随卦中的父亲既然知道自己和儿子的命运，就应当守住根本，不违背命运的安排，不去梦想通过奉事王侯来做王侯，不随"小子"搞分裂，这样就不会有被祭天的厄运。《周易》认为，随卦父亲想改变命运没有错，错在随之不当，人们经过努力是可以改变自己命运的。否卦六三："包羞。"象曰："包羞，位不当也。"六三是说，厨子在向大人进献美食的同时，向大人进献倾否取代的良策。象传说，厨子在向大人进献美食的同时，向大人进献倾否取代的良策。厨子虽然没有摆正自己的位置，却抓住了改变自己命运的机会。老子认为，连厨子都想改变自己的命运，更何况是随卦中的父亲，正是因为他们都忘记了根本，不接受命运的安排，天下才会战乱不止，个人则危险不断。

"塞其兑，闭其门，终身不勤"，堵塞住贪欲的孔洞，关闭欲望的大门，终生不会劳顿。老子认为，《周易》大有卦的君子如果能堵塞住财富大有的贪欲，关闭做王侯的欲望，就终生不会有劳顿，也就不用辛苦去给天子进贡。大有卦九二："大车以载，有攸往，无咎。"九三："公用亨于天子。小人弗克。"九二是说，大车满载财物，前往王公处。通过王公向天子进贡，没有过错。九三是说，王公将君子准备好的财物进贡给天子，并向天子推荐了君子。小人没有达到目的。老子认为，九二、九三说明，不管是君子还是小人，都在用"大车以载"来改变自己的命运。只有做到"塞其兑，闭其门"，才能"终身不勤"。

"开其兑，济其事，终身不救"，打开贪欲的孔洞，满足奢侈的欲望，终生得不到救赎。《周易》大有卦中的母亲为实现丈夫要儿子通过奉事王侯而做王侯的遗愿，让君子"大车以载"给天子进贡。老子认为，大有卦的母亲是"开其兑，济其事"，这样去做会"终身不救"。

"见小曰明，守柔曰强"，能看见微小为明，能守持住柔叫作坚强。微小接近"无"，"无"为根本，"见小"是通过探讨得到根本，得到根本会明确努力的方向。老子认为，《周易》随卦中的父亲没有去探讨根本，也就不能把住握命运的安排，有所不明才会随"小子"搞分裂。守柔是守住自己的弱点，守住弱点就能克服弱点。父亲没有守住柔，就是没有守住弱点，被分裂同人抓住弱点，被迫参与分裂活动。随卦上六："拘系之，乃从。维之，王用亨于西山。"象曰："拘系之，上穷也。"上六是说，分裂同人以拘禁家人相威胁，胁迫父亲参加分裂同人的活动。父亲被孝王抓住，用绳索捆绑到西山，连同其他顽抗到底的分裂同人一起，当作人牲祭天。象传说，分裂同人以拘禁家人相威胁，胁迫父亲参加分裂同人的活动。父亲被孝王祭天，他的由自己完成大有、让儿子去奉事王侯的愿望已经没有办法实现了。老子认为，随卦父亲没有"守柔"才遭遇不幸。

"用其光,复归其明","天下有始"会发出根本之光,根本之光会引导君子回到根本,回到根本会有光明。《周易》蛊卦君子为实现父亲的遗愿,用父亲的光荣历史为父亲洗清罪过,使父亲的大有事业重现光明。蛊卦初六:"干父之蛊,有子,考无咎,厉,终吉。"象曰:"干父之蛊,意承考也。"初六是说,父亲生前没能实现大有的愿望,儿子立志完成父亲的遗愿。父亲被迫参加分裂同人的活动,但是没有过错。儿子要继承父业,就要先为父亲洗清罪名。这会有危险,但儿子不怕危险,最终为父亲洗清了罪名,吉祥。象传说,做父亲生前想做而没有做完的事,儿子的意图是要继承父业,完成父亲的遗愿。老子认为,蛊卦初六儿子"用其光",通过根本之光的引导而返回到根本,也通过根本之光的引导替父亲洗清了罪名。"复归其明",让父亲的冤案从根本上得到昭雪,父亲的大有事业重获光明。

"无遗身殃,是谓袭常",人不能不犯错误,但所犯的错误不能死后还要殃及子孙,这就是所谓的做事要沿袭已有的规则,守规则就不会犯错误。《周易》随卦父亲被孝王祭天,殃及儿子。老子认为,如果不想身后留有祸殃,就要尊道贵德,并把尊道贵德的传统继承下去。如果大有卦儿子在蛊卦中只是继承父亲的财产,不能将尊道贵德的传统继承下去,就难免犯父亲同样的错误。只有继承尊道贵德的传统并形成规则,按规则去做,才不会有祸殃,之后才能真正继承父亲的财产和美德。

第五十三章　行于大道

〔题解〕　掌握大道,把握根本,是为了让大道在天下畅行。要让大道在天下畅行,就要去贯彻道。但老子感到贯彻道很难,天下王侯走的都不是正道。

〔原文〕　使我介然有知,行于大道,唯施是畏。大道甚夷,而民好径。朝甚除,田甚芜,仓甚虚;服文彩,带利剑,厌饮食,财货有余。是谓盗夸。非道也哉!

〔译文〕 历史和现实让我坚定地知道，按大道行走，唯有怎样具体实施让人感到畏惧。大道很平坦，而人们都愿意走捷径。朝廷在不断修建，田地荒芜，仓府空虚；人们的衣着都很华丽，还佩戴着利剑，吃得饱饱的，钱财都有盈余。这叫作用抢掠来的财富进行炫耀。这不是得道之人所应当做的啊！

〔解析〕 这一章表现出老子对《周易》和现实的失望。他认为《周易》通过大有卦、蛊卦等卦鼓励人们走捷径，因为大有卦和蛊卦是君子用"大车以载"向天子进贡来获取功名；现实是人们的行为已脱离道，王侯和贵族都是强盗，在用抢掠来的财富进行享乐和炫耀。老子认为这都不符合道，是背离道的行为。

"使我介然有知"，是历史和现实让我坚定地知道，也是《周易》让我知道。

"行于大道，唯施是畏"，按大道行走，唯有如何实施让人生畏。老子要在天下推行大道，认为最令人生畏的是对道的贯彻实施。《周易》在用历史的经验教训来推行有为之道，老子认为《周易》的有为之道会将人们引入名利的歧途。现实是王侯和贵族不接受老子的无为之道，他们的有为仅表现在对钱财和享受的追求上，都在相互攀比，以强盗手段来夺取财物，老子对此很无奈。

"大道甚夷，而民好径"，大道很平坦，也很好走，但人们都愿意走捷径。《周易》履卦"履道坦坦"，是说通往朝廷的道路很平坦，人们纷纷涌向国都，都希望通过向君王进谏来取得功名。老子认为，《周易》所说的"履道坦坦"是王侯在诱使民众走捷径，现实也是如此。

"朝甚除"，王侯和贵族都在大肆修建。《周易》损卦王公的国都已不适宜居住，要兴建新都，益卦君王在帮助王公迁都。老子怀疑王公迁都有可能是"朝甚除"。现实也是王侯和贵族都在大肆修建，唯恐落后于别人。

"田甚芜，仓甚虚；服文彩，带利剑，厌饮食，财货有余。是谓盗夸"，田地已经很荒芜了，仓府已经很空虚了，但人们的衣着都很华丽，身上还佩戴着利剑，吃得饱饱的，财物都有剩余。老子描绘的是一种浮华衰败的现实景象，王侯和贵族醉生梦死、奢侈享乐，所有的财富都是来自战争和掠夺，还在相互夸耀。

"厌饮食"，《周易》颐卦有"朵颐"，鼎卦在享用鼎宴，客人唯恐"雉膏不食"。这说明《周易》不反对享受，认为朵颐、鼎食只要是"自求口食"，就是合理的。老子认为朵颐、鼎食必然会走向"厌饮食"。

"财货有余"，财产和货物都有富余。《周易》颐卦六二："颠颐，拂经于丘。颐征，凶。"是说颠倒颐养关系，要周边的小国不再颐养君王，转而颐养自己。为了达到目的，不惜用军队征伐，会有凶险。老子认为，颐卦六二"颐征"使自己"财货有余"，这种强盗行为会有凶险。现实是王侯和贵族有如强盗，都做到了"财货有余"。

"是谓盗夸。"老子认为"服文采，带利剑，厌饮食，财货有余"都是在"夸"，在炫耀。这个"夸"是通过强盗手段，用战争和掠夺得来的。是战争使"田甚芜"，战争的支出使"仓甚虚"。"田甚芜"，民众会饥寒交迫；"仓甚虚"，王侯会加紧征税，最终会"大威至"，民众的反抗就要来到了。

"非道也哉。"王侯和贵族的行为脱离了道，老子对此很是忧虑。

第五十四章　善抱不脱

〔题解〕　在大道上行走而不脱离道，只有"善抱者不脱"。得道才能善抱不脱。得道须从修身开始，坚持不懈，才能修之于天下。

〔原文〕　善建者不拔，善抱者不脱，子孙以祭祀不辍。修之于身，其德乃真；修之于家，其德乃余；修之于乡，其德乃长；修之于国，其德乃丰；修之于天下，其德乃普。故以身观身，以家观家，以乡观乡，以国观国，以天下观天下。吾何以知天下然哉？以此。

〔译文〕　善于建立的人不会轻易动摇，善于抱持的人不会轻易脱手，功绩影响深远，子孙后代会永远纪念他。用道德来修炼自身，德才是真正的德；以道德来修治家，德会使家盈余；以道德来修治乡，德能使乡德增长；用道德来修治邦国，德会使邦国丰厚；用道德来修治天下，德会在天下普及。所以要用有德之人的修身来观察自己和他人的修身，以理想之家来观察家，以理想之乡来观察乡，以理想之国来观察国，以理想之天下来观察天下。我是如何知道天下必然是这样的？就是用对比的方法。

〔解析〕 这一章是老子对《周易》谦卦的感悟。谦卦之谦是谦虚的意思，谦卦认为谦虚才能修身，才能得到上天的保佑。《周易》认为，君子坚持正道，就要修养身心，自我反省；老子认为，君子修养身心要向圣人学习，最终才能达到"修之于天下，其德乃普"的程度。圣人的修行从自身开始，不仅"修之于身"，还要"修之于家，修之于乡，修之于国，修之于天下"。修行要有榜样，对照应有目标。通过观察对比找出差距，才能修行成功。

"善建者不拔"，"善建"是善于建树。在所有的建树中，道德的建树最为重要，道德的建树要从自身开始。"不拔"就要坚持不懈，遇到困难不动摇。在老子看来，《周易》的很多方面都不是善于建树的：善于建树就不会发生颐卦颠颐，善于建树损卦就不会迁都，善于建树恒卦就不会发生"浚恒"。所以说"善建者不拔"。

"善抱者不脱"，善于抱持不会轻易脱手。《周易》损卦王公为迁都而抱持集权专制，没有因为有人反对而放弃。损卦上九："弗损益之，无咎，贞吉。利有攸往。"象曰："弗损益之，大得志也。"上九是说，王公集权专制，没有缩小下面参与议事的范围，而是扩大了下面参与议事的范围，没有过错，预测吉祥。这会对前往朝廷与君王商议搬迁国都一事有利。君王已经得知邦国遭受水灾，王公的国都已不适于居住，需要搬迁。象传说，王公集权专制，没有缩小下面参与议事的范围，实现了按自己心愿治理邦国的愿望。老子认为，王公抱持集权专制，没有缩小下面参与议事的范围，而是扩大了下面参与议事的范围，是善于抱持；在有人反对的情况下，仍然坚持集权迁国，并达到了目的，是"善抱者不脱"。

"子孙以祭祀不辍。"是否"善建"、"善抱"，不能光看眼前，还要经得起历史的考验和时间的检验。不利于子孙后代，就不能称为"善建"和"善抱"。损卦王公迁都是有利于子孙后代的大事，老子认为王公"善建"、"善抱"，子孙后代会对王公"祭祀不辍"。

"修之于身，其德乃真。"要"善建"、"善抱"，就要加强道德的修养。修身是用道德来修炼自身，修身而不道德连修，所表现出来的德就是假德。修身只有道德连修，才能得到真正的德。《周易》复卦初九："不远复，无祗悔，元吉。"象曰："不远之复，以修身也。"初九是说，行走不远，随即返回，对君子和君子立志要做的事吉祥。象传说，行走不远就返回，君子用这样的方法来修养身心。老子赞成初九君子的修身方法，认为"不远复"是在按道行走，按德的要求去做，所具备的德是真正的德。

"修之于家，其德乃余"，君子将修身扩展到修家，家有德，会使家富庶有余。《周易》家人卦初九："闲有家，悔亡。"是说君子赋闲在家，有如战马被闲置在栅栏内，君子以治国的才干治家，赋闲的悔恨消亡。老子认为，君子赋闲在家，治家光有才干还不够，能"修之于家，其德乃余"，才能富家。

"修之于乡，其德乃长"，将修家扩展到以道德修乡，德扩展到乡，乡德会长远。《周易》无妄卦六三："无妄之灾，或系之牛，行人之得，邑人之灾。"象曰："行人得牛，邑人灾也。"六三是说，没有非分的想法和行为，却遭遇灾祸，令村人感到迷惑不解。事情是由一头系在树上的牛引起的。有同乡将牛系在村旁树上，被路人牵走。村人认为这事与自己无关，没有制止，因此遭遇灾祸。象传说，路人牵牛，并非与村人无关。人与人之间应该相互关心、相互照顾，村人发现路人牵牛时应当制止，不制止相当于共犯。路人得牛，不知去向，后果只能由村人承担。村人缺乏公德，无妄不当，遭遇灾祸。老子认为，村人遭遇无妄之灾，是既缺乏道也缺乏公德。君子经过修家之后，以道德修乡，让乡民有德，乡德增长就能防止"行人之得，邑人之灾"发生。

"修之于国，其德乃丰"，将修乡扩展到以道德修国，德扩展到邦国，德会丰厚。损卦王公迁都，得到益卦君王的帮助，迁都的民众都感受到君王的仁爱之德，民众也会报之以德，德会丰厚。所以益卦的民众不认为迁都会损失惨重。益卦初九："利用为大作，元吉，无咎。"象曰："元吉，无咎，下不厚事也。"初九是说，君王用益下的方法帮助王公搬迁国都，对王公有利，使搬迁国都一事吉祥，没有发生过错。象传说，搬迁国都吉祥，没有发生过错，是说君王的帮助减少了民众因搬迁国都所受到的损失，民众不再认为搬迁国都是一件很难的事，也不再看重自己的损失。老子认为，王公、君王"修之于国"，民众受到了感动，"其德乃丰"，君王和王公将德扩展到民众，民众德丰厚才能支持王公迁都，"下不厚事"，不再看重自己的损失。

"修之于天下，其德乃普"，将修国扩展到以道德修天下，德扩展到天下，会让德在天下普及。乾卦九二："见龙在田，利见大人。"象曰："见龙在田，德普施也。"九二是说，太子静如龙一样出现在人才选拔的现场，有大人现身陪同，会有利。象传说，太子静如龙一样出现在人才选拔的现场，不是以个人好恶来选拔人才，而是将恩惠施于每个参加选拔的人，是要广泛选拔人才。只要有才干，都有被选中的机会。老子认为，九二是太子静通过修行的方法让德在天下普及，如此才能在选拔人才时做到"德普施"。从"修之于身"到"修之于天下"，老子既讲了修德的作用，也展示了圣人的成长之路。圣人是从修身开始，通过修家、修乡、修国、修天下，才修成圣人。

"故以身观身，以家观家，以乡观乡，以国观国，以天下观天下。吾何以知天下然哉？以此"，所以要通过有德之人来观察个人的修行，以道德之家来观察家的修行，以道德之乡来观察乡的修行，以道德之国来观察国的修行，以道德之天下来观察天下的修行。老子不可能都亲眼看见，只能从古人的著述和《周易》中得到"天下然哉"。老子和《周易》都重视德的修养，都认为德在修行方面起到重要作用。老子更是将个人修行扩大到修天下，类似于要将社会打造成公民社会。只有提高民众的觉悟，才能真正形成公民社会，这个过程就是修行的过程。

第五十五章　物壮则老

〔题解〕　德丰厚要靠修养，修养的最终目的是修成厚德，造福于天下。修成厚德会有精气、和气产生，有精气、和气会吉祥、强大。如果修养的目的是实现大壮，那么这种修养就不符合道，会早早灭亡。

〔原文〕　含德之厚，比于赤子。蜂虿虺蛇不螫，猛兽不据，攫鸟不搏。骨弱筋柔而握固，未知牝牡之合而（全）［朘］作，精之至也。终日号而不嗄，和之至也。知和曰常，知常曰明，益生曰祥，心使气曰强。物壮则老，谓之不道，不道早已。

〔译文〕 道德修养蕴含深厚的人，好比稚嫩的婴儿。有毒的虫子不会去蛰他，野兽不会去扑咬他，猛禽不会去捉他。筋骨柔弱，手却握得很牢固；不知道雌雄交配之事，性器官却能勃起，这是精气充盈的缘故。整日啼号嗓子却不会哑，这是诸气和谐的缘故。知道和可以说是知道处事的规则，知道处事的规则可以说是知道什么是光明，益不断增长叫作吉祥，心能支配精气、和气叫作强大。事物壮大后会走向衰老，这就是不尊奉道的结果，不尊奉道会早早地结束。

〔解析〕 物质有各种形态，老子认为有一种物质为气，即精气、和气及阴阳之气。道既属于气又不属于气，是一种超常态的物质。这一章讲的是德与精气、和气的关系，认为精气、和气与益、常、明、祥、心、强有密切的关系。"物壮则老"是老子对《周易》大壮卦之大壮提出的不同看法，他认为事物有没有前途不在于壮与不壮，而在于有没有厚德，无德之壮不符合道，会早早结束。

"含德之厚，比于赤子。蜂虿虺蛇不螫，猛兽不据，攫鸟不搏。"老子认为，君子修身达到厚德的程度，会有如稚嫩的婴儿，蜂虿虺蛇、猛兽、大鸟都不会去伤害他。婴儿虽柔弱却纯真，纯真最接近道，代表根本，所以不会受到伤害，也就是说越接近根本就越不容易受到伤害。《周易》也主张有厚德。坤卦六五："黄裳，元吉。"象曰："黄裳元吉，文在中也。"六五是说，着黄色的衣裳，对君王吉祥，对民众吉祥，对君王所要做的事吉祥。象传说，着黄色的衣裳，对君王吉祥，对民众吉祥，对君王所要做的事吉祥。坤卦"黄裳"之黄代表坤和大地，用黄来装饰衣裳，表示君王之德厚如大地，包容大度。裳为下衣，表示君王如下衣，甘愿顺从上天。厚德不会一天形成，而是有个逐渐积累的过程，坚持不懈，自然会形成。老子和《周易》都主张有厚德，老子的厚德内含纯真即根本，《周易》的厚德内含道。二者都认为有厚德会造福于民众。

"骨弱筋柔而握固，未知牡牝之合而（全）〔朘〕作，精之至也"，婴儿虽柔弱，抓东西却很牢固；不知道男女之事，生殖器却能勃起，这是精气充盈的缘故。有厚德者如婴儿，看似柔弱，实则很坚强；不清楚未来之事，却能为未来做好准备。"精之至"是精气充盈。气是组成生命的最小物质，精气是构成人体生命力的重要元素，有精气才能虽柔弱而坚强。

"终日号而不嗄，和之至也"，婴儿终日哭号，嗓子却不会哑，这是婴儿诸气调和的缘故。"和"会调解各种矛盾，使之平静。老子推崇"和"，他认为万物在发展的过程中，个体与个体之间、个体与群体之间、群体与群体之间会有不同，有不同就会有矛盾，通过"和"可以化解矛盾，使事物共同得到发展，共同归于根本。

"知和曰常，知常曰明，益生曰祥，心使气曰强。"这是《道德经》中几个比较重要的概念。何为常，"知和曰常"；何为明，"知常曰明"；何为祥，"益生曰祥"；何为强，"心使气曰强"。知道"和"的作用就是知道做事的基本规则，知道做事的基本规则会有光明，有光明会有益处产生，有益处产生叫作吉祥，心能指挥精气、和气叫作强大。

"心使气曰强"，老子重视气，认为人的生命、思想、强弱是由气决定的。这个气不是一种气，而是包括元气、精气、和气、阴阳之气。诸气由心来协调、指挥，在修身和做事方面起重要作用的是精气与和气。气是中国古代哲学中的重要概念，是组成物质和生命的最小单位，又是精神世界的重要组成部分，精与神只有通过气才能表达、散布、传播、联系。所以精、气、神是三位一体的，心与气的关系决定着强弱。《周易》认为万物皆有阴阳，六爻的变化就是阴阳的变化。阴阳代表天地，可以升降，说明阴阳可以是气。老子接受了《周易》阴阳为气的观点，认为气中除阴阳之气外，还存在精气、和气，"赤子"中则隐含着元气。《周易》重视和，乾对上爻的规定是争，乾要求争要和。兑卦之兑为喜悦，"和"才有喜悦。兑卦初九："和兑，吉。"象曰："和兑之吉，行未疑也。"初九是说，以相处和睦为悦，吉祥。象传说，以相处和睦为悦，吉祥。下泽缺水，去请求上泽帮助，对得到上泽帮助没有疑问。老子认为，兑卦初九"和兑"之"和"只是做事的一种方法。"和"不仅是做事的一种方法，也是做事的基本规则，做事遵循"和"的规则，既会有光明，又会有益。"和"又是一种气，和气的储存和使用是由心来决定的，能使精气、和气随心而动才为强大。

"物壮则老，谓之不道，不道早已。"物有小有大，有弱有强，壮是物的一种形态。老子认为，壮不等同于强，事物可以强，因为强中有"心"在指挥气；但不可以壮，企图以物壮来达到目的，不符合道。天道会以

"损"的方法让壮走向衰老。所以壮不符合道，会早早结束。《周易》大壮卦认为，犹如雷在天上，大者必须大壮。老子是从反对王侯争霸的角度反对大壮，认为王侯追求大壮是为争霸，争霸就要强兵，强兵大壮就要征战，会耗费大量的人力物力，壮不符合道就会走向衰老，早早结束。物大必壮，《周易》是从自然角度来看待大壮。二者都值得我们深思。

第五十六章　为天下贵

〔题解〕　德修养深厚，会有精气、和气产生。提高修养是为了追求强，何为强？心能支配精气、和气为强。能真正认同这些道理的人很少，在细微处能认识一致的更少。所以能求同存异，才是最可贵的。

〔原文〕　知者不言，言者不知。塞其兑，闭其门，挫其锐，解其纷，和其光，同其尘，是谓玄同。故不可得而亲，不可得而疏；不可得而利，不可得而害；不可得而贵，不可得而贱。故为天下贵。

〔译文〕　通晓事理的人不一定善于表达，不善于表达就难以讲清事物的精妙之处。善于表达的人对事物并不一定完全了解，不完全了解就难以讲清事物的真谛。因此应当堵塞住知者与言者的漏洞，达到知的相同；关闭知者与言者的门户之见，达到志向的相同；挫折知者与言者偏激的锋芒，达到认知的相同；解除知者与言者的纷争，达到认识的相同；中和知者与言者的光耀，达到影响的相同，使知者与言者对细微之处的认识相同，这就叫对事物的玄妙之处认识相同。因此，不可在得到同后，为去异而亲近不该亲近的人；不可在得到同后，为去异而疏远不该疏远的人；不可在得到同后，为去异而利用不该利用的人；不可在得到同后，为去异而伤害不该伤害的人；不可在得到同后，为去异而尊重不该尊重的人；不可在得到同后，为去异而低贱不该低贱的人。所以具有求同存异这种品质的人才是天下最可贵的。

〔解析〕　老子认为，积德深厚，精气与和气会灌注于心，做人做事会厚道。积德深厚，知识也会深厚。但世界很大，知识很广，人人都会有所知、有所不知。知者有所不言，言者有所不知。知与不知没有绝对的界限，所以在认识有差异时要善于求同。在得到同后，不能因为存在异而采用"亲、疏、利、害、贵、贱"来排斥异。求同要以精气求同，存异要用和气存异。以精气求同，同会越多；用和气存异，异不会影响同，所以能求同存异才是最宝贵的。

　　这一章也是老子对《周易》同人卦的总结。同人卦是说，志向一致的人为同人，同人志向不一致会产生分歧，分歧导致分裂。分裂同人要以分疆裂土来实现自己的志向。为实现统一，同人对分裂同人采用了政治争取与军事进攻相结合的方法，最终迫使分裂同人放弃分裂，重新回归。老子认为，同人卦对同人的认识有所不足，没有认识到同人应求同存异，不能求同存异才导致分裂。同人卦初九："同人于门，无咎。"象曰："出门同人，又谁咎也。"初九是说，有昔日同人来到门前，没有过错。象传说，有同人脱离门户，脱离门户的人成为同人，又是谁的过错呢？老子认为，同人卦初九说明，同人并不能做到看法、做法都完全相同，会有异。因此应求同存异，不能存异就会有"出门同人"，能存异才有"同人于门"。同人卦同人发生分裂，有认识上的分歧，也有做法上的失误，在认识上没有做到"塞其兑，闭其门，挫其锐，和其光，同其尘"，在做法上没有做到"不可得而亲，不可得而疏；不可得而利，不可得而害；不可得而贵，不可得而贱"，才导致同人分裂。同人能求同存异，不对持异见者打击报复，才是最宝贵的，也才能真正将同人团结起来，实现共同的目标。

第五十七章　以正治国

　　〔题解〕　能求同存异，宽容待人，还要以正治国，以奇用兵，向圣人学习。

　　〔原文〕　以正治国，以奇用兵，以无事取天下。吾何以知其然哉？以此：夫天下多忌讳，而民弥贫；民多利器，国家滋昏；人多伎巧，奇物滋起；法令滋彰，盗贼多有。故圣人云：我无为而民自化，我好静而民自正，我无事而民自富，我无欲而民自朴。

〔译文〕 用正道来治理邦国，用出人意料的计谋来指挥打仗，以不生事取得天下。我怎么知道这样做是对的呢？是以下这些事实：天下的禁忌越多，民众就会越贫穷；民间锋利的兵器越多，邦国与家就会越昏乱；人们的机巧越多，稀奇古怪的器物就会越多；法令越严苛，盗贼反而更多。所以圣人说：我不作为，民众会自然归于道；我好清静，民众会自然矫正自己的行为；我不生事，民众会自然富有；我没有享乐的欲望，民众会自然纯朴。

〔解析〕 这一章老子针对春秋末期诸侯争霸、兼并加剧的现实，告诫弱小邦国的国君，要长治久安，治国就要正；要防止强国入侵，用兵就要奇；想要取天下，就要"以无事取天下"。

"以正治国，以奇用兵，以无事取天下"，治国要用正道，打仗要用出人意料的计谋，取天下要以无事。老子认为，《周易》临卦是以智治国，噬嗑卦是以法治国，革卦是以变革治国，都不如"以正治国"。明夷卦"用拯马壮"是顺从战争的规则，老子认为平息"左股"反叛刻不容缓，朝廷力量不足，可以"以奇用兵"。如果朝廷因没有壮马就不去平息左股反叛，"左股"会成气候，历史或被改写。震卦"有事"，是文王与帝乙为缔结婚约而往来争斗；春秋末期的"有事"，是诸侯在争霸。老子希望圣人能取代诸侯"以无事取天下"，这样就可以避免因改朝换代而发生血腥战争。

"吾何以知其然哉？以此：夫天下多忌讳，而民弥贫"，老子怎么知道要"以正治国，以奇用兵，以无事取天下"？就是因为天下忌讳越多，民众就越贫困。忌讳多，祭祀会多。邦国和民众把财富都用在祭祀上，自然会贫困。《周易》重视祭祀，萃卦六二："引吉，无咎。孚乃利用禴。"既济卦九五："东邻杀牛，不如西邻之禴祭，实受其福。"升卦九二："孚乃利用禴，无咎。"《周易》不反对祭祀，但主张薄祭，禴为薄祭。老子认为，《周易》不反对祭祀，对现实会有影响。现实情况是忌讳多，祭祀也会多，民众会越贫困。

"民多利器，国家滋昏"，民间锋利的武器越多，国与家就会越昏乱。

《周易》旅卦武人射技高超，能一箭将飞起的山鸡射落。老子认为，弓箭优良才能将山鸡射落，优良弓箭代表利器，利器多说明民众尚武，尚武会崇尚战争，战争会使百姓遭殃。"国家滋昏"，昏在以为兵强马壮、民众尚武就可以用武力称霸。《周易》巽卦九五君王重用武人，老子认为巽卦君王仅因为武人善射就重用他，是君王昏了头。战争的胜负并不是由尚武的人说了算，"兵强则折"。所以"民多利器，国家滋昏"。

"人多伎巧，奇物滋起"，民众的技巧越多，稀奇古怪的器物就越多。《周易》渐卦六四："鸿渐于木，或得其桷，无咎。"桷是方形的椽子，老子认为"人多伎巧"才能让树枝长成方形。如此下去会"奇物滋起"，天下人都追求奇物，社会讲究奢华的风气会愈演愈烈。

"法令滋彰，盗贼多有"，法令越严酷越多，盗贼就越多。《周易》噬嗑卦强调以法治国，以法治国就要制定完备的法律。噬嗑卦上九："何校灭耳，凶。"是说扛着刑具给耳朵上刑，用刑罚使民众不敢议论君王，会有凶险。老子认为，"法令滋彰"才会"何校灭耳"，令民众动辄触犯法律。官逼民反，会"盗贼多有"。

"故圣人云：我无为而民自化"，所以圣人说，我奉行无为之道，民众会自己教化自己。《周易》贲卦君王崇尚简朴并以身作则来教化民众，试图让民风也变得简朴。老子认为，贲卦君王试图靠自身的行为来改变社会风气，而不改变有为的治理方式，难以让"民自化"。

"我好静而民自正"，我好清静，民众会自然端正自己的行为。王侯都希望民众行为端正，《周易》中是靠君王和君子的领引。兑卦象传说"说以先民，民忘其劳；说以犯难，民忘其死"，是说凡事君王能以乐观的态度去面对，带头去做，民众就会忘记劳苦；遇到困难，君王能以乐观的精神与困难做斗争，民众就会舍生忘死。老子认为，《周易》兑卦君王带头去做，是要引领民众，让民众的行为端正，但不如"我好静而民自正"。春秋末期，王侯都在兼并的路上狂奔，不可能引领民众走正道。让王侯安静下来不去争斗，只是老子的一种愿望，不可能实现。

"我无事而民自富"，王侯有"事"，或是发动战争，或是提高税赋。"我无事"，圣人以无事取得了天下，天下会没有战争，税赋很轻，民众自然会富裕。《周易》无妄卦六二："不耕，获；不菑，畬。则利有攸往。"

象曰："不耕获，未富也。"六二是说，农夫幻想不耕作就会有收获，梦想荒地开出来就能变成熟地。若只是幻想、梦想，没有停止耕作，前往会有利。象传说，幻想不耕作就会有收获，是未富之前的一种普遍心态。老子认为，民众要求致富合于道，只有圣人以无事取得天下，实行无为而治，民众才会真正富裕起来。

"我无欲而民自朴"，我没有欲望，民众自然会朴实，民风会纯朴。《周易》颐卦小人有朵颐的欲望，乾卦君王有飞龙在天的欲望，屯卦君子有建侯的欲望，大有卦、蛊卦君子有大有的欲望。老子认为，这些欲望都不符合无为之道，都会对民众产生不良影响，使民众脱离朴实。圣人则没有奢华的欲望，民众会自然恢复朴实。

第五十八章　祸兮福兮

〔题解〕 以正治国也要注意治理方法，懂得福祸相依的道理，知道事物会向相反的方向转化。

〔原文〕 其政闷闷，其民淳淳；其政察察，其民缺缺。祸兮福之所倚，福兮祸之所伏。孰知其极？其无正。正复为奇，善复为妖。人之迷，其日固久。是以圣人方而不割，廉而不刿，直而不肆，光而不耀。

〔译文〕 邦国治理因循守旧，毫无生气，民众会淳朴善良；邦国治理事无巨细，明察秋毫，民众会缺衣少食，也会道德缺少。灾祸中存在着福祉，福祉中潜伏着灾祸。谁能知道它们变化的极点？这里面没有固定的规律可循。正可以转变为异端，善可以转变为恶。人们对此感到迷惑，已经很久了。所以圣人方正却不会按自己的意愿进行割取，清廉却不会造成伤害，坚持正道却不会肆意妄为，光照天下却不会耀眼。

〔解析〕 这一章老子对王侯施政方法及其结果进行了对比分析，认为"其政闷闷"对王侯可能是祸，但"其民淳淳"是福；"其政察察"对王侯可能是福，但"其民缺缺"是祸。"祸兮福之所倚，福兮祸之所伏"，事

137

物都有两面性，祸福可以相互转化。

"其政闷闷，其民淳淳；其政察察，其民缺缺"，王侯施政因循守旧，民众会纯朴；王侯施政明察秋毫，施法严酷，民众会缺衣少食。老子认为，对于《周易》否卦、豫卦的国君来说，"其政闷闷"是祸，国君会有被大人取代的可能；"其民淳淳"，民众会反对大人取代国君。国君是"祸兮福之所倚"，没有"其民淳淳"，国君会被大人取代。临卦民众有不满，犹如大泽要起风浪，各级官吏都将亲临，平息大泽风浪。老子认为，临卦君王以智治国，"其政察察"，自认为是福，引起"其民缺缺"，是祸，这是"福兮祸之所伏"，消除民众不满才能平息祸端。

"祸兮福之所倚，福兮祸之所伏"，有灾祸虽然不幸，祸中却有福倚靠，会因祸得福；福是人们所希望得到的，但福中会潜伏着祸，可能藏有祸端。《周易》由初、二、三和四、五、上爻组成上下两卦，其中二、三、四和三、四、五爻又可以组成卦，可称为里卦。里卦对卦有制约、警示作用，如既济卦内含里卦未济卦，未济卦内含里卦既济卦。这就是说，既济得到外部帮助是福，得不到内部帮助是祸；未济得不到外部帮助是祸，得到内部帮助是福。对卦而言，《周易》里卦潜伏着福与祸，老子将其概括为"祸兮福之所倚，福兮祸之所伏"。《周易》未济卦初六："濡其尾，吝。"象曰："濡其尾，亦不知其极也。"初六是说，小狐狸独自过河，刚下河尾巴就被河水弄湿了，让人惋惜。象传说，刚下河尾巴就被河水弄湿了，不知道小狐狸是要退回河岸还是要继续渡河；如果继续渡河，也不知道小狐狸能否顺利渡过去。老子认为，初六不知道小狐狸是否能顺利渡河，是不知道"祸兮福之所倚"。小狐狸身体柔弱，在渡河时弄湿了尾巴是祸，但小狐狸内心很坚强，"刚柔应也"。能够接受教训，祸会变成福，就能渡过河去。既济卦上六："濡其首，厉。"上六是说，小狐狸过河，一直都有人帮助，是福。在快渡过河时没有得到帮助，被河水打湿了头，会有危险。老子认为，"福兮祸之所伏"。小狐狸过河一直有人帮助是福，但福中已经潜伏着祸，这个祸在小狐狸没有得到帮助时显现出来。灾祸降临，小狐狸被河水打湿了头，遇到了危险。

"孰知其极？其无正"，福祸相互转变的极点没有人知道在哪里，也没有固定的标准。正可以变成异端，善可以变成邪恶。小狐狸过河的故事，就说明了这一点。没有人知道未济卦小狐狸的祸在什么时候会转化为福，也没有人知道既济卦小狐狸的福会在什么时候转化为祸。"其无正"，没有规律可循。

"正复为奇，善复为妖"，正可以变成异端，善可以变成恶。《周易》谦卦"鸣谦"是要大张旗鼓宣扬谦，如果宣扬自己有谦，就是"正复为奇"，由宣扬谦转变为宣扬自己，背离了正道而变成异端。小过卦九四权贵干预群臣的请示汇报，要帮助王公和群臣，是一种善，但"往厉，必戒，勿用永贞"，是说权贵总是这样，会有危险，王公必然会产生戒备，不要用这种方法来证明自己永远正确。如果是这样，就是"善复为妖"，也就由善转变为恶了。

"人之迷，其日固久"，为什么会发生这种现象，人们的迷惑已经很久了。《周易》否卦、豫卦国君被人取代，是由于"其政闷闷"给国君带来祸端，还是由于"其民淳淳"没有人反对大人取代国君给国君带来灾祸，没有人能给出答案。事物都在向相反的方向转化，从质量互变的观点来看，超过正确一步，正确就会变成谬误。《周易》注意到了这一点。需卦九三："需于泥，致寇至。"是说朋友以铺张的方式等待君子到来，犹如在泥泞中等待，却招致强盗觊觎。需卦之需为等待，需卦讲了等待的各种方式，九三"需于泥"相对于九二"需于沙"是由正确的等待方式又向前迈了一步，由沙上走到泥里，也就是由正确走向谬误。

"是以圣人方而不割"，圣人方正，但不会按自己的意愿强行割取。方正为福，割就有可能使方正变成祸。《周易》噬嗑卦六五："噬干肉，得黄金。贞厉，无咎。"是说君王在行仁政的同时也推行法制，有如啃咬干肉，有耐心，坚持不懈，可得乾坤之道。用法律规范民众的行为，会遭到一些人的反对，预测有一定危险。法律能制止犯罪，使民众的行为符合正道，没有过错。老子认为，六五用"噬干肉"的方法来推行法制，行为为正；如果"噬干肉"，用法制来强行限制民众的行为，强行割取民众的利益，民众受到伤害，福会变成祸。王侯应向圣人学习，做到"方而不割"。

"廉而不刿"，廉洁是对自己的要求，廉为福，但不要用自己之廉来要求他人，否则会造成伤害，由廉变成祸。《周易》没有廉的表述，老子在《道德经》中提出了廉的概念。

"直而不肆"，正直而不肆无忌惮。正直是福，放肆则会由福变成祸。《周易》随卦六三，君子"随有求，得"，是说君子跟随孝王，向孝王提出自己的意见，得到孝王的同意。老子认为君子正直才敢向孝王陈述自己的意见，但采用"求"的方法是"直而不肆"。履卦"武人为于大君"，武人为申侯，用武力逼迫幽王改变废除申后和太子宜臼的决定，最终将幽王杀死。老子认为，申侯敢于向幽王提出自己的意见，是为直；强迫幽王接受，是直而有肆，最终酿成幽王被杀的悲剧。

"光而不耀"，光照天下却不耀眼。光照天下是福，耀眼则福有可能变成祸。《周易》未济卦六五："贞吉，无悔。君子之光，有孚，吉。"是说用雷霆般的进攻征伐鬼方国，预测吉祥。征伐没有完全按君王的旨意进行，君王对重用君子之事没有悔恨。君子自强不息的精神犹如太阳的光芒，给征伐带来光明。君子有诚信，吉祥。老子认为，君子的光芒过于耀眼，福有可能变成祸。君子应向圣人学习，做到"光而不耀"。

第五十九章　长生久视

〔题解〕　人们都希望王侯能去祸为福，去邪为正，去恶为善，"以正治国"，给民众带来福祉。王侯只有向圣人学习，才能保证邦国治理得当。老子认为，所有的治理方法都不如节俭。有德才能节俭，节俭才能积德，积德才能坚持根本，坚持根本才能长久。所以重视节俭是长久之道。

〔原文〕　治人事天，莫若啬。夫唯啬，是谓早服。早服是谓之重积德，重积德则无不克，无不克则莫知其极，莫知其极可以有国，有国之母可以长久。是谓深根固柢、长生久视之道。

〔译文〕　在治理民众、奉事上天的办法中，没有比节俭更重要的。如何做到节俭？要早早适应。早早适应节俭叫作重视德的积累，重视德的积累就没有克服不了的困难，没有克服不了的困难就不知道能力极限在哪里，不知道能力极限在哪里的人可以拥有邦国，治理邦国坚持根本可以长治久安。这就是根基深厚、长久续存之道。

〔解析〕 这一章，老子针对《周易》节卦之节，提出了"啬"的主张。节卦之节是节制的意思，啬是节俭的意思。老子认为节制不如节俭，节俭是一种习惯，是德的反映。从颐卦"朵颐"到鼎卦的鼎食、鼎宴，《周易》节卦之节不是让民众养成节俭的习惯，而是要王侯与民众节制自己的行为，使自己的行为符合礼仪规定。老子认为节制是一时的行为，唯有节俭"是谓深根固柢、长生久视之道"。

"治人事天，莫若啬"，治理民众、奉事上天的方法很多，但都赶不上节俭。老子针对王侯的奢靡提出了节俭的主张，要王侯和民众养成节俭的习惯。《周易》损卦之损也有节俭的含义。损卦卦辞："损：有孚，元吉，无咎，可贞。利有攸往。曷之用二簋？可用亨。"卦辞是说："损卦：有诚信。实事求是地对待减损之事，这样对尊者吉祥，对民众吉祥，对所做的大事吉祥。没有过错，预测会可心，前往会有利。可以减损祭祀的食物，用两盘简单的食物祭祀神灵吗？可以用两盘简单的事物祭祀神灵。"老子认为，人们为了感动神灵，习惯于用丰富的食物祭祀，减损祭品有节俭的含义，但还不是真正的节俭。《周易》节卦主张节制，但没有提到节俭，是认为节制的含义要大于节俭。老子则在《道德经》中特别提出节俭，可以看作对《周易》节卦内容的补充。

"夫唯啬，是谓早服。早服是谓重积德。重积德则无不克。"如何做到节俭？要早早养成节俭的习惯。早早养成节俭的习惯就是重视德的积累，重视积德就没有战胜不了的困难。老子将节俭与德联系在一起，积德就要节俭，节俭就是积德，人们养成节俭的习惯，才能克服困难。

"无不克则莫知其极。莫知其极，可以有国。"节俭可以积德，积德会无不克，无不克就不知道能力的极限，这样的人可以拥有邦国。这说明老子并不是一味反对取代，而是希望有俭德的人成为王侯。

"有国之母可以长久。是谓深根固柢、长生久视之道。""治人事天"要坚持节俭，也要坚持根本，"母"为根本。在老子看来，坚持节俭才能坚持根本，坚持根本可以长久。奉行节俭可以使万物根深叶茂，邦国长久。《周易》节卦之节是用泽水和河水的调节来说明节制的重要性。泽水节制不当，不能在大水到来之前让泽水流出大泽，大泽会有凶险；河水不节制，将无法给大泽带来充足的河水。如果情况真的如此，那么大泽与大河都将难以完成天帝赋予的重任，将会给万物带来灾难。泽水与河水崇尚节制，会造福于天下万物，泽水与河水的节制也包含着节俭。但《周易》节卦认为，大泽与大河的节制涉及天下民众的福祉和社稷的安危，所以节制的重要性超过节俭。老子则认为，没有节俭就不会有节制，要节俭就要早早养成节俭的习惯，习惯于节俭，必然会节制。

第六十章　若烹小鲜

〔题解〕　用节俭的方法治国，也要小心谨慎，不要让传统和潜规则伤害人。

〔原文〕　治大国若烹小鲜。以道莅天下，其鬼不神。非其鬼不神，其神不伤人。非其神不伤人，圣人亦不伤人。夫两不相伤，故德交归焉。

〔译文〕　治理大的邦国犹如烧煮小鱼。用道来莅临天下，朝廷和社会上流行的传统和潜规则有如鬼，就不会显示神通。不是朝廷和社会上流行的传统和潜规则像鬼一样不神通，是传统和潜规则所显示的神通在道莅临的情况下不会伤害人。不是传统和潜规则所显示的神通不伤害人，是圣人不会借传统和潜规则去伤害人。传统和潜规则与圣人都不伤害人，所以用德交往就能同归于道，同归于德，同归于一心。

〔解析〕　这一章讲的是治大国要特别小心谨慎，就像烧煮小鱼，不谨慎鱼会碎掉，小心谨慎才能保持鱼的完整。尤其要注意不让朝廷和社会上的传统和潜规则伤害人。传统和潜规则如鬼，以道莅临，传统和潜规则就不会伤害人，这是道让传统和潜规则不伤害人，有如赤子"蜂虿虺蛇不螫，猛兽不据，攫鸟不搏"。但难保小人不借传统和潜规则伤害人，这时就要靠圣人明察秋毫，不让小人得逞。老子看到，《周易》巽卦君王准备重用平民出身的武人，引发朝臣非议，这就是朝廷的传统和潜规则如鬼一样在阻碍君王重用武人。君王坚持正道，武人没有被传统和潜规则伤害。

君王用启蒙的方法平息了朝廷的非议之风，武人则用胜利回报了君王，"夫两不相伤，故德交归焉"。

"治大国若烹小鲜"，小鲜为小鱼，在烧煮的过程中稍不留意就会弄碎。老子是借烧煮小鱼来说明治理大国应小心谨慎；《周易》中孚卦卦辞"中孚，豚鱼吉，利涉大川，利贞"，是说君王治国应信及豚鱼，要通过对小猪和鱼讲诚信来取信于民，有利于渡大河，预测会有利。老子认为，治大国不能像烧煮小鱼那样小心谨慎，即便"信及豚鱼"，也难以圆满。《周易》临卦六五："知临，大君之宜，吉。"是说以智慧去临，适宜于大国的国君。老子认为，治理大的邦国，不是靠智慧，而是靠小心谨慎。大国事务繁杂，以君王个人智慧难以应对得当，只有"若烹小鲜"，才能不出差错。

"以道莅天下，其鬼不神"，道不会自己莅临天下，是圣人以道莅临天下。鬼是什么？是人死后的灵魂，万物死后的精灵。人死后英灵会变成精神、神灵，精神会变成传统，神灵受到人们的崇拜，传统会被继承。鬼的另一个含义是潜规则，不能以明规则出现的，会变成潜规则，潜规则似鬼，不能公开出现，却能在暗处发挥作用。传统和潜规则很有神通，也很有能量，会在适当的时候发挥作用。在道莅临的情况下，正能量充斥，传统和潜规则就没有神通。

老子看到社会和朝廷既存在着传统，也存在着潜规则。传统不能与时俱进就会阻碍进步，潜规则会破坏明规则，人触碰到传统和潜规则可能受到伤害。只有在道莅临的情况下，传统和潜规则才不会伤害人。《周易》巽卦就表明传统和潜规则如鬼。巽卦中的非议之风如鬼，在阻碍君王重用武人。巽卦初六："进退，利武人之贞。"是说武人有高超的射技，一箭能将山鸡射落；武人在旅卦中边旅边射，声望越来越高。巽卦君王用抓捕罪犯的方式，在旅卦上九找到武人。君王决定重用平民出身的武人，在群臣中引起争议。大臣有的拥护，有的反对，非议之风悄然刮起，武人有操守，预测会有利。老子认为，巽卦君王重用武人打破了朝廷用人的传统和潜规则，才引起非议。九二："巽在床下，用史巫纷若，吉，无咎。"是说君王重用武人，非议之风私下在大臣中流传。为了平息非议，君王派史官去查史料，看历史上有无君王重用平民的先例；派巫祝去祭祀神灵，看神灵是否赞成重用武人。史官和巫祝来往不断，史官禀报，历史上有君王重用平民的先例；巫祝来报，神灵喻示可以重用武人，吉祥。风向转变为赞成重用武人，君王的做法没有过错。老子认为，九二君王平息非议之风是采用了"若烹小鲜"的方法，小心对待非议，没有强行压制，而是采用启蒙的方法。上九："巽在床下，丧其资斧，贞凶。"是说武人的才干已经得到群臣的认可，小人仍在大臣中散布针对武人的流言蜚语，并牵扯到君王，小人丧失大臣的支持，预测会有凶险。老子认为，巽卦君王"以道莅天下，其鬼不神"，非议之风才会戛然而止。虽然还有小人在煽风点火，但掀不起风浪，小人已面临凶险。非议之风如鬼，"无初有终"，也就是非议之风不知是什么时候开始的，在九五才停止。

"非其鬼不神"，不是朝廷和社会上的传统和潜规则像鬼一样没有神通。通过巽卦刮起的非议之风可以看出，旧的传统和潜规则还是很有神通的。巽卦九二："巽在床下。"床为君王倚重的大臣，非议之风能在君王倚重的大臣中私下流传，说明非议之风如鬼，很有神通，也很有能量。对君王来说，不能平息非议，也是很危险的事。

"其神不伤人"，是说传统和潜规则所具有的神通不会伤人。《周易》巽卦九五："贞吉，悔亡，无不利。无初有终。"是说君王重用武人，朝廷有不同的意见，预测吉祥。武人取得战争的胜利，君王对于有人反对重用武人的悔恨消亡。朝廷里有反对的声音，对君王正确选拔人才没什么不利。非议之风不知是怎样开始的，但是最终平息了。从巽卦九五看，传统和潜规则如鬼，很有神通，会暗地里鼓动大臣反对君王重用武人。在道莅临的情况下，根据传统和潜规则所提出的主张会得到正确的处理。经过道德的过滤，其神符合道德，就不会伤害人。"贞吉，悔亡，无不利"就是其神符合道德，被君王接受，用来改善朝政而且没有伤害到武人。

"非其神不伤人"，不是传统和潜规则不伤人。传统和潜规则被别有用心的人利用，就会伤人。巽卦非议之风不能平息，就会伤害到武人。

"圣人亦不伤人"，圣人是得道之人，不会借传统和潜规则来伤害人。老子认为，巽卦君王如果听信非议之风，武人将会被伤害。巽卦君王信任武人，才会重用并保护武人。不信任武人，就不会保护武人，也只有圣人能做到不借传统和潜规则来伤害人。

"夫两不相伤，故德交归焉"，在道莅临的情况下，圣人和传统及潜规则都没有伤害人，以德相交往，就能同归于一心。巽卦君王没有伤害武人，传统和潜规则也没有伤害武人。君王以德对待传统和潜规则，也以德同群臣和武人交往；群臣和武人也以德与君王交往，君王与群臣和武人会同归于道，同归于德，同归于一心。

第六十一章　各得其所

〔题解〕"治大国若烹小鲜"，是说治大国要谨慎。谨慎治国，不但包括对内，在对外交往中也要谨慎。国与国之间交往，大国宜为下。

〔原文〕　大国者下流，天下之交，天下之牝。牝常以静胜牡，以静为下。故大国以下小国，则取小国；小国以下大国，则取大国。故或下以取，或下而取。大国不过欲兼畜人，小国不过欲入事人。夫两者各得其所欲，大者宜为下。

〔译文〕　大国应甘居于江河的下游位置，大国是天下邦国相互交往的地方，大国如牝类，也是天下俊才和财富产生与相互交流的地方。雌性常常用静来胜过雄性，以静来作为居下的方法。所以大国以静和居下来对待小国，就可以取得小国的拥护；小国用静和居下来对待大国，就可以取得大国的信任。所以或者用居下取得拥护，或者用居下取得信任。大国不过是要通过居下来兼并小国、帮助小国，小国不过是要通过居下来加入大国、奉事大国国君。两者都实现了自己的欲望，大者尤其适宜于居下。

〔解析〕　这一章讲的是大国如何处理与小国的关系。老子认为，国与国之间的交往应当以静和居下为准则，大国尤其适宜于以静和居下来与小国交往。静会让小国感到安全，居下会让小国感到大国谦而有信，体现出大国对小国的尊重，得到小国的好感和拥护。《周易》观卦六四："观国之光，利用宾于王。"是说有小国要归顺君王，君王让来宾去观光，去实地观看邦国的强盛，然后再决定是否归顺。老子认为，观卦让来宾去观看邦国的强盛,是君王知道自己强盛,却以"静"为交往策略,不向小国展示军力,而是让来宾通过观光来感受君王的诚意,让小国自己决定是否归顺,这是在以谦来争取来宾归顺,也是以居下来争取小国。有谦,会得到小国的拥护;居下,会让小国安心。但老子认为,用"静"和"居下"而不用谦来表示大国的行为,更符合道与自然;《周易》君王之谦有时只是一种策略和手段,并不是真正有谦。谦卦六五:"不富以其邻,利用侵伐,无不利。"是说君王的权益受损,因为邻国没有按照礼仪规定向君王进贡。面对不服的诸侯,君王以谦为策略会有利。不是用征伐的手段,而是用削减封地、剥去爵位的办法来解决不服的问题,没什么不利。上六:"鸣谦,利用行师征邑国。"是说将用谦解决不服的事实昭告天下,有利于动用军队去征伐不驯服的城邑和邦国。老子认为,如果将谦作为国与国之间交往的方法,按谦卦六五、上六的做法,谦会变成一种策略,而不是真对小国有谦。要让小国感到大国有谦,大国就要以"静"和"居下"来对待小国,小国会感受到大国的诚意。小国用谦来与大国交往,有时也是一种策略。以"静"和"居下"与大国交往,会符合道,符合自然规则。所以老子主张国与国之间的交往应以静和居下为准则,而不是以谦为准则。综合起来看,将老子的居下和《周易》之谦结合起来,甘于居下会有谦,以谦下来处理国与国之间的关系,就能达到各自的目的。

"大国者下流,天下之交,天下之牝",大国应居于大河的下游,下游是河流交汇的地方,也是天下俊才与财富产生和交流的地方,大国应有海纳百川的气度。《周易》没有探讨大国应居于什么位置,而是认为所有的诸侯国,不管大小,都要顺从周天子的统治。

"牝常以静胜牡,以静为下",雌性常以静来胜过雄性,以静作为居下的手段。老子以雌雄动物的特点来说明国与国交往的特点,是要说明柔可以胜刚,居下反而可以在上。

"故大国以下小国,则取小国;小国以下大国,则取大国",静才能居下,大国有静就不会威胁小国,以居下来对待小国,就会取得小国的拥护和爱戴;小国以静来对待大国,就不会骚扰大国,以居下来对待大国,就会取得大国的信任。《周易》谦卦说邦国之间的交往可以以谦为策略,但没有讲邦国之间如何取得信任,可能是认为邦国之间除了利益冲突,没有信任可言。老子对邦国之间的交往的探讨，也仅限于大国与小国之间。

"故或下以取，或下而取"，所以或因居下而得到拥护，或因居下而得到信任。《周易》没有提到大国与小国如何相互取得信任，从谦卦来看，君王与诸侯国是君臣关系，而不是国与国之间的关系，周王朝与诸侯国发生问题，可以按礼仪规则来处理，诸侯国不遵从礼仪规则会受到惩罚。到了春秋战国时期，周天子名存实亡，诸侯国不受周天子的辖制，才有了真正意义上的国与国之间的关系。

"大国不过欲兼畜人，小国不过欲入事人"，大国不过是要通过居下来兼并小国、帮助小国，小国不过是想加入大国去奉事大国。老子指出了大国与小国交往的目的是兼并小国，而小国愿意与大国交往是为了加入大国，也就是愿意被大国兼并，小国被大国兼并可以得到大国的保护。这应是历史事实。

"夫两者各得其所欲，大者宜为下"，这样大国与小国都得到了自己想要得到的，大国适宜于居下。《周易》没有讲国与国的交往，但讲到文王与帝乙的交往。谦卦九四："无不利，撝谦。"是说在用谦做事没什么不利的情况下，指挥用谦做事。按《周易》卦的运行规则，泰卦和谦卦互为朋卦。泰卦六四："翩翩，不富以其邻，不戒以孚。"是说文王以翩翩公子的形象出现在帝乙和民众面前，为了讨归妹的欢心花光了身上所有的钱财。帝乙不再戒备文王，认为文王有诚信，对文王以诚相待。泰卦六四是说谦卦六四文王有谦，才会以"翩翩"来对待"不富以其邻"。文王不但自己有谦，而且通过指挥用谦做事，使随行人员有谦，赢得了帝乙的信任，顺利迎娶归妹。这说明《周易》赞成以谦来交往，并认为用谦交往也是一种手段。老子认为大国与小国交往要真诚，"大者宜为下"。

老子在这一章里没有讲大国与大国、小国与小国之间应如何交往，只提到大国与小国之间如何交往，说明国与国之间的交往是一件很复杂的事，不是单靠居下就可以解决的。静和居下的交往方式只适合大国与小国，而不是适合一切邦国。

第六十二章　万物之奥

〔题解〕　有民才有国，谨慎治国，交往居下，要以道为主导。"立天子，置三公"是为了治民，治民要靠道，最宝贵的是爱民之道。

〔原文〕　道者，万物之奥。善人之宝，不善人之所宝。美言可以市尊，美行可以加人。人之不善，何弃之有？故立天子，置三公，虽有拱璧以先驷马，不如坐进此道。古之所以贵此道者何？不曰求以得，有罪以免邪？故为天下贵。

〔译文〕　道这个东西，是天下万物的保护神。道是善于做事之人的宝贝，不善于做事之人所追求的宝贝。美好的言辞可以换来别人的敬重，美好的行为可以影响到别人。人都有一些不善，有什么理由可以放弃他们？所以要树立天子、设置三公来治理民众。虽然有美玉骏马作为礼物，先将美玉献上，之后再将骏马献上，也不如进献爱民之道作为礼物。古代的人为什么重视爱民之道？不是说为了爱民有所求就可以得到，为了爱民有罪就可以免去吗？所以爱民之道才会被天下认为是最宝贵的。

〔解析〕　老子认为，在所有的道中，爱民之道是最宝贵的，因为道是万物的奥援，万物得到道的奥援会得到道的关爱，人得到道的奥援也会得到道的关爱。所以"立天子，置三公"，是为了治民，治民是为了爱民；"人之不善"才需要治理，需要爱护。这是上天不让舍弃不善之人，因此天子、王侯应奉行爱民之道。君子因爱民去求王侯，会得到王侯的帮助；王侯因爱民而触犯朝廷法律，会得到宽恕。

《周易》对百姓也讲仁爱。益卦君王帮助王公迁都，"下不厚事"，民众有君王的帮助，才不将迁都看得很难，也不会看重自己的损失；离卦君王和王公倾尽全力救济难民；大畜卦天下道路畅通，君王实现了大畜天下的愿望；鼎卦鼎内盛满了民众所需要的食物；姤卦君王像用杞树枝条保护瓜一样保护民众的利益；中孚卦君王信及鱼和小猪，都是在行爱民之道。

第六十二章　万物之奥

老子和《周易》都认为君王、王侯关爱民众，奉行爱民之道，是治理的根本之道。老子在《周易》大有卦中看到君子"大车以载"向天子进贡，没看到君子向天子进献爱民之道，认为君子还不是得道君子，所以提出应当向天子和王侯进献爱民之道。

"道者，万物之奥"，大道在天下畅行，是万物的保护神。

"善人之宝，不善人之所宝"，"善人"是指善良的人，也是指善于做事的人；"不善人"是指不善良的人，也是指不善于做事的人。"善人之宝"，是说道是善于做事之人的宝贝，按道的要求善于做事，会获得成功。"不善人之所宝"，不善于做事的人所追求的宝贝，是说不善于做事的人得到道，就可以解决不善于做事的问题。

"美言可以市尊，美行可以加人"，美好的言辞可以换来别人的敬重，美好的行为可以影响别人。《道德经》和《周易》都有"美言"、"美行"，所以都得到了人们的敬重，也都在深刻影响着人们的思想和行为。

"人之不善，何弃之有"，人都有一些不善，有什么理由可以放弃他们？只有奉行爱民之道，才不会放弃不善之人。《周易》噬嗑卦初九："屦校灭趾，无咎。"象曰："屦校灭趾，不行也。"初九是说将葛麻做成的鞋穿在脚上，鞋会矫正脚走的方向，没有过错。象传说，将葛麻做成的鞋穿在脚上，用鞋来矫正脚走的方向，脚受到鞋的限制，不能去走邪路。老子认为，噬嗑卦初九的行为符合爱民之道，"人之不善"会脱离道，不放弃脱离道的人，可以用"屦校灭趾"的方法来纠正不良行为，有爱才能"屦校灭趾"。

"故立天子，置三公，虽有拱璧以先驷马，不如坐进此道。"不善之人需要治理，也需要爱护。所以要树立天子，代表上天来治理天下、爱护天下。天子不可能一个人治理天下，需要设置三公来辅佐天子治理。如果有拱璧和驷马同时进献，就要先进献拱璧，然后再进献驷马，是说进献有次序，贵重的在先，其他的在后。从治理的角度看，首先进献的应是爱民之道，之后才是其他治理之道。《周易》认为，天地之心是要天下万物繁荣昌盛，五爻为天位，君王居五爻代表上天治理天下，所以君王关爱民众符合天地之心。在爱民的问题上，老子和《周易》的看法相一致。

"古之所以贵此道者何？不曰求以得，有罪以免邪？"古人为什么认为爱民之道很珍贵？不是说为爱民，有所求会得到，有罪可以免去吗？《周易》损卦王公迁都既是为自己，也是为民众，去求君王，得到了君王的帮助。颐卦六四："颠颐，吉。虎视眈眈，其欲逐逐，无咎。"是说颠倒了下养上的规则，吉祥。大人在救济难民。大人在救济难民的同时，像老虎一样在注视着颠颐势力，准备扑出去，消灭颠颐势力，没有过错。象曰："颠颐之吉，上施光也。"象传说，大人救济难民之所以吉祥，是因为君王全力支持大人，使大人和难民看到了光明。老子认为，大人爱民才会救济难民，为救济难民向君王求助，会得到君王的帮助。六四大人"虎视眈眈"，要跟颠颐势力决战。六五君王认为决战的时机尚未成熟，决定先阻止住颠颐势力的进攻。大人如果为爱民而违背君王的旨意与颠颐势力决战，虽有抗命之罪，但会得到君王的宽宥。

"故为天下贵"，所以爱民之道才是天下最宝贵的。

第六十三章　终不为大

〔题解〕　圣人奉行爱民之道，也要讲诚信，讲究做事的方法。即便自己伟大，也始终不认为自己伟大，才会成就圣人的伟大，否则会失去伟大。

〔原文〕　为无为，事无事，味无味。大小多少，报怨以德。图难于其易，为大于其细。天下难事，必作于易；天下大事，必作于细。是以圣人终不为大，故能成其大。夫轻诺必寡信，多易必多难。是以圣人犹难之。故终无难矣。

〔译文〕　为是采用无为的方式，做事是采用无事的方式，品味是采用无味的方式。大可以小，多可以少，对怨恨报之以德。解决困难问题要从容易处着手，做大事要从细微处做起。天下难做的事，必然要从容易处做起；天下大事，必然要从细微处做起。因此圣人始终不贪求大，所以能够成就伟大的事业。轻率的承诺必然会难以兑现，遇到的事情过于容易会有更大困难在等着。所以圣人做事总是从困难的角度反复思考，因此最终没有困难。

〔解析〕 老子认为,有所为要从无为开始,做事要从无事开始,品味要从无味开始。不要好大喜功,要讲诚信,不要轻易许诺,做事多从困难方面考虑,这样最终会没有困难。

"为无为",有所为要从无为开始。有所为,首先要认识所行之道和道所制定的规则,面对道和规则要无为,也就是说在做事时努力做到不要违背道和规则。《周易》屯卦六三:"即鹿无虞,惟入于林中,君子几,不如舍。往,吝。"是说已经靠近野鹿,即将猎获,野鹿却跑进了山林。管山林的虞人不在,君子准备进入山林。有人劝告君子,与其谋划如何猎到鹿,还不如舍弃。山高林密,没有虞人引导,什么也得不到。老子认为,君子虽然没有猎到鹿,但"为无为",君子所为没有违背规则,就是成功,而且预示着以后更大的成功。

"事无事",做事从无事开始,就是做事符合道和规则,不会因违背道和规则而引发事端。《周易》震卦六五:"震往来厉,亿无丧,有事。"是说有如雷电往来轰鸣,打得很厉害,文王和帝乙在进行谈判,双方互不相让,争执激烈,给缔结婚约之事带来危险。双方的意图都不是让婚约缔结失败,但是缔结婚约事关文王的朋友,帝乙要文王放弃朋友,文王则要求帝乙不能征伐朋友,双方互不相让,发生争执。老子认为,文王与帝乙缔结婚约"有事",帝乙的意图超过了婚约的内容,也就是违背了道和规则;"事无事"是文王将帝乙的"有事"以"无事"的方式化解,最后"无事",婚约缔结,没有违背道和规则而获得成功。

"味无味",品味要从无味开始,之后才能品出滋味,而味道的最高境界就是无味。老子认为,颐卦"朵颐"之味和鼎卦鼎食之味都是人为添加的,最纯粹的味道是没有味道。"朵颐"与鼎食都很有滋味,这种对滋味的追求,是对享受的追求。这种追求,在颐卦引起颠颐,造成百姓流离失所;在鼎卦九四引起鼎足折断,引发凶险。老子主张"味无味",是要王侯崇尚简朴,崇尚无味,不去追求绝佳的滋味。饮食上不能做到无味,就难以在生活上做到简朴,不能做到"无为而治"。

"大小多少,报怨以德。"老子认为,大与小、多与少可以相互转换。大可以小,小也可以大;多可以少,少也可以多,如何转换应符合道和规则。人们通常对怨恨报之以怨恨,从"大小多少"和救人救物的角度看,"报怨以德"是"人之不善,何弃之有",不丢弃不善之人,就要"和大怨",对怨恨报之以德,才能使怨恨化解。《周易》需卦九二:"需于沙,小有言,终吉。"是说君子要帮助朋友致富,朋友派人在沙滩上等待,风吹日晒,又不知君子何时会来,有人在发牢骚,最终吉祥。老子认为,君子帮助朋友致富,有人在沙滩上多等一会儿就发牢骚,是对君子不满。君子再无私,也不可能令所有的人满意。面对不满,老子认为君子应"报怨以德"。

"图难于其易",解决困难问题要从容易处着手。《周易》既济卦九三:"高宗伐鬼方,三年克之。小人勿用。"象曰:"三年克之,惫也。"九三是说,殷高宗征伐鬼方国,三年才将鬼方国征服。不要重用小人。象传说,三年才将鬼方国征服,是因为重用小人,小人误国,使征伐处于危险中,待到胜利,军民俱已疲惫。老子认为,"三年克之",不能将责任完全怪罪到小人头上。征伐是大事,也是难事。"图难于其易",应找到鬼方国的薄弱环节进行突破,这样征伐才会顺利,军民才不会疲惫。

"为大于其细",做大事要从细微处着手。《周易》益卦六三:"益之用凶事,无咎,有孚,中行,告公用圭。"圭有计算和测量的意思。六三是说,益下是朝廷用来应对自然灾害和其他意外事件的方法。想让益下做到没有过错,受益的一方就要有诚信,如实反映受灾的情况。君王决定迁都方案由王公提出,他告诉王公,方案中所列举的项目,要有详细计划,需要朝廷给予哪些帮助,都要经过仔细测量和计算。老子认为,迁都是大事,"用圭"体现出"为大于其细"。

"天下难事必作于易",天下困难的事,必然会从容易处做起。老子认为,《周易》既济卦、未济卦征伐鬼方国遇到很大困难,应从容易处着手。

"天下大事必作于细",天下所有的大事,必然要从细微处做起。老子认为,《周易》益卦王公迁都是大事,计划要越细越好。君王帮助王公迁都,也要细化,如此会对迁都有利。

"是以圣人终不为大,故能成其大",所以圣人始终不贪求大,而最终成就了他们的伟大。《周易》丰卦九四:"丰其蔀,日中见斗。遇其夷主,吉。"丰为大,九四是说,文王为了保护武王,采用丰的策略,将武王的辉煌遮盖起来,只露出星斗。君子前往,遇到平辈的主人武王,吉祥。老子认为,武王甘愿让文王将自己的辉煌遮盖起来,最终推翻了殷纣,是武王"终不为大,故能成其大"。

"夫轻诺必寡信,多易必多难",轻率承诺必然难以兑现,把事物看得太容易必然会遇到很多困难。《周易》中孚卦上九:"翰音登于天,贞凶。"是说没什么本事,好说大话,犹如山鸡,承诺的叫声非常响亮,直达天宇,却不能兑现,预测有凶险。老子认为,上九山鸡"轻诺必寡信",说大话容易,兑现难。

"是以圣人犹难之,故终无难矣",所以圣人对如何解决具体问题也感到很困难,圣人开始就预料到困难,事先采取预防措施,最终没有遇到困难。《周易》屯卦象曰:"屯,刚柔始交而难生。动乎险中,大亨贞。雷雨之动满盈,天造草昧。宜建侯而不宁。"是说屯卦之屯是难的意思。阴阳相交,然后事物开始变化,随即有困难产生。有所动会有险。要使事物不受到伤害,就要让事物在发展变化中处于安泰、畅通、有所预测的状态。上天震怒,让雷不停地轰鸣,暴雨倾盆而下,江河充盈,形成洪水。民众不知道世道怎么变得这样坏,这是上天不让民众知晓。洪水滔滔,天下动乱。君子宜在动乱中创建王侯之业,而不宜去朝拜君王。老子认为,屯卦象传所描写的情况与春秋末年相似。圣人在这种情况下也会感到困难,但圣人预料到困难,想办法克服,最终会没有困难。

第六十四章　慎终如始

〔题解〕　圣人做事没有遇到困难,是因为圣人为之于未有,治之于未乱,慎终如始。善于从王侯的过错中吸取教训,才不会遇到困难。

〔原文〕　其安易持,其未兆易谋,其脆易泮,其微易散。为之于未有,治之于未乱。合抱之木,生于毫末;九层之台,起于累土;千里之行,始于足下。为者败之,执者失之。是以圣人无为,故无败;无执,故无失。民之从事常于几成而败之。慎终如始,则无败事。是以圣人欲不欲，不贵难得之货；学不学，复众人之所过。以辅万物之自然，而不敢为。

〔译文〕 局势安定则容易持守，事情尚未出现变化的征兆时容易谋划，脆弱的东西容易打破，细微的东西容易消散。有所为要在困难还没有出现之时，治乱要在暴乱还没有发生之时。合抱粗的树木，是由小树长成；九层的高台，开始于土的堆积；千里行程，从迈出第一步开始。妄为会失败，强行持有会失去。所以圣人不做违背道的事，因此不会失败；不强行持有，故而不会失去。人们做事，经常在将要成功时遭遇失败。事情未结束前要谨慎，就像谨慎对待开始一样，这样所做的事就不会失败。因此圣人要别人不要的，不认为难以得到的东西是宝贵的；学习别人不去学习的，用道来总结众人所犯的错误。帮助万物顺应自然，而不敢做违背自然规律的事。

〔解析〕 春秋末期，老子看到现实中一些诸侯对邦国治理不当。《周易》一些卦在治理方面也有问题，如师卦统帅不愿执行君王向敌人进攻的命令；同人卦、随卦"小子"在搞分裂；颐卦大人"虎视眈眈"，要与颠颐势力决战；恒卦权贵"田无禽"也要取代君王；坎卦小人设计陷阱来陷害君子和大人；既济卦小人阻碍高宗伐鬼方。这些问题都是为之不妥、执之不当造成的，所以要王侯向圣人学习"无为"、"无执"。

"其安易持"，事情安定则容易操持。老子认为，《周易》巽卦"巽在床下"，有非议之风在反对君王重用武人，但群臣安定，容易操持，君王可以从容应对非议之风。

"其未兆易谋"，事情尚未出现变化的征兆时容易谋划。《周易》临卦九二："咸临，吉，无不利。"象曰："咸临，吉，无不利，未顺命也。"九二是说，有所临，以阳刚去接近民众、接触事物，吉祥，没什么不利。象传说，有所临，以阳刚去接近民众、接触事物，吉祥，没什么不利。民众中有一股势力不顺从自己的命运，在蛊惑人心，煽动暴乱。君子在临中显示阳刚，是要以刑罚来惩治犯罪，用武力来镇压暴乱。老子认为，九二"咸临"在刚有暴乱的迹象时就采取阳刚措施防止暴乱发生，合于治理之道，但不如"其未兆易谋"，所以临卦六三还是起了风波。

"其脆易泮"，脆弱的东西容易打破。既济卦殷高宗征伐鬼方国，历经三年，军民俱已疲惫，"其脆易泮"，不如在鬼方国脆弱时进行征伐，以便迅速取得胜利。

"其微易散"，细微的东西容易消散。《周易》萃卦初九象曰："乃乱乃萃，其志乱也。"是说发生骚乱，人们纷纷涌上街头，不断聚集。这是民心已经乱了，不再相信厉王，也不再相信朝廷官员。老子认为，"其微易散"，厉王在民众刚出现骚乱苗头时就采取安抚措施，会让民众的骚乱消散；待到民众走上街头再采取措施，为时已晚。

"为之于未有，治之于未乱"，有所为要在问题还没有出现的时候，治乱要在动乱还没有发生的时候。《周易》恒卦初六："浚恒，贞凶，无攸利。"象曰："浚恒之凶，始求深也。"初六是说，疏浚河道时坚持深挖，预测有凶险，没什么利。象传说，疏浚河道时坚持深挖之所以有凶险，是因为决定疏浚的人在开始时就要求往深里挖，已引起震动。老子认为，要避免"浚恒"的凶险，就要"为之于未有"，在疏浚开始之前，先制定好疏浚的标准。"治之于未乱"，"浚恒"刚发生就能及时解决，可以避免"浚恒之凶"的发生。

"合抱之木，生于毫末；九层之台，起于垒土；千里之行，始于足下。"老子已经认识到质量互变的道理，"毫末"经过量的增长而成"合抱"，"垒土"从第一筐开始终成"九台"，行走从第一步开始而至"千里"，都是经由量变到质变。《周易》对质量互变的道理也有一定的认识，渐卦军民经过三年抗战终于打败强敌，体现了质量互变规律。

"合抱之木，生于毫末"，合抱粗的树木，开始于树苗的生长。《周易》渐卦象曰："山上有木，渐。君子以居贤德善俗。"象传说，渐卦由艮下巽上组成，艮为山，巽为木，卦象为山上有树木在逐渐长大，就要成为栋梁之材，所以称为渐卦。君子应从中领悟到，不管处在什么地方，都要表现出良好的品德，倡导和推行好的风俗。老子和《周易》都认为栋梁之材要从"毫末"开始逐渐成材。

"九尺之台，起于垒土"，九尺高台，起于土的堆积。损卦王公迁都大兴土木，再高的台子也要从垒土开始。

"千里之行，始于足下"，千里远行，要从第一步开始。旅卦君子去旅，不管路途多远，都要从脚下开始。

"为者败之，执者失之"，做事违背自然规则会失败，执意去做会失去。损卦王公准备集权迁都，老子认为王公之所以迁都，是因为在建都时违背了自然规律，导致旧都之败。晋卦昭王执意南狩，才会有南狩之失。

"是以圣人无为，故无败；无执，故无失"，所以圣人不做违背道的事，也就不会失败；不固执去做，就不会有失。《周易》屯卦六三："即鹿无虞，惟入山林，君子几，不如舍。往，吝。"象曰："即鹿无虞，以从禽也。君子舍之，往，吝，穷也。"六三是说，已经靠近野鹿，即将猎获，野鹿却跑进了山林。管山林的虞人不在，君子准备进入山林。有人劝君子，与其谋划如何猎到鹿，还不如舍弃。山高林密，没有虞人引导，什么也得不到。象传说，进入山林猎鹿，没有虞人的引导，跟随野鹿的踪迹去追逐，会遇到危险。君子听从劝告，决定放弃。冒险进入，什么也得不到。做事有做事的规则，违背猎鹿的规则强行去做，会行不通。老子认为，君子向圣人学习，面对野鹿"无为，故无败"，不固执进入山林，"无执，故无失"。

"民之从事，常于几成而败之"，人们做事，经常在快要完成时遭遇失败。既济卦上六："濡其首，厉。"象曰："濡其首，厉，何可久也？"上六是说，小狐狸过河，一直有人帮助，在快渡过河时没有得到帮助，被河水打湿了头，会有危险。象传说，最后没有人帮助，被河水打湿了头，有危险。这样做事，怎能持久呢？老子认为，上六小狐狸渡河最后遭遇失败，因为不仅没有得到帮助，而且做事不谨慎，头被河水弄湿。

"慎终如始，则无败事。"《周易》明夷卦上六："不明，晦。初登于天，后入于地。"象曰："初登于天，照四国也。后入于地，失则也。"上六是说，昭王不明，使天下陷入黑暗。昭王即位之初，也如初升的太阳；之后如落日，没于地中。象传说，昭王即位之初也如初升的太阳，给四方邦国带来光明。之后如落日，给天下带来黑暗，失去了为君的准则。老子认为，昭王不仅是失去了为君的准则，更是没有谨慎对待结束如同谨慎对待开始，才会"初登于天，后入于地"，否则不会有南狩之败。

"是以圣人欲不欲，不贵难得之货"，所以圣人要其他王侯不想要的，不以难得的物品为宝贵。

"学不学，复众人之所过"，圣人学习其他王侯不去学的，从众多王侯的过错中吸取教训。"众人"为《周易》中的帝乙、昭王、厉王、幽王、宣王，他们都有过错。帝乙过在不该嫁妹，昭王过在"维用伐邑"，厉王过在滥征税，幽王过在独断专行，宣王过在不能善始善终。

"以辅万物之自然，而不敢为"，帮助万物自然成长，而不敢做违背自然规律的事。

第六十五章　善为道者

〔题解〕　圣人以自然的方式帮助万物，而不敢轻易有所为，因为道的贯彻是一件很难的事，仅靠宣示是不够的，还要有具体的方法。

"古之善为道者，非以明民，将以愚之。"一般都将这句话解释为老子的愚民政策，实则他是在说，古时善于行道的人，不明白告诉民众什么是道，因为这样民众难以接受，而是采用"愚"的方法，花大力气，下笨功夫，为民众做实实在在的事，将道体现在具体的利民措施中，如此民众才能接受。纵观《道德经》对道与民众关系的论述，六十二章"道者，万物之奥，善人之宝，不善人之所宝"，是说道是民众的奥援，是善于做事的人的宝贝，也是不善于做事的人所追求的宝贝，那么道就不是用来愚民，而是帮助民众善于做事的。五十八章"其政闷闷，其民淳淳"，王侯治民"其政闷闷"就不会愚民，反倒是自己显得愚拙；"其民淳淳"是民众纯朴，但纯朴不是愚昧。五十三章"行于大道，唯施是畏"，是说老子感到畏惧的是如何实施道，而绝不是对愚民之道的实施感到畏惧。四十九章"圣人无常心，以百姓之心为心"，是说圣人以百姓之心为心，就会关爱民众，而不是去愚民。二十七章"是以圣人常善救人，故无弃人"，是说圣人善于以规则救人，规则不会让人变愚。"古之善为道者，深不可识"，是说道很深奥，因此不可能向民众直接灌输。如果深奥的道只是让民众变得愚昧，那么道就不深奥，而是很浅薄的。

同时，以老子的观点来看，愚民之举是一种有为，违背老子的无为主张。老子还主张圣人之教是"无言之教"，圣人自己愚才能教化民众愚，自己不愚而欲愚民，就是老子认为的"以智治国，国之贼"，圣人会变成贼。综上所述，老子的"将以愚之"不是要愚民，而是要王侯将深奥的道变成利民措施，让民众从中体会到道的伟大。向民众灌输道，不是直接灌输，而是用"曲则全"的方法，将道变成看得见的蓝图，变成美妙的音乐和美味的佳肴来吸引民众，而道就存在于蓝图、音乐和美味中。这样的方法，看似"愚"，但符合道。

〔原文〕 古之善为道者，非以明民，将以愚之。民之难治，以其智多。故以智治国，国之贼；不以智治国，国之福。知此两者亦稽式。常知稽式，是谓玄德。玄德深矣，远矣，与物反矣，然后乃至大顺。

〔译文〕 古代善于运用道的人，不是明确告诉民众什么是道，因为民众很难理解和接受；他们是将道融入与民众利益相关的政策中，采用看似愚拙的方法来感化民众，让民众变相接受道。民众之所以难以治理，是因为王侯的智慧太多。所以用智慧来治理邦国，是邦国的祸害；不用智慧来治理邦国，才是邦国之福。知道这两种治国方法，也就知道了治国的模式。在制定治国规则时，能遵循治国的模式，这才是治国最玄妙的德。玄妙之德非常深奥悠远，与万物共同返回根本。只有这样治理，才能既实现伟大的目标，又完全顺从自然规则。

〔解析〕 这一章老子在讲如何让民众接受道：用"愚"的方法，将道变成民众看得见的好处。民众看见道给自己带来实实在在的好处，才会相信道，才会随道而行。

"古之善为道者，非以明民，将以愚之。"古代善于行道的人，不是明确告诉民众何为道，因为光讲大道理民众不会接受；他们要用愚拙的方法来感化民众，将道化作民众感兴趣的东西，变成美妙的音乐和佳肴美食，以此来吸引民众驻足。道给民众带来好处，民众就会接受。《周易》咸卦九四："贞吉，悔亡。憧憧往来，朋从尔思。"是说心的愿望是要咸卦九五脊背负起重任，预测吉祥。有知心朋友的帮助，心因九五脊背不能及时感知而产生的悔恨消亡。脚、小腿、大腿和心的关系如同路上匆匆往来的行人，对面走过却不能相互感知。知心朋友知道心的想法，要帮助心实现让脊背负起重任的愿望。老子在咸卦九四看到，咸卦之心如同道，自己不能言说，只能被人感知。脊背为民众，心要脊背也就是民众负起重任，光靠知心朋友去说，民众难以受到感动。咸卦九五："咸其脢，无悔。"是说心付出了大量心血，脊背才受到感动，心没有悔恨。老子认为，九五之心采用了"愚"的方法，付出大量心血感动了民众。老子和《周易》都认识到，向民众灌输道，光靠宣示，民众不会接受，只有采用"愚"的方法，民众有悦，才会接受。在《周易》是心费尽心血，在《道德经》是要以"百姓之心为心"。

"民之难治，以其智多。故以智治国，国之贼，不以智治国，国之福。"《道德经》第七十五章说"民之难治，以其上之有为，是以难治"，所以本章"民之难治，以其智多"，不是说民众的智慧多，而是说王侯治民的智慧多了，盘剥民众的办法也就多了，民众忍受不了盘剥，必然会起来反抗，所以民会难治。《周易》姤卦、萃卦厉王自以为有智慧，以滥征税来盘剥民众，引发国人暴动；晋卦昭王自以为有智慧，平息反叛，"维用伐邑"，结果南人屡屡反叛。所以老子认为，用智慧治国，是邦国的祸害；不以智慧治国，是邦国的福分。有人认为老子主张愚民，其实不然，否则老子就不会自相矛盾地说"以智治国，国之贼"。有智才能愚民，因此王侯"不以智治国"，必然要以"愚"治国。

"知此两者亦稽式。常知稽式，是谓玄德。"这两种模式是什么？一是王侯"善为道"，要民众接受道，通过"愚"的方法，将道变成惠民政策，以此感化民众。有如《周易》六五："拂经，居贞吉。"是说君王违背颐养规则，全力支持大人救济安置难民，在难民没有安置好、颠颐势力没有分化瓦解之前安居不动，预测吉祥。颐卦大人和君王的行为感动了离卦的民众，离卦六五："出涕沱若，戚嗟若，吉。"是说得到了王公的安置救济，难民感动得痛哭流涕。王公看到难民悲惨的情形，倾听了难民的控诉，很悲伤，不断叹气，深感自己没有尽到责任，吉祥。老子认为，颐卦和离卦中的王公、大人和君王颠倒颐养规则，看似愚拙，但感动了民众，最终君王用难民组成军队，战胜了颠颐势力。二是不要以智治国。老子认为，以智慧来治国，是邦国的祸害；不以智治国，是邦国的福分。不以智慧来治国，就要以"愚"来治国。这个"愚"等同于"其政闷闷"。这个"愚"不是愚弄百姓，而是为民众做实实在在的事，甘于损上益下。民众认为王侯愚拙，没给王侯带来什么益处，反倒是给民众带来了好处。

"常知稽式，是谓玄德。"以"愚"的方法来感化民众，以"不以智治国"为治国模式，体现的是爱民之道。这两种治国模式，体现了治国中最玄奥的德。

"玄德深矣，远矣，与物反矣，然后乃至大顺。"玄德之深，在于"愚"己和去"智"体现了德的精深。玄德之远是与根本同在的。"与物反矣"，玄德教化王侯通过"愚"己和去"智"与民众共同返回根本。"然后乃至大顺"，以至于完全顺应自然。

第六十六章　为百谷王

〔题解〕"愚之"要有方法。这个方法就是，王侯欲处于民众之上，就要以谦虚的语言来对待民众，让民众觉得王侯处于民众之下；要处于民众之前，就要在利益面前身居民众之后，让民众觉得王侯将民众的利益摆在前面。王侯以"愚"的方法而不是愚民的方法治理天下，"是以天下乐推而不厌"。

〔原文〕江海所以能为百谷王者，以其善下之，故能为百谷王。是以欲上民，必以言下之；欲先民，必以身后之。是以圣人处上而民不重，处前而民不害。是以天下乐推而不厌。以其不争，故天下莫能与之争。

〔译文〕江海之所以能成为天下溪流的王者，是因为它们善于居于溪流之下，所以能成为天下溪流的王者。因此圣人想要居于众人之上，必然用谦下的言语来对待民众；想要处于众人之前，必须将自身利益放在民众利益之后。所有圣人虽居于民众之上而民众并不感到沉重，处于民众之前而民众并不感到有害。所以天下民众乐于拥戴而不感觉厌烦。因为不与民众相争，所以天下没有谁能与之相争。

〔解析〕这一章是老子对上一章"非以明民，将以愚之"的解释，也是对谦卦之谦和萃卦的总结。用"明民"的方法来贯彻道，会明确告诉民众，圣人就是居于民众之上、处于民众之前，民众不会接受；以"愚"的方法来贯彻道，让民众看到王侯应居于民众之上，却甘愿处于民众之下，应处于民众之前，却将自身利益放在民众利益之后，民众会欣然接受。在上民众并不感到沉重，居前民众没有感觉受到伤害。与"明民"相比较，这样的方法就显得愚拙。圣人不用"明民"而用"愚之"的方法治民，是真正贯彻了道的意图，因此得到民众的拥戴。

老子认为，萃卦厉王被逐至彘地，是因为不知道治民要用"愚"的方法，没有做到"欲上民，必以言下之；欲先民，必以身后之"。厉王自以为有智慧，乱征税让民众感到沉重、受到伤害，引发国人暴动，被迫离开国都。厉王如果能让民众感到君王愚拙，有税不知道征，有利让民众分享，就会得到民众的拥戴。而萃卦六二大人面对暴动民众，"引吉，无咎。孚乃利用禴"。是说大人与暴动民众谈判，暴动民众要对厉王采取过激行为，大人采用引导的方法，平息了暴动民众的焦躁情绪，吉祥。大人答应了暴动民众的合理要求，谈判成功，大人用简单的祭祀向暴动民众表达自己的诚意。老子认为，萃卦大人与暴动民众谈判，以"言下之"、"身后之"来对待暴动民众，最终妥善解决了国人暴动问题，"是以天下乐推而不厌"，在萃卦九五被推举为共和执政。大人不与厉王争，不与暴动民众争，不与朝臣争，"故天下莫能与之争"。

"江海所以能为百谷王者，以其善下之，故能为百谷王。"在自然界中，江海居于下，由于"善下"而成为溪流之王。老子通过自然现象来说明治理之道，主张要成就大事，就要"善下之"。《周易》谦卦主张有谦，圣人如江海善下而又有谦，就可以兼畜天下，成为"百谷王"。

"是以欲上民，必以言下之；欲先民，必以身后之。""欲上民"是要居于民众之上，也就是居于高处。"高下相倾"，民众是圣人的根基，圣人居于高处，以谦下的语言来对待民众，不忘根基，才会长久，所以要"言下之"。"欲先民"，是要处于民众之前。圣人处于民众之前，首先面对的是名利。面对名利，圣人置身于民众之后，不与民众争名利，民众才会跟随圣人前行。

"是以圣人处上而民不重，处前而民不害。"《道德经》第五章"圣人以百姓为刍狗"，是说圣人也要百姓做出适当的奉献和牺牲。由于圣人采用了"言下之"、"身后之"这种"愚"的方法，民众受到感动，即便身为"刍狗"，圣人处于上，也没有感到沉重；圣人处于前，也不会受到伤害。圣人得到民众的拥戴，民众会"乐推而不厌"。《周易》姤卦"包无鱼，起凶"，是说民众感到沉重、受到伤害，才导致国人暴动。

"是以天下乐推而不厌。"老子认为，王侯成为圣人，能善待民众，就可以成为天下的共主，这个共主是由天下人推举出来的，而不是通过争霸抢夺来的。老子在这里已经将周天子否定掉了。《周易》萃卦厉王离开国都后，大人被国都民众推举为执政。九五："萃有位，无咎。匪孚，元永贞，悔亡。"是说厉王离开国都，朝廷出现权力真空，民众推举大人执政。大人接受民众的推举，以共和来替代君主专制，没有过错。这不是大人对厉王不讲诚信，而是为了江山社稷长久稳固，必须由大人出面稳定局势，以共和替代君主专制。大人对让厉王离开国都的悔恨消亡。老子认为，大人被民众推举，是因为大人做到了"欲上民，必以言下之；欲先民，必以身后之"，所以国都民众会乐意推举大人为共和执政。但只有圣人能真正做到"天下乐推而不厌"。

"以其不争，故天下莫能与之争。"圣人成为天下共主不是争来的，而是被天下人推举出来的。正是因为圣人不争，所以天下没有人能与之相争。《周易》萃卦大人在国人暴动平息、厉王离开国都后，没有去争权力。大人不去争，但没有其他人能与之相争，所以才会被推举为共和执政。

第六十七章　我有三宝

〔题解〕　圣人以"言下之"、"身后之"来对待民众，是在以"愚"的方法实践道，以惠民的方式让民众接受道。民众可以感觉到，却看不清圣人所倡导的大道究竟是什么。老子认为，一般人看不清道没关系，道附着在"三宝"上，只要坚持"三宝"——慈、俭、不敢为天下先，也就是变相接受了道。有事"天将救之"，会"以慈卫之"。

第六十七章 我有三宝

〔原文〕 天下皆谓我道大，似不肖。夫唯大，故似不肖；若肖，久矣其细也夫。我有三宝，持而保之：一曰慈，二曰俭，三曰不敢为天下先。慈故能勇；俭故能广；不敢为天下先，故能成器长。今舍慈且勇，舍俭且广，舍后且先，死矣。夫慈，以战则胜，以守则固。天将救之，以慈卫之。

〔译文〕 天下人都说我所宣扬的道很大，似乎什么东西都不像。正因为道很大，所以才什么东西都不像；如果像什么，长久下去，道也就变成那个具体的东西了。我有三件宝贝，要坚持并保护好：一是慈爱，二是俭朴，三是不敢做天下的先行者。慈爱能有勇气；俭朴会前途宽广；不敢做天下的先行者，才能成大器。今天的人舍弃慈爱去追求英勇，舍弃俭朴去追求宽广，舍弃居后而去追求领先，那只有死路一条。有了慈爱，用来征战会取胜，用于防守会稳固。上天要救助他，会用慈爱来保护他。

〔解析〕 这一章老子在为大道辩护。当时的人们弄不清老子所坚持的道究竟是什么。老子认为，人们可以对道认识不清，但是只要坚持慈、俭、不敢为天下先这三件宝贝，就可以得到上天的救助。老子向人们推荐这三件宝贝，是因为他认识到一般人都对道认识不清，希望得到道，又不能专心修道。"三宝"最接近道，明确具体，容易做到。从慈、俭、不敢为天下先这三个方面进行修行，最终可以得道。

"天下皆谓我道大，似不肖。夫唯大，故似不肖，若肖，久矣其细也夫。"天下没有多少人相信老子之道，而且还对老子之道提出质疑，认为老子之道什么都不像。《周易》认为乾为天、坤为地、震为雷、坎为水、巽为风、艮为山、离为火、兑为泽，都可以代表道。老子认为道不会具体像什么，如果具体像什么，长久下去，就会变成具体的物，道也就不存在了。

"我有三宝，持而保之：一曰慈，二曰俭，三曰不敢为天下先。"老子认识到，一般人不可能专心修道，又希望得道，目的是得到道的保护。所以老子向民众推荐"三宝"，并希望他们持有并保护好"三宝"。"三宝"一是慈爱，二是俭朴，三是不敢做天下的先行者。"三宝"是老子"愚之"的方法。老子要民众接受道，民众却看不清道是什么；让民众坚持"三宝"，民众就会接受。民众持有"三宝"，行为会符合道，也就达到了让民众接受道的目的。"三宝"接近道,坚持"三宝"最终会归于道。

"慈故能勇;俭故能广;不敢为天下先,故能成器长",慈会有爱,有爱会勇于保护所爱;俭朴会前途宽广,宽广会不知其极;不敢为天下先则"必以身后之",会被民众推举,成为民众的领袖。

"今舍其慈且勇,舍俭且广,舍后且先,死矣",当今舍去慈爱而有勇,勇而无慈是冷酷之勇,会残害民众;舍俭朴而去求宽广,会因求生之厚去盘剥民众,必然引起民众的反抗;舍后而争先,民众会受到伤害,如果是这样,只能是自置于死地。

"夫慈,以战则胜,以守则固",有慈爱,遇到战争会取得战争的胜利,用于防守会稳固。《周易》离卦六五:"出涕沱若,戚嗟若,吉。"是说受到颠颐势力的残害,难民逃到六五王公处,得到王公的安置救济,难民感动得痛哭流涕。王公看到难民悲惨的情形,倾听了难民的控诉,很悲伤,不断地叹气,深感自己没有尽到责任,吉祥。老子认为,六五王公表现出对难民的慈爱,用难民组成军队,就能战胜颠颐势力。渐卦六二:"鸿渐于磐,饮食衎衎,吉。"是说鸿雁渐渐落在磐石周围,在和乐地进食。将士们关系和睦,将阵地守卫得坚如磐石,每餐都能吃饱,吉祥。老子认为,将士们有慈爱才能将阵地守卫得坚如磐石,因为阵地的后面是将士们的父老兄弟、妻子儿女,所以必须守卫住阵地。

"天将救之,以慈卫之",天要救谁,会以慈爱来护卫。《周易》需卦上六:"入于穴,有不速之客三人来,敬之,终吉。"象曰:"不速之客来,敬之,终吉。虽不当位,未大失也。"上六是说,洞穴人进入洞穴,看到三个不请自来的人正在洞穴中搜查,洞穴人受到盘查。严肃谨慎对待此事,最终吉祥。象传说,不请自来的人是君子的朋友。君子没有如约而来,朋友不放心,来河边查看。洞穴的异常使朋友对洞穴人产生了怀疑。经过严肃谨慎的盘查,洞穴人交代了被人雇佣,准备杀害君子的阴谋,最终使君子吉祥。朋友虽然反客为主,盘查洞穴人,没有摆正自己的位置,但通过盘查使君子避免了危险,没有大的过失。老子认为这是上天要救助君子,让朋友有慈爱,关心君子,所以才会在关键时刻带人来到河边等候,使君子避免了凶险,"天将救之,以慈卫之"。

《周易》认为有谦会得到上天的保佑,老子认为上天会以慈来救助应当救助的人。老子认为《周易》之谦有时只是一种策略，是大伪。有大伪的人得到上天的保佑，不符合道。同时《周易》没有看到上天究竟是以何种方式保佑人。上天会救助人，让需要被救助的人遇到慈善之人而得到救助。

第六十八章　不争之德

〔题解〕　做事成功要坚持"三宝"，但也要善于为士、善战、善胜、善用人。

〔原文〕　善为士者不武，善战者不怒，善胜敌者不与，善用人者为之下。是谓不争之德，是谓用人之力，是谓配天古之极。

〔译文〕　善于做一个士，不会轻易使用武力；善于打仗，不会被敌人激怒；善于战胜敌人，不会与敌人正面交锋；善于用人会以谦下待人。这就叫不争的品德，这就叫借助他人的力量，这就叫做事成功就要符合天道和借鉴古人成功的经验。

〔解析〕　这一章是老子对《周易》夬卦的总结。夬是决断的意思，决断是要决定怎样去做。夬卦讲的是君子如何与小人斗，老子认为君子要与小人斗，首先"善为士者不武"，也就是要善于做一个士，不能轻易使用武力。夬卦卦辞说："夬：扬于王庭，孚号，有厉。告自邑，不利即戎。利有攸往。"是说：夬卦，小人张扬于朝廷，知道真相的君子发出清除小人的呼号。君子就要与小人发生激烈的争斗，朝廷有危险。君子告诉自己的封邑，动用武力清除小人会不利；小人告诉自己的封邑，有不利即动用武力。有利于君子前往。老子赞成君子的"不利即戎"，认为这是"善为士者不武"。清除小人主要靠君子的呼号和君王的决断，没有君王同意，君子擅自动用武力，会被认为是大逆不道。从修养的角度，士首先要修炼身心，做一个得道的士，这样才能做到"善为士者不武"。

"善战者不怒"，善于打仗的人不会被敌人激怒。《周易》夬卦九三：

165

"壮于頄，有凶。君子夬夬独行，遇雨若濡，有愠，无咎。"是说君子只能将对小人的愤怒表现在脸上，没有别的本事。因一时气愤要与小人决斗，会有凶险。愤怒中的君子决定与小人以死相拼，在没有人跟随的情况下，边走边想与小人相拼的办法。想法不断产生，又不断被自己否定。遇到大雨，君子被浇透，无法继续行走。君子将心中的怒气转向老天，不再前往，没有过错。老子认为，君子没本事与小人斗，一怒之下与小人拼命，会有凶险。应做到"善战者不怒"，这样就不会有凶险。

"善胜敌者不与"，善于战胜敌人，不会与敌人正面交锋。《周易》师卦九二象曰："在师中，吉，承天宠也。王三锡命，怀万邦也。"是说统帅居于军中，指挥方法得当，吉祥，是靠上天的宠爱。上天赐予大河，让敌人的进攻遇到天然屏障。统帅凭借天险，阻止了敌人的进攻。君王在给予赏赐的同时，也多次下达进攻的命令，这是君王关爱所有被敌军侵占的邦国。老子认为，九二统帅凭借大河，不与敌人决战，是"善战者不与"；统帅能顺从君王的命令，会战胜敌人，实现君王的意图。

"善用人者为之下"，善于用人的人，会以谦下亲近人才。《周易》比卦初六："有孚，比之，无咎。有孚，盈缶。终来有它，吉。"象曰："比之初六有它，吉也。"初六是说，君子有诚信，志向远大，为了创建王侯之业，在亲近最优秀的人才。哪怕人才在天涯海角，也要设法亲近，没有过错。君子以诚待人，即便只能用瓦器招待客人，也要将瓦器盛满酒菜。最优秀的人才终于从最远处来到，并带动其他地方的人才陆续来到，吉祥。象传说，最优秀的人才从上六前来亲近初六，吸引、带动其他四爻的人才陆续来到。九五不愿为君王效力的人才，六四被忽视的内部人才，不应被六三亲近的人才，停留在六二的外部人才，都来到了初六。这对君子来说，真是太吉祥了。老子认为，初六居于六爻之下，是"善用士者为之下"，君子甘于居下，优秀的人才会甘愿为其所用。

"是谓不争之德"，这就是不争的品德。君子面对不同情况，做到"不武"、"不怒"、"不与"、"为之下"，不仅是一种方法和策略，也体现了一种德的修养。这个德为不争之德，没有德的修养，就难以采用不争的方法。无为才能不争，有德才能无为，"上德无为而无以为"，就没有人能与之相争。

"是谓用人之力,是谓配天古之极。"做大事要有力,以一人之力做不成大事。要善于借助他人的力量,所做的事要与道的要求相匹配,还要与古人成功的经验相匹配,这样做事才会成功。老子认为《周易》涣卦武王伐纣借用了其他反殷纣的力量,"汤武革命,顺乎天而应乎人"是"配天古之极"。

第六十九章　哀者胜矣

〔题解〕　用兵打仗不但不要被敌人激怒,也不要与敌人轻易交锋,更不能轻敌。在敌我力量均衡的情况下,"哀者胜矣"。

〔原文〕　用兵有言:吾不敢为主而为客,不敢进寸而退尺。是谓行无行,攘无臂,扔无敌,执无兵。祸莫大于轻敌,轻敌几丧吾宝。故抗兵相加,哀者胜矣。

〔译文〕　统帅过军队的人说:我不敢采取主动而是看对方动后再动,不敢轻易前进一寸,宁可退让一尺。这就叫有所行动,却看不出在行动;举起臂膀,却像没有举起;已经面对敌人,敌人却仍没有看见;已经拿起武器,却好像没有武器。祸患没有比轻敌更严重的了,轻敌几乎丧失了我的宝贝。所以两军实力相当,悲愤的一方会取得胜利。

〔解析〕　《周易》反映打仗的卦有师卦、同人卦、随卦、豫卦、颐卦、离卦、解卦、渐卦、涣卦、小过卦、既济卦、未济卦,反映的角度各有不同。老子认为颐卦、离卦、渐卦反映了打仗的要诀,就是不要轻敌,不要轻易进攻,哀兵必胜。

"用兵有言:吾不敢为主而为客,不敢进寸而退尺",统帅过军队的人说,我不敢采取主动,而是看对方动后再动,不敢轻易前进一寸,而会退让一尺。《周易》颐卦六五:"拂经,居贞吉。不可涉大川。"象曰:"居贞之吉,顺以从上也。"六五是说,君王违背颐养规则,全力保障大人救济、安置难民。在难民没有安置好、颠颐势力没有分化瓦解之前,安居不

167

动,预测会吉祥。与颠颐势力决战有如渡大河,人心未稳,力量不足,不要与颠颐势力决战。象传说,安居不动,不与颠颐势力决战之所以吉祥,是因为君王顺应了将士们所提出的颐养要求和作战方略,如大过卦栋梁向上隆起,已经顶住与颠颐势力决战的压力,要先阻止颠颐势力的进攻,之后再伺机将其消灭。老子认为颐卦君王做得很对,"吾不敢为主而为客,不敢进寸而退尺",才在颐卦上九阻止住颠颐势力的进攻。

"是谓行无行,攘无臂,扔无敌,执无兵。"老子对用兵打仗有着深刻的体会,就是"以奇用兵"。有所行动,在敌人看来好像没有行动;已经举起臂膀,好像没有举起臂膀;已经接近敌人,敌人却仍然没有看见;士兵们已经拿起武器,好像没有拿武器。总之,我方所采取的措施,会出乎敌人的意料。《周易》也讲了一些战胜敌人的方法,但没有老子深刻,如巽卦六四:"悔亡,田获三品。"是用围猎的方法打败了敌人。明夷卦六二:"明夷,夷于左股,用拯马壮,吉。"是用壮马装备战车战胜了左股反叛势力。解卦上六:"公用射隼于高墉之上,获之,无不利。"是采用直接进攻的方法。小过卦六五:"密云不雨,自我西郊。公弋,取彼在穴。"上六王公是用声东击西的方法攻击权贵巢穴。战争在古代很重要,关系到社稷的安危。老子总结了《周易》与敌相争的做法,认为与敌相争主要是不能轻敌。

"祸莫大于轻敌,轻敌几丧吾宝。"灾祸没有比轻敌更大的了,轻敌几乎丧失了我的宝贝。《周易》颐卦六四:"颠颐,吉。虎视眈眈,其欲逐逐,无咎。"是说颠颐势力造成大量难民,难民逃难到九四,大人颠倒颐养关系,在救济难民,吉祥。大人像老虎一样注视着颠颐势力的动向,准备出兵消灭颠颐势力。未得到君王的允许,大人没有擅自行动,没有过错。老子认为"祸莫大于轻敌",大人虎视眈眈,是要与颠颐势力决战。如果轻敌,会有灾祸。"轻敌几丧吾宝",慈为老子的一宝,大人有慈才会全力救济难民;如果大人进攻失败,难民会遭殃。即便不是在救济难民,而是面对众多的士兵,大人有慈也会爱兵如子,轻易向敌人进攻却是在挥霍士兵的生命,大人平时对士兵的慈也就因轻敌而丧失了。有俭大人才能救济难民,大人决战失败,难民会遭涂炭,大人之俭也就失去了意义。大人违背君王的旨意与颠颐势力决战,是违背"不敢为天下先",如果失败,不仅破坏君王的战略意图,而且会给邦国和民众带来凶险。

"故抗兵相加,哀者胜矣",所以两军实力相当,悲愤的一方会取得胜利。《周易》离卦九四:"突如其来如,焚如,死如,弃如。"是说灾祸突然降临,到处燃烧着大火,死伤遍地,人们丢弃了一切,四处逃难。离卦六五:"出涕沱若,戚嗟若,吉。"是说得到王公的安置救济,难民感动得痛哭流涕。王公看到难民悲惨的情形,倾听了难民的控诉,很悲伤,不断地叹气,深感自己没有尽到责任,吉祥。上九:"王用出征,有嘉折首,获匪其丑,无咎。"是说君王用难民组成军队,征伐颠颐势力。颠颐势力的重要首领前来依附,受到君王礼遇。前来依附的首领和颠颐势力元凶不是一类人,君王以礼相待,没有过错。老子看到,离卦九四颠颐势力给民众造成了巨大灾难;六五王公在救济难民;上九君王用军队平息颠颐势力,军队的士兵由遭受"焚如,死如,弃如"的难民组成。"哀者胜矣",这些士兵心中充满悲愤,必定会拼死杀敌,君王会取得胜利。

第七十章　被褐怀玉

〔题解〕　老子讲了这么多道理,包括用兵的道理,却不被世人认可,很是无奈,只能"被褐怀玉"。

〔原文〕　吾言甚易知,甚易行。天下莫能知,莫能行。言有宗,事有君。夫唯无知,是以不我知。知我者希,则我者贵。是以圣人被褐怀玉。

〔译文〕　我所讲述的道理很容易懂,也很容易做到。但天下的人却不能知晓,也没有人能够做到。言论有主旨,做事有规则。正因为人们不懂得这个道理,所以才不能像我那样知晓道。真正了解我的人很稀少,能按我所讲的道理去做的人就更加宝贵。所以圣人虽穿着粗布衣裳却怀揣着宝玉。

〔解析〕　这一章表现出老子对王侯和世人的失望与期待。老子的愿望是将王侯培养成圣人，使世人都信奉大道，却难以如愿。春秋末期，诸侯争霸，兼并加剧，老子希望王侯和世人无为，是与时代形势相背离的。所以老子的学说不会被王侯和世人接受，这让老子很失望。

《周易》的情况则不同。老子和孔子是同代人，孔子将《易经》列为六经之首，说明《周易》在当时受到普遍重视。《周易》的学说可以满足诸侯和君子有所作为的需要。《周易》的思想和观点与时代合拍，所以受到重视。老子对王侯和世人不认同自己的学说感到无奈。用"道，可道，非常道"的观点来看，是道决定了一切，只有适宜之道才能畅行，适宜之道就不是一般的道，而是适应时代之道。在诸侯争霸的时代背景下，老子的学说既不能制止诸侯争霸，又不能满足诸侯争霸的需要，就不会被诸侯接受。西汉开国初期推行黄老学说，统治者用老子的无为思想作为治国的基本思想，说明在一定条件下推行无为而治是可行的，老子的思想具有前瞻性。

"吾言甚易知，甚易行。天下莫能知，莫能行。"老子认为，他所讲述的道理很容易懂，也很容易做到。天下人却不能知晓，也没有人能够做到。《周易》的情况正相反，《周易》六十四卦的内容很难破解，却都在破解；乾坤之道也很难实施，却都在实施。《周易》的要求很难做到，天下人却都试图按《周易》的要求去做，都尊崇乾坤之道。

"言有宗，事有君。夫唯不知，是以不我知。"言论有主旨，做事有规则。人们不了解《道德经》的主旨，也不知道《道德经》的规则，所以不了解老子的学说。孔子韦编三绝，反映了当时研究《周易》的人不在少数，而且很认真。

"知我者希，则我者贵。"老子认为知晓老子学说的人很稀少，按老子学说去做的人很宝贵。相对而言，知晓和研究《周易》的人要比研究老子学说的人多，按《周易》要求去做的也很普遍。

"是以圣人被褐怀玉。"老子是圣人，只能披着粗布衣裳，怀里揣着宝玉。老子明白自己的处境，珍爱自己的学说。尽管遇到困难，也要坚持自己的学说。

这一章老子是想说明自己的学说不仅针对王侯，也是针对天下人的。老子不仅是要通过自己的学说将王侯培养成圣人，而且要天下人接受无为之道。令老子失望的是，天下信奉老子学说、按老子学说去做的人很稀少，只能独自坚守。老子还想说明，不仅王侯通过修炼可以成为圣人，君子通过修炼也可以成为圣人。尽管环境艰难，圣人身着粗布衣裳，但不会改变自己的信念。

第七十一章　不知知病

〔题解〕　人们不认可老子的学说，老子认为是因为在认知方面出了毛病。老子开出的药方是"以其病病，是以不病"。

〔原文〕　知不知上，不知知病。夫唯病病，是以不病。圣人不病，以其病病，是以不病。

〔译文〕　知道自己有所不知为上等，不知道假装知道是一种毛病。只有以自己的毛病为毛病去克服这个毛病，才不会有毛病。圣人之所以没有在认知方面出现毛病，是因为他们把毛病当作毛病并能克服掉这个毛病，因此才不会有认知方面的毛病。

〔解析〕　这一章，老子针对认知方面出现的毛病，提出了自己的看法。他希望王侯、君子能像圣人那样，以自己的毛病为毛病去克服掉这个毛病。老子认为，人人都会有所知、有所不知，都会有某些毛病，圣人也不例外。这个观点很重要，金无足赤，人无完人，人应当有自知之明。圣人之所以没有毛病，是因为"以其病病，是以不病"。

"知不知上"，人人都有所知、有所不知，知道自己有所不知为上等。《周易》也认识到人会有所不知，不知会有蒙，有蒙需要解蒙，解蒙的过程就是求知的过程。蒙卦六五："童蒙，吉。"是说有所蒙昧，如儿童般纯朴，吉祥。老子认为，知道自己有所不知，会主动去求知；而"童蒙"则不知道自己在哪些方面还有所不知，需要别人来解蒙，所以"知不知上"，是在"童蒙"之上。

"不知知病"，不知道而假装知道是一种毛病。《周易》恒卦初六：

"浚恒，贞凶，无攸利。"象曰："浚恒之凶，始求深也。"初六是说，疏浚河道时坚持深挖，预测有凶险，没什么利。象传说，疏浚河道时坚持深挖之所以有凶险，是因为决定疏浚的人在开始时就要求往深里挖，已引起震动。老子认为，恒卦初六是主持疏浚的人有所不知又装作知道，才会发生"浚恒"，"不知知病"会带来凶险。

"夫唯病病，是以不病"，只有以自己的毛病为毛病，才不会有毛病。《周易》小过卦上六："弗遇，过之，飞鸟离之，凶。是谓灾眚。"象曰："弗遇，过之，已亢也。"上六是说，王公与权贵因请示汇报一事发生矛盾，就要爆发流血冲突。有人看到权贵有实力，王公有智谋，双方争斗胜负难料，准备投机；在请示汇报的问题上，既不去接触权贵，又越过王公向其他人请示汇报，企图几面讨好。有如小鸟在雷雨到来之际，不是去躲避，而是要参与到雷雨之中，会遭遇凶险。可以说灾祸不长眼睛，碰上会倒霉。象传说，作为臣下，该请示汇报的不去请示汇报，不该越过的又越过，做得太过分了。老子认为小过卦上六不按请示汇报的规则办，既是一种野心，也是一种认知方面的毛病，这种毛病会带来凶险。只有以自己的毛病为毛病，克服掉这个毛病，才不会在王公与权贵的争斗中去投机，不投机就不会遇到凶险。

"圣人不病，以其病病，是以不病。"圣人在认知方面没有出现毛病，是因为他们以自己的毛病为毛病并克服掉这个毛病，所以才会没有毛病。老子看到《周易》萃卦厉王被逐，在上六散布钱财向人咨询自己被逐的原因。老子认为，厉王是在认知方面出了毛病，应当向圣人学习。萃卦上六："赍咨涕洟，无咎。"是说厉王被逐至彘地，痛哭流涕散布财物向人咨询被逐的原因，没有过错。老子认为，厉王不懂得圣人为什么没有毛病，圣人以自己的毛病为毛病并克服掉这个毛病，所以会没有毛病。如果厉王能早一点认识到自己的毛病，像圣人那样"以其病病"，就不会落得被逐的下场。

第七十二章　自知自爱

〔题解〕　王侯不愿遵守规则，又"不知知病"，就会对民众逞威；当民众不害怕王侯逞威时，"大威"就要到了。

〔原文〕　民不畏威，则大威至。无狭其所居，无厌其所生。夫唯不厌，是以不厌。是以圣人自知，不自见；自爱，不自贵。故去彼取此。

〔译文〕　当民众不惧怕威吓时，大祸乱就要到来了。不要让民众的住所日益狭小，就要丧失所居；不要厌恶民众在贫困卑贱中生活。只有不厌恶民众，才不会遭到民众厌恶。因此圣人知道自己，而不会自我夸耀；珍爱自己的品德修养，而不认为自己高贵。所以要舍弃错误而取正确。

〔解析〕　王侯有毛病又不知悔改时，就会威吓民众；"民不畏威"，民众不惧怕王侯的威逼。《周易》姤卦九三："臀无肤，其行次且。厉，无大咎。"是说小人被民众打烂了屁股，因为小人行为不正，不管有鱼无鱼，都要强行征税。民众与小人理论，双方发生激烈的争斗。民众打了小人，虽然有危险，但是没有过错。老子认为九三是"民不畏威"，所以敢痛打小人。"民不畏威"是对历史上治民经验教训的总结，但历代统治者接受的不多。《周易》晋卦、明夷卦昭王只知道用武力镇压南人的反叛，结果南人不服，引发左股反叛，沉尸江中。姤卦、萃卦厉王乱征税而引发国人暴动，也说明"民不畏威"。

"则大威至"，大的威胁就要到来了。《周易》萃卦初六："有孚不终，乃乱乃萃。若号，一握为笑，勿恤。往无咎。"是说厉王所做的取消错误赋税的承诺还没有兑现，就又开征新税。民众发生骚乱，纷纷涌上街头，不断聚集，终于爆发了"国人暴动"。厉王发出哀号，要大人去与暴动民众谈判。朋友为大人担心，大人仅握拳一笑，让朋友不必担心，大人成竹在胸，前往不会有过错。老子认为初六"乃乱乃萃"是"民不畏威，则大

173

威至"。

"无狭其所居",不要让民众的住所越来越狭小,就要丧失所居。老子认为,王侯如萃卦中的厉王乱征税,会使民众的住所越来越狭小,就要丧失所居,民众会流离失所,怨声载道。

"无厌其所生",不要厌恶民众在贫困卑贱中生活。因为王侯的欺压,民众的生活才处于贫困卑贱之中;王侯忘记根本才会厌恶民众、脱离民众,缺乏道德才不知道民众贫困产生的原因。

"夫唯不厌,是以不厌",只有不厌恶民众,才不会遭到民众厌恶。《周易》睽卦初九:"悔亡,丧马,勿逐,自复。见恶人,无咎。"是说悔恨消亡,马丢失了,准备去寻找,这时有人告诉丢马的人,不用去找,马已经回来了。丢马的人去感谢将马赶回来的人,尽管这个人平素让丢马的人厌恶,但是去感谢会没有过错。老子认为,平民百姓自己相互厌恶尚可以解决,王侯和民众相互厌恶会有祸患产生。从萃卦来说,厉王正因为厌恶民众,才遭到民众的厌恶,最终从王位上坠落。

"是以圣人自知,不自见",所以圣人有自知之明,而不自我夸耀。《周易》观卦六四:"观国之光,利用宾于王。"是说让来宾观看邦国辉煌的景象,会对来宾甘愿归顺有利。老子认为,观卦六四让来宾去观光,然后再决定是否归顺,归顺时会心甘情愿。君王"自知,不自见",才会让来宾去观光。

"自爱,不自贵",珍爱自己的品德修养,而不认为自己高贵。《周易》屯卦初九:"磐桓。利居贞。利建侯。"象曰:"虽磐桓,志行正也。以贵下贱,大得民也。"初九是说,徘徊于谤木之下,安居不动,预测会有利。有利于创建王侯之业。象传说,虽然徘徊于谤木之下,但君子的愿望是创建王侯之业,是要走正道。君子以高贵的身份深入民众,虚心听取民众的意见,大得民心,受到民众的拥护。老子认为,屯卦君子"自爱,不自贵",才能以贵下贱。

第七十三章　天网恢恢

〔题解〕"大威至",是勇于敢面对,还是勇于不敢面对,哪个符合道,圣人也难以下结论。天网恢恢,疏而不漏。

〔原文〕勇于敢则杀,勇于不敢则活。此两者,或利或害。天之所恶,孰知其故?是以圣人犹难之。天之道,不争而善胜,不言而善应,不召而自来,繟然而善谋。天网恢恢,疏而不失。

〔译文〕勇用于敢则会被杀,勇用于不敢则可以活。这两种情况,或是有利或是有害。上天厌恶什么,谁知道其中的缘故?就是圣人也难以判断。上天运行之道,不去争而善于取胜,不说话而善于应答,不召唤而主动来到,坦荡舒缓而善于谋划。上天设下的法网广大无垠,虽然稀疏却不会有遗漏。

〔解析〕"天网恢恢,疏而不失"是老子的名言,是说上天是有报应的,好人可能因"勇于敢"而被杀,恶人可能"勇于不敢"会活,但恶人迟早会受到上天的惩治。

"勇于敢则杀,勇于不敢则活。此两者,或利或害。天之所恶,孰知其故?是以圣人犹难之。"勇用于敢则会被杀,勇用于不敢则可以活。"大威至",以个人之勇,敢于对抗则会被杀,这个"大威"可能是民众,也可能是其他;"勇于不敢"是要用勇来维护不敢,不触犯"大威",则可以活。但这两种做法是有利还是有害,上天究竟厌恶哪个,没有人知道其中的缘故,连圣人也说不清。《周易》姤卦上九:"姤其角,吝,无咎。"是说厉王与军队相遇,要军队去镇压民众,统帅吝惜军队的使用,没有过错。老子认为,国人暴动是"大威至",在这种情况下,面对厉王的命令,统帅"勇于敢则杀",或是民众被杀,或是统帅被杀。"勇于不敢则活",统帅有勇气拒绝执行厉王的命令,不敢镇压民众,暴动民众可以活。

"此两者,或利或害。天之所恶,谁知其故?"这两种情况,或是有利,或是有害。上天究竟厌恶哪个,谁知道其中的原因?姤卦统帅拒绝厉王的命令,致使萃卦厉王被逐至彘地。如果统帅"勇于敢",去镇压国人暴动,虽然自己可能被杀,但厉王能保住王位。实际结果是统帅"勇于不敢",不执行厉王镇压民众的命令,暴动民众有了活路,但厉王没能保住王位。老子认为,国人暴动成功,但是有谁知道上天对统帅"勇于不敢"是喜欢还是厌恶呢?

"是以圣人犹难之",就是圣人也难以给出答案。就像当时的人们疑惑昭王为什么会南狩不归,老子也在疑惑厉王为什么会被逐至彘地。在西周历史上甚至整个中国的历史上,厉王是唯一因"国人暴动"而被放逐的君王。

"天之道,不争而善胜,不言而善应,不召而自来,繟然而善谋。"天道的特点是,不去争而善于赢得胜利,不说话而善于应答,不召唤而主动来到,坦荡舒缓而善于谋划。老子的宇宙结构是"域中有四大",人、地、天、道。"人法地,地法天,天法道,道法自然。"于是人有了人道,地有了地道,天有了天道。大道的特点是听不清,看不见,什么都像,什么都不像。而天地人三道却能听得见,看得清,形象具体鲜明。"天之道,不争而善胜",天道不争而善于取胜。人效仿天,所以王侯以无为、不争来爱民治国符合天道。"不言而善应",天道不说话而善于应答,回应人们对天的祈盼,王侯也应善于回应民众的呼声。"不召而自来",天道不经召唤而主动来到,恶人违背天道会受到惩治,万物信奉天道会得到天道的帮助,人需要天的救护,天会以慈来救护。王侯主动去帮助民众符合天道。"繟然而善谋",天道坦荡舒缓而善于谋划,王侯也应善于谋划。《周易》同样认为世上存在着天地人三道,其作用与老子的天地人三道没有区别,说明《道德经》的思想来自《周易》。

"天网恢恢,疏而不失。"上天善胜、善应、自来、善谋,是为了天下万物的兴盛。世上有恶人不遵守天道,坑害百姓。如果人间的法律不能给予惩治,上天会通过天网来惩治恶人。天网虽然稀疏,但不会让恶人逃脱。《周易》认为万物违背道,会受到惩罚。老子将天的惩罚具体化,让天用天网惩罚恶人,而不是惩罚万物。老子在《道德经》中所讲的大道没有惩罚的功能,而是将这个功能交给了天,天以天网来惩罚恶人,于是天道也就有了法的意义。人道同于天道，人通过制定法律法规来体现天道，用法律法规来规范民众的行为、确定社会的等级秩序，并以之惩治不法之徒；即使人所制定的法律不能惩治恶人，恶人也难逃天网的惩治。天网的形象比喻让人对天和天道产生畏惧，也会让枉法之徒和恶人产生恐惧。

第七十四章　民不畏死

〔题解〕　生死是所有人都会面临的问题，"天之所恶，孰知其故"，人们难以猜测上天对待生死的意图。但民众对正常的死亡是看得开的，事实上不但上天在用规则管理死亡，王侯也在以死亡为手段来镇压民众的反抗；也有心术不正的人用死亡来恐吓欺骗民众，老子认为这种心术不正的人应当抓起来杀掉。

〔原文〕　民不畏死，奈何以死惧之？若使民常畏死，而为奇者，吾得执而杀之，孰敢？常有司杀者杀，夫代司杀者杀，是谓代大匠斫。夫代大匠斫者，希有不伤其手矣。

〔译文〕　民众不害怕死亡，怎么可以用死亡让他们恐惧？如果想让民众畏惧死亡，而采用旁门左道的方法，我抓到后会立即将他们杀掉，看谁还敢用旁门左道来蛊惑民众？大自然用规则来管理死亡，有人要替代大自然经营死亡，这就好像代替专门的木匠去砍木头，很少有不伤到手的。

〔解析〕　这一章是老子反对用巫术和《周易》来算生死。老子信奉自然，认为生死是大自然主管的事，民众对自然的死亡是看得开也乐于接受的。老子痛恨有人用死亡来恐吓民众，要"吾得执而杀之"，对有人利用旁门左道和《周易》算生死深恶痛绝。《周易》有算卦的功能，用《周易》算卦比占卜进步，但毕竟是迷信，没有科学依据。老子对算卦还能容忍，但强烈反对用《周易》来算生死，认为生死是由大自然决定的，算生死是图财害命，应杀掉算命者。

卦可以用来算，这也是卦产生后经久不衰的原因之一。用卦来算，是对占卜的抗拒和补充。《周易》只是借助卦的形式来表达振兴周朝的愿望，主张对事物的发展变化要有所预测，没有让《周易》成为卦书的意图，更没有提倡用《周易》去测生死。但仍有人以卦书来对待《周易》，这也是《周易》作者很无奈的事。

"民不畏死，奈何以死惧之？"民众不畏惧死亡，正常的死亡，民众是能看得开的，怎么可以用死亡让他们恐惧？《周易》姤卦九三、九四说明民众不怕死，更不惧怕正常的死亡。现在民间就有红白喜事一说，还有"日出千棺，其家必旺"的俗语，说明自古以来人们对正常的死亡就是看得开，也是乐意接受的。老子反对有人用死亡来恐吓民众。

"若使民常畏死，而为奇者，吾得执而杀之，孰敢？"如果想让民众畏惧死亡而采取旁门左道的方法，我抓到他们后会立即将他们杀掉，看谁还敢用旁门左道来蛊惑民众？老子反对用《周易》算生死，认为用《周易》算生死是旁门左道。

"常有司杀者杀，夫代司杀者杀，是谓代大匠斫。夫代大匠斫者，希有不伤其手矣。"在大自然的规则中，有主管死亡的规则，谁要代替大自然去经营死亡，就像代替专门的木匠去砍木头，很少有不伤到手的。如果有人代替大自然去决定他人的死亡，只能采用动手杀人的方法；但没有人愿意无故被杀，杀人者可能会被反杀。所以"代司杀者"必然会伤到自己的手，甚至会丢掉自己的性命。

第七十五章　贤于贵生

〔题解〕　这一章讲的是养生与治民的关系。有人认为民难治，企图用死亡来恐吓民众，想通过让民众畏惧死亡来解决民难治的问题。老子认为民难治的原因在上，归根结底是"以其上求生之厚"所致。

〔原文〕　民之饥，以其上食税之多，是以饥。民之难治，以其上之有为，是以难治。民之轻死，以其上求生之厚，是以轻死。夫唯无以生为者，是贤于贵生。

第七十五章 贤于贵生

〔译文〕 民众之所以有饥，是因为王侯税赋太多，因此才会有饥。民众之所以难以治理，是因为王侯为所欲为，因此才会难治。民众之所以会轻易赴死，是因为王侯过于追求享乐，所以才会导致民众轻易赴死。那些不追求享乐、生活不奢侈的人，比追求享乐的人贤明。

〔解析〕 这一章讲的是养生与治民的关系。老子认为，王侯养生不当会引起"民难治"。王侯养生不当，为追求享乐而去盘剥民众，民众处于饥饿状态，就会难治；民众没有办法生活，就会轻死。王侯心里如果还装着百姓，就不会贪图自己的享乐。所以老子认为"夫唯无以生为者，是贤于贵生"。

"民之饥，以其上食税之多，是以饥。"老子看到民众处于饥饿状态，认为民众之所以饥饿，是因为王侯赋税太多。比较典型的就是厉王滥征税，姤卦"包无鱼"，民众必然饥饿。

"民之难治，以其上之有为，是以难治。"《周易》姤卦九三："臀无肤，其行次且。厉，无大咎。"是说小人被民众打烂了屁股，因为小人行为不正，不管有鱼无鱼，都要强行征税。民众与小人理论，双方发生激烈争斗。民众打了小人，虽然有危险，但是没有过错。老子认为，九三反映的是"民难治"，"以其上之有为"，厉王有为就是想办法多征税，小人乘机横行，引发民众反抗。

"民之轻死，以其上求生之厚，是以轻死。夫唯无以生为者，是贤于贵生。"民众之所以敢于轻易赴死，是因为王侯过分追求享乐，不断盘剥民众，民众没有办法生活，才会轻易赴死，以命与王侯相搏。《周易》姤卦九四："包无鱼，起凶。"是说厉王对民众厨房里的鱼征税，外戚小人趁机勒索。厨房里已经没有鱼，民众奋起反抗。有凶险之事发生。老子认为，九四民众"轻死"，才会"起凶"，"起凶"的原因是厉王和外戚"求生之厚"，民众"包无鱼"，没有办法生活，因此轻死。面对王侯的不端行为，老子和《周易》的感受是相同的。概括起来就是，那些不追求享乐和不奢侈的人是以民生为重，他们比那些不顾民众死活、只追求个人享受的人贤明。

第七十六章　柔弱处上

〔题解〕"民之饥，以其上食税之多"，"上食税之多"是为享乐，也为强兵；"民之难治，以其上之有为"，"上之有为"为强大，也为争霸。但坚固、强大与死亡是同一类的，兵强不会胜利。强大的事物反而处于向下状态，柔弱的事物反而处于向上状态。

〔原文〕　人之生也柔弱，其死也坚强。万物草木之生也柔脆，其死也枯槁。故坚强者死之徒，柔弱者生之徒。是以兵强则不胜，木强则（兵）[折]。强大处下，柔弱处上。

〔译文〕　人在活着的时候身体是柔软羸弱的，死后会变得僵硬。万物草木活着的时候是柔软脆弱的，在死亡之后就变得枯萎干硬。所以说坚固强壮的东西与死亡是同类，柔软弱小的东西与生存是同类。因此兵强不会取胜，木硬则会折断。强大反而是处于向下状态，柔弱反而是处于向上的状态。

〔解析〕　老子崇尚自然，在自然现象中看到"人之生也柔弱，其死也坚强。万物草木之生也柔脆，其死也枯槁"，从中得出"故坚强者死之徒，柔弱者生之徒"的结论，推断出"是以兵强则不胜，木强则（兵）[折]。强大处下，柔弱处上"。这个结论和推断也是老子对《周易》渐卦的总结。渐卦讲了一个以弱胜强的故事，入侵者为"坚强者"，被入侵的军民为"柔弱者"。面对"坚强者"的入侵，军民虽柔弱，却敢于英勇抵抗。渐卦初六："鸿渐于干，小子厉，有言，无咎。"是说敌人入侵，丈夫打仗很勇敢，妻子说，已经告诉丈夫要英勇杀敌，没有过错。面对"坚强者"的入侵，军民虽柔弱，却敢于英勇抵抗。六二："鸿渐于磐，饮食衎衎，吉。"是说将士们的关系都很和睦，将阵地守卫得坚如磐石，吉祥。被入侵的军民是在采用防守的战略来对付"坚强者"。九三："鸿渐于陆，夫征不复，妇孕不育，凶。利御寇。"是说丈夫出征没有回来过，妻子劳累过度，造成流产，有凶险。没有孩子拖累，会有利于抵御敌人的入侵。面对"坚强者"的进攻，妻子和丈夫虽然柔弱，却不怕牺牲，英勇不屈。六四："鸿渐于木，或得其桷，无咎。"是说妻子提供给丈夫的物资都很适合作战。九五："鸿渐于陵，妇三岁不孕，终莫之胜，吉。"是说妻子三年没有怀孕，战争在第三年的年末取得了胜利，吉祥。"坚强者"变成了"死之徒"。老子认为，渐卦证明了"兵强则不胜，木强则（兵）[折]。强大处下，柔弱处上"。

渐卦卦象为艮下巽上，艮为山，巽为木，树木在山上由弱小的树苗逐渐长成栋梁之材。老子则看到，树木成材就要被伐掉，是"木强则（兵）[折]"。

渐卦中的入侵者既是坚强者也是死之徒，渐卦中的军民既是柔弱者又是生之徒。战争违背民心，"是以兵强则不胜"。"强大处下，柔弱处上"，失道者处下，得道者处上。

第七十七章　为而不恃

〔题解〕　强与弱都是相对的，符合道，弱者会变为强者；不符合道，强者会走向没落，直至灭亡。"强大处下，柔弱处上"是天道决定的，"天之道，损有余而补不足"，才引起强弱的变化。

〔原文〕　天之道，其犹张弓与？高者抑之，下者举之；有余者损之，不足者补之。天之道，损有余而补不足；人之道则不然，损不足以奉有余。孰能有余以奉天下？唯有道者。是以圣人为而不恃，功成而不处，其不欲见贤。

〔译文〕　上天运行的大道，不是很像拉弓吗？高了就让它低一点，低了就让它高一些；力道大就减损一点，力道不足就增加一些。上天推行的大道，是要让盈余减损而补充不足；人所奉行的道却不是这样，是让不足继续减损而奉献给有余的人。谁能将有余的部分拿出来奉献给天下？只有那些有道的人。所以圣人做事而不依靠别人，事业成功而不去占有，不想让别人看见他的贤能。

〔解析〕 第七十三章老子讲到天道,"不争而善胜,不言而善应,不召而自来,繟然而善谋";这一章天之道"其犹张弓",却不说箭,箭可以直接射杀,说明老子所讲的天道,没有直接去进行惩戒,而是以"损"或"与"的方法平衡万物,帮助弱者,抑制强者。天之道与大道有所不同。大道无为,天之道则有所为。《周易》的天道是上天对万物的规定,万物违背天道会受到惩罚。《道德经》中的天道对万物或抑或举,或损或与,对万物的繁荣昌盛起到平衡的作用,不允许个别物种自行壮大。对强者要抑之损之,对弱者要举之与之。可以看出老子天道的功能与《周易》天道的功能是有差别的。老子的天道是在用"仰"、"损"、"举"、"与"来帮助万物,《周易》所讲的天道是要对违背天道的物种进行惩罚,但是二者都是为了万物的繁荣昌盛,目标一致,方法不同。

"天之道,其犹张弓与?高者抑之,下者举之;有余者损之,不足者补之。"这一段讲的是天道的作用。大道将"一"给予了天,于是天有了天道,就要承担起自己的责任,就要有为。天道的有为犹如拉弓,时刻都在抑、举、损、与。

"天之道,损有余而补不足",老子所说的天道是让有余减少,补给不足。《周易》所说的天道是要对违背天道者给予惩罚。

"人之道则不然,损不足以奉有余",人所奉行的道却不是这样,是要不足继续减损而奉献给有余的人。《周易》虽然认为存在天地人三道,但没有对天道和人道进行深入的分析,老子则对天道和人道分析透彻。

老子认为人之道是"损不足以奉有余",这一点与马太效应相似。《马太福音》说:"凡有的还要加给他,叫他有余;凡没有的,连他所有的也要夺去。"老子早于耶稣五百多年,已经认识到马太效应问题。多说一句,《周易》井卦"井泥不食"是说井为公用,人们光使用不淘井,导致井里淤满了泥土,井水已不可食用。"井泥不食"与现代的公共草地理论对公共问题的认识是相同的,说明古今中外在思想上有很多方面都是相通的。

"孰能有余以奉天下?唯有道者。""有余"为财富,《周易》小畜卦君子信奉乾坤之道,才会倾尽家产帮助民众和朋友致富;《道德经》有道者信奉大道,会以"有余以奉天下"。老子和《周易》对财富用途的认识是相同的，从无为与有为开始，一路伴随下来，最终殊途同归，都认为有道者胸怀天下，会用所积累的财富回报社会、造福民众。

"是以圣人为而不恃，功成而不处，其不欲见贤"，所以圣人有所作为而不依靠别人的帮助，成功而不居功，不想显示自己的贤能。

第七十八章　受国之垢

〔题解〕　老子推崇有道之人，因为有道之人不仅能将有余奉献给天下，而且能"受国之垢"、"受国不祥"。

〔原文〕　天下莫柔弱于水，而攻坚强者莫之能胜。其无以易之。弱之胜强，柔之胜刚，天下莫不知，莫能行。是以圣人云：受国之垢，是谓社稷主；受国不祥，是为天下王。正言若反。

〔译文〕　天下柔弱的物质没有超过水的，然而攻击坚固强硬的东西却没有比水更能胜任的了。水的特性无法改变，也就没有谁能取代水。弱可以胜强，柔能胜刚，天下人都明白这个道理，却无人能做到。所以圣人说：能承受邦国的污垢，才可做社稷的大夫；能承受邦国的灾难，才能得到天下人的尊重。正话好像说的是反话。

〔解析〕　这一章讲的是柔弱胜刚强。"天下莫柔弱于水，而攻坚强者莫之能胜。其无以易之。"天下柔弱的物质没有超过水的，然而攻击坚固强硬的东西，却没有比水更能胜任的了。水的特性无法改变，也就没有谁能取代水。老子赞成《周易》涣卦以水的聚散来表现武王伐纣的过程，认为武王伐纣是一个弱胜强、柔胜刚的过程。殷纣虽强，却不能战胜如洪水袭来的武王。涣卦六四："涣其群，元吉。涣有丘，匪夷所思。"象曰："涣其群，元吉，光大也。"六四是说，分散的反殷力量已经汇集到一起，对武王的反殷大业吉祥。反殷力量如同洪水，已经积聚成山，在等待武王的命令，这不是一般人所能想象出来的。象传说，分散的反殷力量已经汇集到一起，对武王的反殷大业吉祥。武王只有积聚起足够的力量，才能将

183

文王所开创的反殷大业发扬光大，革命才能成功。老子和《周易》都认识到水的力量，老子认为水为柔，柔可以胜刚；《周易》认为水为柔，跟随刚则可掀起革命浪潮。

"是以圣人云：受国之垢，是谓社稷主；受国不祥，是为天下王。"水接近道，其另一特性是能承受污垢与不祥。所以圣人说，能够承受邦国的耻辱，才可以成为社稷的大夫；能够承受邦国的不吉祥，才能得到天下人的尊重。老子认为王侯和大臣有所担当，才能做到"受国之垢"、"受国不祥"。《周易》萃卦大人平息国人暴动，妥善安置厉王，是"受国之垢"。老子认为，"受国之垢"可以做社稷的大夫。《周易》有些卦反映了"受国不祥"，如豫卦大人取代国君，对国君不祥；不取代国君，对邦国不祥。颐卦有颠颐势力在征伐小国，对小国和君王不祥。离卦百姓遭到颠颐势力残害，对百姓不祥。同人卦、随卦有"小子"在搞分裂，对孝王不祥。能"受国不祥"，才能受到天下人的尊重。老子认为，能"受国之垢"、"受国不祥"，体现的是王侯和大人的修养与担当，也是对王侯和大人的一种考验，能经受得住考验才能有所担当。

中国古代王侯要"受国之垢"，古罗马民众也会嘲笑他们的领导人。公元前59年，大将军格涅乌斯·庞培观看了阿波罗神节的一场戏剧表演。当一位演员说出台词"你的伟大是我们的痛苦"时，观众哄堂大笑，庞培不得不坐在那里忍受人们的嘲笑。这说明古代中外统治者都可能面临被民众辱骂嘲笑的事。老子认为这很正常，所以要求王侯能"受国之垢"。邦国有不祥也是常见的事，老子认为王侯应能"受国不祥"。《道德经》第十七章："太上，（下）[不]知有之；其次，亲而誉之；其次，畏之；其次，侮之。"面对"其次，侮之"，王侯"受国之垢"、"受国不祥"，才能得到人们的尊重。

"弱之胜强，柔之胜刚，天下莫不知，莫能行。"老子看到《周易》渐卦弱国打败了强国，是"弱之胜强，柔之胜刚"，但又看到现实中没有哪个弱国能打败强国，没有柔能战胜刚，因而感到气馁，认为"天下莫不知，莫能行"。

"正言若反"，正面的话好像是在说反面的话。

第七十九章　常与善人

〔题解〕 "国之垢"、"国之不祥"都会产生怨恨，适宜用"和"的方法解决，而不宜用武力解决。但和解大的怨恨，必然还会留有余怨，老子认为这不是妥善的方法。妥善的方法是不要让大的怨恨产生，善于将大的怨恨消弭在发生之前。

〔原文〕 和大怨，必有余怨，安可以为善？是以圣人执左契，而不责于人。故有德司契，无德司彻。天道无亲，常与善人。

〔译文〕 和解大的怨恨，必然会留有小的怨恨，这怎么可以算是善于和解呢？因此圣人虽然拿着契约，却不会因对方没有兑现契约而责备对方。所以有德的人只是注意保管好契约，无德的人会按契约追讨。天道没有亲与不亲，而是将好处通过规则给予有德之人。

〔解析〕 这一章是老子看到《周易》随卦、同人卦所感。《周易》随卦、同人卦说的是，懿王死后，王位本应由太子燮继承，实际上却是太子燮的叔叔辟方继位，是为孝王。"小子"认为孝王继位不符合礼仪规则，以分裂来反对孝王继位。孝王争取到"小子"归顺，平息了分裂。《史记》记载，孝王死后王位由太子燮继承。

老子认为，同人卦和随卦孝王平息分裂，与"小子"和解。但"和大怨，必有余怨，安可以为善"，孝王完全可以采用让太子燮继承王位、自己辅佐的方法来解决王室衰颓的问题，这就不会有"小子"搞分裂的问题出现。

"和"是《周易》的重要思想，兑卦讲的是"和"的道理。乾对上爻的规定为争，乾要求争要和，也就是在与天地人相争中，要与天地人相和。君子谦而和，就能得到上天的保佑。老子认为"和"不是任何问题都能解决，"和大怨，必有余怨"，在解决怨恨的问题上，"和"不如"善"。按老子"善"的观点，同人卦、随卦"小子"应善于等待，不搞分裂；孝王能采用更妥善的办法,"小子"也不会搞分裂。

"是以圣人执左契,而不责与人",因此圣人拿着契约,却不因对方没有兑现契约而责怪对方。孝王继位的理由是要挽救王室的衰颓,然后才将王位交给太子燮。"小子"应向圣人学习,不要马上让孝王兑现,更不能借此搞分裂。

"故有德司契,无德司彻",所以有德的人只保管好契约,无德的人会按契约追讨。孝王有德会兑现承诺,"小子"无德才会以分裂来逼迫孝王兑现承诺。

"天道无亲,常与善人",天道对人没有亲疏,而是通过规则将好处给予善良和善于做事的人。《周易》同人卦和随卦孝王采用政治争取为主、军事围剿为辅的策略,符合规则,最终平息了"小子"分裂。老子认为"天道无亲,常与善人",孝王善于治国、善于用人、善于妥协,才顺利平息"小子"分裂,坐稳了王位。

第八十章　小国寡民

〔题解〕"天道无亲,常与善人。"大国人多事繁,不好治理,即便国君善于治理,也不如小国寡民。

〔原文〕小国寡民,使有什伯之器而不用,使民重死而不远徙。虽有舟舆,无所乘之;虽有甲兵,无所陈之。使民复结绳而用之。甘其食,美其服,安其居,乐其俗。邻国相望,鸡犬之声相闻,民至老死不相往来。

〔译文〕邦国很小,民众很少,只有基本的生产生活器具,会有老人传授经验教训。精心制作的器具不会得到使用。使民众重视死亡,而不向远处迁徙。虽然有船和车,人们并不乘坐;虽然拥有盔甲兵器,却没有陈列的地方。使民众恢复结绳记事。民众认为自己的食物很甜美,自己的衣服很好看,自己的居所很安逸,自己的习俗很快乐。邻国之间都可以看见,鸡狗鸣吠的声音也都能听到,但民众到老死也不互相交往。

第八十章　小国寡民

〔解析〕　老子的理想国是邦国要小、民众要少，最好是回到结绳记事的原始状态。老子小国寡民与结绳记事的设想与他主张万物都要返回根本有关。老子认识到，邦国是从无到有、从小到大逐渐形成的，知识的积累是从结绳记事开始的。老子看到，春秋末期周王朝的衰败已无可挽回，故而认为只有回归到小国寡民、结绳记事的年代才符合道。但老子小国寡民的主张与周取代殷商的历史不符，也与现实中诸侯国不断壮大的现实不相吻合，所以这一主张是乌托邦，很不现实。

"小国寡民，使有什伯之器而不用，使民重死而不远徙。"邦国很小，民众很少，只有基本的生产生活器具，会有老人传授经验教训。精心制作的器具不会得到使用。使民众重视死亡，而不向远方迁徙。"民重死"是因为百姓自得其乐而不受王侯的剥削压迫，否则会"民轻死"；"不远徙"就不会去旅，也就不会被外面的世界所吸引。《周易》涣卦主张迁徙。上九："涣其血，去逖出，无咎。"是说在洪水和战乱即将发生时，将家族搬迁或分散到远离洪水和战乱的地方，没有过错。老子的小国寡民，没有战争，也不受自然灾害的威胁，所以不用迁徙。

"虽有舟舆，无所乘之"，虽然有船和车，却不去乘坐。"无所乘"，就不会有货物流通，也不会以难得之货为贵，人们也就没有贪欲。

"虽有甲兵，无所陈之"，虽然有甲胄和兵器，却没有地方可以陈放。大国追求强盛会强兵，强兵就要攻伐，民众就会有灾祸。老子认为，邦国都是小国，小国不会强兵，也就不会相互攻伐。

"使民复结绳而用之"，让民众恢复结绳记事，就不会有知识和智慧，没有知识就会朴实，没有智慧就没有大伪，就不会去争。

"甘其食，美其服，安其居，乐其俗"，甘其食就不会"厌饮食"，美其服就不会"服文彩"，安其居就会"无厌其所居"，乐其俗就会崇尚自然之美。

"邻国相望，鸡犬之声相闻，民至老死不相往来。"邻国之间可以看到彼此的国都，鸡鸣狗吠之声都可以听到，但民众直到老死也不互相往来。不相往来就没有交换、没有比较，也就不会有争端。

第八十一章　为而不争

〔题解〕　小国寡民是信言，但信言不美。天下人要向圣人学习，做到为而不争。

〔原文〕　信言不美，美言不信。善者不辩，辩者不善。知者不博，博者不知。圣人不积，既以为人，己愈有；既以与人，己愈多。天之道，利而不害；圣人之道，为而不争。

〔译文〕　真实的话不动听，动听的话不真实。善于讲话的人不强辩，强辩的人不善于讲话。有专门知识的人其他知识不会渊博，有渊博知识的人没有精深的专门知识。圣人不会为自己积累财富，积累是为了帮助他人，结果自己的积累反而更多；尽力用财富去帮助他人，结果自己的财富反而更多。上天运行的道理，是有利于天下而不是伤害天下；圣人做事的道理，是有所作为但不与他人相争，不与自然相争。

〔解析〕　这一章讲的是信言与美言、善与辩、知与博的关系，为人与为己的关系，天之道与利害的关系，圣人之道与为和争的关系，实际讲的是《道德经》与《周易》的关系。

"信言不美，美言不信"，真实的话不动听，动听的话不真实。老子认为《道德经》为信言，《周易》为美言。有人认为《道德经》的语言不够美，老子认为《道德经》所讲的都是真实的话；有人认为《周易》的言语很美，如厚德载物、飞龙在天等，老子认为这些美言是不真实的。

"善者不辩，辩者不善"，善于讲话的人不会去强辩，强辩的人不善于讲话。老子不准备为自己的观点进行争辩，《周易》讼卦之讼为争辩。老子认为"善者不辩，辩者不善"，强辩为争，老子反对争，所以不去辩。

"知者不博，博者不知"，有专门知识的人没有渊博的知识，有渊博知识的人没有专门的知识。老子认为，《道德经》为知者，是培养圣人的教科书，只讲了道与德；《周易》为博者，是百科全书，讲了方方面面的知识。老子认为,《道德经》所讲的知识虽不广博,却很精深;《周易》所讲的知识很广泛,但并不精深。《周易》有所不知,不知何为无为之道,不知何为古之道,不知何为圣人之道,也不知何为玄德,何为上德。

"圣人不积,既以为人,己愈有",圣人不聚集财富,而是用财富帮助民众,结果自己的财富反而更多。《周易》小畜卦君子要倾尽家产帮助民众和朋友致富,会一贫如洗。老子认为这不符合圣人之道。《周易》认为,君子帮助民众和朋友后虽可能会一贫如洗,但其行为符合乾坤之道。君子的行为说明了财富的来源与用途。财富的积累离不开民众和朋友的帮助,财富的用途应是回报社会、帮助民众。老子和《周易》的观点都没有错误,老子的观点是双赢的观点,《周易》的观点是无私奉献的观点。无私奉献是境界,实现双赢是目的,可以互为补充。

"既以与人,己愈多",已经帮助了民众,自己反而更多。《周易》小畜卦君子要倾尽家产帮助民众和朋友致富,遭到妻子的反对。妻子为保住家产,要谋害自己的丈夫。老子认为,小畜卦君子的做法虽不违背道,但不现实。君子应向圣人学习,圣人是"既以与人,己愈多",按圣人的要求会做,君子会实现双赢,妻子也就不会为保住家产而要谋害自己的丈夫。

"天之道,利而不害",上天的运行之道,是有利于万物而不是伤害万物。《周易》认为,天道是上天对万物的规定,违背天道就要受到惩罚。老子所说的天之道通过规则来帮助万物,不会伤害万物,所以是"利而不害"。老子的天之道与《周易》的天道,方法有所不同,但都有利于万物。

"圣人之道,为而不争",圣人奉行的大道,有为而不与万物相争。《周易》认为争符合天道,君王、君子要有所作为,就要有所争;老子认为《周易》鼓励有为,鼓励相争,会破坏人与自然和社会的和睦和谐,不符合圣人之道。

本章老子对《道德经》与《周易》做了简单的总结,认为《道德经》为信言,《周易》为美言;《道德经》为善者,《周易》为辩者;《道德经》为知者,《周易》为博者;《道德经》为培养圣人,《周易》为培养君子;《道德经》之天道是"利而不害",《周易》之天道违背了会受到惩罚;《道德经》圣人之道是为而不争,《周易》君子之道是为而有争。

老子通过《道德经》将其对《周易》的看法呈现在读者面前，供读者学习参考。《道德经》和《周易》互有所长，互为师长，读者可以从中体会到古人的智慧，学会全面地、历史地、辩证地看待《道德经》和《周易》反映出来的问题，并做出正确的判断。

《道德经》与《周易》共同为中华文化铺就了牢固的基石，由此奠定了中华文化的基础。《道德经》与《周易》的关系犹如阴阳二气，它们在相互缠绕、相互砥砺、相互激励中不断上升，展现出强大的生命力，历经数千年而不衰，直到今天仍在引领中华文化不断向前。

图书在版编目（CIP）数据

道德经易诠 / 赵克强著. -- 北京：华夏出版社有限公司，2020.9
ISBN 978-7-5080-9972-9

Ⅰ.①道… Ⅱ.①赵… Ⅲ.①道家 ②《道德经》- 研究 ③《周易》- 研究 Ⅳ.①B223.15 ②B221.5

中国版本图书馆 CIP 数据核字（2020）第 118144 号

道德经易诠

著　　者	赵克强
责任编辑	霍本科
封面制作	殷丽云

出版发行	华夏出版社有限公司
经　　销	新华书店
印　　装	三河市少明印务有限公司
版　　次	2020 年 9 月北京第 1 版　2020 年 9 月北京第 1 次印刷
开　　本	720×1030　1/16 开本
印　　张	12.75
字　　数	200 千字
定　　价	39.00 元

华夏出版社有限公司　社址：北京市东直门外香河园北里 4 号　邮编：100028
网址：www.hxph.com.cn　电话：010-64663331（转）
投稿邮箱：hbk801@163.com　互动交流：010-64672903
若发现本版图书有印装质量问题，请与我社营销中心联系调换。